El poder del Yo Soy

John Maxwell Taylor

El poder del Yo Soy

Instituyendo un nuevo mundo de Interacción Personal Consciente

The Power of I Am
© North Atlantic Books

El poder del Yo Soy
© Jonh Maxwell Taylor, 2006

D.R. © 2006 Editorial Lectorum, S.A. de C.V.,
Centeno 79-A, Col. Granjas Esmeralda
C.P. 09810, México, D.F.
Tel.: 55 81 32 02
www.lectorum.com.mx
ventas@lectorum.com.mx

L.D. Books
8313 NW 68 Street
Miami, Florida, 33166
Tel. (305) 406 22 92 / 93
www.ldbooks.com
sales@ldbooks.com

Primera edición: octubre de 2006
Segunda reimpresión: enero de 2008

ISBN 10: 970-732-189-X
ISBN 13: 978-970-732-189-2

© Traducción: Silvia Espinoza de los Monteros

Traducción y características tipográficas aseguradas
conforme a la ley. Prohibida la reproducción parcial
o total sin autorización escrita del editor.

Impreso y encuadernado en México
Printed and bound in Mexico

Para Emily

Esta obra se la debo especialmente a Betse Bernstein, Carina Tinozzi, Barbara Goodman, Rikki Mundhenke, Lisa Joy Riordan, Peter Levine, Jason y Michelle Taylor y a James Slatic.

Asimismo me gustaría agradecer a Winn Kalmon por su excelente edición y a todo el equipo de North Atlantic Books/Frog, Ltd.

Prólogo

Peter A. Levine

En mi trabajo, en el que ayudo a las personas a recuperarse de los efectos de un trauma, he observado que los choques frente al sistema que la vida a veces nos presenta pueden tener un efecto de entumecimiento en nuestra capacidad para sentirnos completamente vivos. A través de una serie de prácticas y de procesos de inducción psicológica, ayudo a las personas a recuperar el vínculo "percibido/sentido" con ellas mismas. Esta recuperación del sentimiento forma una parte esencial en la obtención de la plenitud personal y en la liberación de la neurosis.

El trabajo de John Maxwell Taylor, tal como se ha subrayado en este volumen, fomenta también el regreso a la plenitud pero desde una perspectiva distinta y, sin embargo, complementaria. Él opina que la energía que surge en una situación estresante y potencialmente desmoralizante puede convertirse, "en ese momento", en una poderosa fuente de claridad y autotransformación. Al igual que en mi trabajo, existe una prioridad en la recuperación de la sensación y en el restablecimiento de la conciencia activa en comparación con la reacción pasiva. John pone en práctica lo que predica cuando se refiere a lo que llama el "teatro improvisado" de la vida diaria.

Mi primer encuentro con John fue cuando lo observé representando el papel del afamado psicólogo Carl Gustav Jung en la galardonada obra *Forever Jung*, en la que un solo hombre hace el papel de veinte personajes. Desde mi propio conocimiento acerca de la psicología jungiana, pude darme cuenta de que no sólo había él capturado la esencia de Jung, sino la de muchos de sus compañeros, incluyendo a Sigmund Freud. Abreviar en una representación de dos horas los sucesos primordiales de la vida de Jung, sus exploraciones de lo interno y las relaciones con su esposa y su amante, así como con una multitud de personajes ficticios, debe haber sido una experiencia intimidante. Aparentemente, sin embargo, John logró tener una actuación poética y deslumbrante.

Cuando le pregunté cómo se las había ingeniado para mantenerse con tanta energía sobre el escenario, contestó que durante toda la obra estuvo practicando la "atención dividida". Una entrevista más a fondo reveló que esto se refería a que, de manera consciente, mantenía un vínculo de "percibido/sentido" con su cuerpo. De este modo, él podía enfocar el 50% de su atención en la audiencia y el otro 50% en experimentar la totalidad de sí mismo en el escenario durante su actuación.

—La obra está cargada naturalmente de palabras y de ideas —me dijo John—. Si me quedase yo mismo en mi cabeza, probablemente la audiencia la sentiría fatigosa. Sin embargo, como actor he aprendido a llevar mi cuerpo y mis emociones al mismo grado que mi actividad mental sobre el escenario. Esto automáticamente pone a la audiencia en contacto con su cuerpo y sus sentimientos. Entonces, las palabras y las ideas entran en una mente colectiva que es como una piscina apacible, un manantial de receptividad mental.

Más tarde, cuando conocí a John personalmente, supe que así es como aborda todo en la vida. Para él, como para Shakespeare, "todo el mundo es un escenario", incluso en las interacciones sociales comunes. Esto no significa que él sea un "rey del drama", sobreactuando constantemente en público y creando escenas de confrontación humana. Por el contrario, la mayor parte del tiempo aparece como una persona más bien reservada con una expresión de tranquilidad y concentración. Sin embargo, cuando habla de aquello que le parece importante, uno se descubre poniendo mucha atención en él y en lo que está diciendo. Uno percibe que algo está sucediendo en su interior. Irradia una sensación de "presencia" que exige atención y respeto. Y este estado de expresión tanto interna como externa parece estar en una condición de constante regeneración. A decir verdad, me atrajo tanto este trabajo, que tomé algunas sesiones individuales de preparación que aumentaron enormemente mi capacidad para hablar de manera cómoda frente a numerosas audiencias.

En este libro encontrará los pensamientos y las ideas, las principales herramientas, las técnicas y las percepciones que John utiliza no sólo sobre el escenario, sino en la vida diaria. Él sabe cómo transformar, en el momento, las situaciones sociales potencialmente negativas, inquietantes y desgarradoras del mundo real en un poder curativo regenerativo. Antes de poder transformar al mundo o a alguien más, primero debemos saber cómo permanecer enfocados en nuestro interior en medio de la fricción interpersonal e incluso de un conflicto. Sin la fricción o el juego entre las fuerzas positivas y negativas, la raza humana nunca hubiera descubierto el fuego o la electricidad; tampoco hubiera sabido cómo encender un fuego a voluntad o alumbrar nuestras calles y nuestras casas. Para crear un mundo mejor, un mundo mejor iluminado, como John lo plantea, primero debemos desarrollarnos como individuos. Desde ese sitio de autoiluminación entonces podremos transmitir a otros la opción de unirse a nosotros en la luz, si así lo desean. Si no es así, al menos nosotros podremos viajar por todo el mundo de una manera iluminada. Al hacerlo, no sólo veremos claramente hacia dónde nos dirigimos sino que estaremos dejando una estela para que las futuras generaciones, quizá con una mayor predisposición interior hacia la verdad que la actual, decidan seguirla.

El poder del Yo Soy nos muestra el camino y, por fortuna, es una estupenda y muy entretenida lectura. Disfruta del viaje con John Maxwell Taylor. Puedo garantizarte que estás en muy buenas manos.

1. Mantenerse fuerte en un mundo estresante

Habilitación personal por medio de la conciencia del Yo Soy

¿Alguna vez has caminado por la calle, viste que un extraño se aproximaba a ti e intuitivamente sentiste que debías alejarte de esa persona? Algo en ella activó un mecanismo interior de rechazo. De manera instintiva, te retrajiste mientras él o ella pasaban a tu lado.

En momentos así, puede haber algo más en riesgo que el simple hecho de proteger tu identidad social. Podías haber estado cuidándote de ser agotado por un intercambio estático de energía con alguien que podría resultar discordante para tu espíritu. Este libro trata acerca de activar en nuestro interior y de manera *consciente*, una fuerza de energía que nos mantendrá inmunes a las molestas influencias externas. Te brindará el poder para moverte a través del caos de nuestro mundo moderno con una sensación de realización espiritual, fortaleza interior y seguridad personal.

La fuente de este poder se encuentra en lo más profundo de tu ser. Es la conciencia del *Yo Soy* lo que te permite saber que existes y que estás vivo. Al aprender a producir esta energía a voluntad en medio de tus tareas cotidianas, podrás mantenerte centrado en cualquier situación social.

Ser espiritual no significa ser débil. Todos tenemos derecho a ser fuertes y a proyectarle al mundo una personalidad que exige respeto, y a ser tratados con dignidad. Paz interior no significa que nos volvamos externamente pasivos. El hacerlo puede poner en riesgo nuestro bienestar, tal como lo ilustra un cuento hindú.

La víbora que no siseaba

En una aldea cerca del Ganges, los habitantes estaban siendo aterrorizados por una agresiva víbora. Siempre que alguien se aventuraba a salir de los límites, la víbora se lanzaba y atacaba. Todos los intentos por capturarla fracasaron y los aldeanos vivían en un constante estado de temor y vigilia.

Un día, un deambulante santo llegó a la aldea. Al percibir un aire de tensión y al ver los consternados rostros de los habitantes, les preguntó cuál era la causa de su preocupación.

—Nuestras vidas están siendo miserables por una despreciable víbora que se deleita con aterrorizarnos —dijo el jefe de la aldea—. Por favor, ayúdanos. No sabemos qué hacer.

El santo hombre se adentró en la jungla y encontró a la víbora tomando el sol fuera del agujero al que llamaba hogar. Reconociendo la gran naturaleza espiritual de su visitante, la víbora escuchó respetuosamente mientras el santo hombre hablaba en nombre de los aldeanos.

—No puedes ir por ahí aterrorizando a las personas —dijo—. Esta es la India, la tierra de Mahatma Gandhi y de la no violencia. Debes corregir tu comportamiento. Te daré un mantra, una palabra sagrada que deberás meditar mientras intentas sentir compasión en tu corazón por todos los seres. Ya no ataques a los aldeanos ni a nadie más. Regresaré dentro de un año y espero encontrarte cambiada para bien.

La víbora, que no deseaba desobedecer al santo hombre, hizo una reverencia y se retiró a su agujero en busca de quietud.

A su debido tiempo, el santo hombre regresó a la aldea y vio que todos vivían contentos. Al no ser molestados por la víbora, la vida de las personas se había vuelto tranquila. Pero cuando el hombre fue a ver a la víbora, la encontró en una condición penosa, pues yacía desamparada fuera de su agujero, lastimada de la nariz a la cola.

—¿Qué ocurrió, víbora? —preguntó el sabio—. ¿Qué te sucedió? —Es tu culpa —siseó débilmente el reptil—. Hice lo que me pediste y puse en práctica la no violencia. Mas cuando los aldeanos descubrieron que era inofensiva, me golpearon con palos. Ahora, todos los días los niños vienen y me lanzan piedras. Mira el estado en el que me encuentro. Mi vida es miserable y todo es tu culpa.

—Víbora tonta —dijo el santo hombre—. ¡Te dije que no mordieras, mas no que dejaras de *sisear*!

En el fondo queremos pensar lo mejor de otras personas. Al igual que la víbora, tratamos de ser amorosos y cooperativos. Sin embargo, todos sabemos lo que se siente cuando nuestros actos de bondad son desperdiciados y atropellados. El individuo espiritual maduro sabe que el llevarse bien con los demás requiere de una clara visión de la naturaleza humana en todas sus manifestaciones, las humildes y las desagradables. Y una persona así sabe también cuándo y cómo sisear si es necesario.

El poder del Yo Soy para transformar la vida al estar bajo presión

Muchas personas hoy en día se están volviendo cada vez más conscientes de que ellas son almas que viven con una forma humana. En épocas pasadas, aquellos que buscaban vincularse con su inteligencia superior solían aislarse del mundo en monasterios, ashrams y retiros. Ahora, la evolución humana requiere que descubramos nuestra personalidad espiritual en medio de la vida moderna, con toda su tensión, su estrés y sus contradicciones. Si aprendemos a convertir cada día la electricidad estática de la confusión social en una carga de energía positiva de alto voltaje que pueda incrementar nuestra conciencia, podremos acelerar nuestra realización espiritual. Y, a través del ejemplo de la energía sobrepositiva que emana de nosotros al cultivar una conciencia percibida y sentida del *Yo Soy* que se encuentra dentro, a través y alrededor de nosotros, podremos sanar al mundo mientras nos movemos por él.

La personalidad de cada ser humano es como una ciudad poblada por miles de personas que se nombran a sí mismas "Yo". Sin embargo, todos son impostores. Un "Yo" surgirá de nuestro cerebro por unos cuantos segundos para hablar a través de nuestra voz y desaparecerá, seguido de otro "Yo" unos segundos más tarde. Un pequeño "Yo" elaborará un cheque y el resto tendrá que pagar por él. Un grupo de ellos decidirá ponerse a dieta un jueves por la noche. Pero al despertar al día siguiente, otro grupo de estos impostores que dicen "Yo", habrá ocupado nuestro cerebro durante la noche. No saben nada respecto a una dieta y nos harán comer lo que ellos quieran. Lo que *nosotros* queremos es tener un sentido permanente de nosotros mismos. Tomar decisiones y aferrarnos a ellas. Decir "Yo" y saber que eso es lo que realmente somos porque es el *Yo Soy* que se encuentra en los más profundo de nuestro ser y el cual dirige nuestros pensamientos, nuestras palabras, nuestras acciones y nuestras intenciones.

Al sumergirnos en la presencia del *Yo Soy*, aquel que es real dentro de nosotros mismos en una época de estrés, temor e incertidumbre, podremos seguir siendo nosotros mismos en medio de la locura. Entonces, podremos utilizar la energía generada por la fricción al tener que tratar con personas atrapadas en la pesadilla colectiva que es guiada por el ego y que ellas llaman "realidad", para hacernos despertar del trance masivo que esclaviza a millones de personas. Cada vez que las personas se comportan desatentas, hostiles, distraídas, interesadas en sí mismas o con agresividad hacia nosotros, en realidad nos están haciendo un favor. Si, en vez de comprar el particular sueño/ilusión que nos están proyectando y olvidar quiénes somos, practicamos el *recuerdo de uno mismo*, en ese momento dejaremos de estar hipnotizados por nuestra propia reacción. Nos volvemos *proactivos*. El poder y la presencia del *Yo Soy* entran en nuestra conciencia y llena nuestro cuerpo, nuestra mente y nuestras emociones de una increíble sensación de poder y bienestar. Entonces, podemos decir y hacer lo que queramos con una sensación de seguridad en uno mismo que exige respeto y coloca las situaciones externas a nuestro favor.

Podemos "comernos" vivas algunas situaciones estresantes y convertir la energía estática potencialmente negativa en combustible para la vida. Los dramas causados por el combate entre la luz y la sombra o entre la locura y la razón son muy reales en nuestro mundo y deben ser manejados de una manera realista. La manera en que respondamos a las presiones en la escuela de la vida es sumamente importante. Estamos siendo probados constantemente por las circunstancias para ver con qué nivel de *conocimiento*, de *conciencia* y de *comportamiento* nos conducimos frente a la dificultad.

¿Podremos ser amables y amorosos, nos retraeremos y saldremos huyendo o nos enojaremos cuando alguien se vuelva contra nosotros? ¿Acaso tenemos la capacidad para decir nuestra verdad de cara a la incomprensión y crecer con la experiencia? ¿O nos llenaremos de desconfianza en nosotros mismos y de una sensación de inferioridad? ¿En qué nivel choca nuestra propia capacidad para perdonar por completo con nuestro pragmatismo o con nuestro deseo de venganza? ¿Podemos olvidar todas las deudas y responder con firmeza, incluso sin rencor, a alguien que se está comportando de manera inadecuada con nosotros? Estas son preguntas extensas. Las contestamos de acuerdo con nuestro comportamiento día con día.

Lo que he observado en mí mismo es que cada vez que aplico las técnicas que aprenderán de cara a una dificultad interpersonal, experimento un cambio inmediato en la conciencia. Primero, mis niveles de energía aumentan exponencialmente y esto parece originar una fusión de mi espíritu, o alma si así lo prefieren, con mi personalidad humana. Me siento muy concentrado y determinado y de pronto sé quién soy y lo que soy a un nivel más allá de cualquier concepto que tengo de mí mismo y que normalmente adopto al identificarme con la estructura de mi personalidad. Es como si de repente aumentara mi valía en alguna bolsa de valores cósmica y me siento conectado con un patrón revelador mucho mejor que aquel que guarda el concepto que generalmente tengo de mí mismo. Surge entonces una sensación del Yo que parece ligada a un proceso eterno. Este Yo ha observado detrás de las cámaras todos los cambios que mi identidad y personalidad humana siempre cambiante ha experimentado. Reconozco a este Yo por cierto sabor interno y al recordar que había aparecido antes en varios momentos críticos de mi vida, como cuando fui ingresado de emergencia a un hospital por una apendicetomía cuando tenía seis años de edad. También surgía cada vez que me enamoraba y su aparición me demostraba que el amor que estaba sintiendo era la verdadera naturaleza de ese Yo y, por lo tanto, de mi personalidad. Es el Yo del Yo Soy, la eterna sustancia que se esconde detrás de cada vida.

Como el Yo Soy es el substrato fundamental de mí mismo, la esencia de mi propio ser, asimismo, es la realidad fundamental de todo aquel que conozco, incluyendo al descortés, al ignorante, al mal educado y al reacio. Las personas que se comportan mal han olvidado la presencia del Yo Soy en su interior. Cuando recuerdo y me conecto con él en mi interior mientras estas personas tratan de imponerme sus agendas basadas en el ego, el Yo Soy inunda mi ser y las observa a través de mis ojos. Esta *observación* lleva consigo cierta energía inusual que representa un orden de inteligencia más alto, como si un mundo superior estuviese observando a un mundo inferior menos coherente. La atmósfera generada por este proceso se hace palpable y puede generar algunos cambios dramáticos durante los encuentros interpersonales cargados de fricción. La aparición del Yo Soy detiene momentáneamente las intimidaciones psicológicas que quieren convertir el feliz sueño de la vida que debemos vivir en una arena de neurosis. Estos individuos desean causar una fricción que pueda inflar su ego a expensas de aquellos que desean vivir en paz y armonía.

El *Yo Soy* pone palabras sabias en mi boca. Vuelca las mesas sobre aquellos que buscan problemas y le quita los colmillos a los vampiros de la energía, mientras le da poder a mi persona para que permanezca alerta y no se vea afectada por la locura antisocial. Así, no estamos hablando de escapar hacia alguna dimensión extraterrestre cada vez que nos vemos amenazados por la vida. En vez de eso, hacemos surgir una inteligencia superior para enfrentarnos a las situaciones cotidianas que nos encontramos en el mundo real. Al alinearnos y permitir que fluya a través de nosotros más allá de las ilusiones de aparente separación entre sí, enseñamos por medio del ejemplo y de la demostración personal. Este proceso es una de las formas superiores de compasión porque es prácticamente efectivo. Transforma las cosas que nos rodean. Al mismo tiempo, acelera nuestra evolución personal porque, para actuar de tal manera, debemos volvernos más conscientes mientras manejamos la presión externa. Y todo crecimiento real se encuentra basado en la creciente conciencia.

Autoasertividad versus *agresión*

George Bernard Shaw dijo una vez: "Si los cristianos desean redimir a cualquiera, deberían comenzar por verse un poco más redimidos". Creo que esto resulta ser verdad en aquellas personas que están alineando sus vidas con el emergente sentido global de una nueva espiritualidad. Si el tratar de vivir en congruencia con los valores de una conciencia superior es tan maravilloso, entonces los resultados deben ser evidentes en todas las áreas de nuestras vidas. Deberían ser fácilmente apreciadas por otras personas a través de nuestro comportamiento adecuado, de nuestra fortaleza personal y de nuestro *autodominio*. Esto incluye además el ser capaces de levantarnos nosotros mismos en situaciones conflictivas, sin abandonar nuestros valores espirituales o sin escondernos detrás de ellos por debilidad personal.

A nadie le agrada ser atropellado y el deseo de salirnos con la nuestra siempre va a surgir de un modo o de otro. Los individuos con una inclinación espiritual y que no pueden manejar los problemas difíciles de manera directa cuando éstos surgen, a menudo caen en una conducta pasivo-agresiva. Aquellos que pueden ser positivos, en lo que se refiere a la autoasertividad, tienen una mayor posibilidad de resolver las tensiones del momento conforme éstas surgen. La *autoasertividad* no debe ser confundida con la *agresión*, que a menudo se encuentra controlada por el ego y busca herir o desvalorizar a otra persona. La diferencia entre "sisear" y "morder" es que cuando mordemos (una acción que emana del deseo de herir), el veneno que le inyectamos a otra persona también nos envenena a nosotros. El siseo, por otro lado, puede ser visto como un poco de actuación consciente, asumiendo de manera deliberada un tipo de comportamiento en particular que le hace saber a las personas que no se metan con nosotros.

Los seres humanos verdaderamente exitosos desarrollan una serie de habilidades que les permiten negociar todos los aspectos de la experiencia interpersonal. Éstas son personas que viven de un estado mental positivo y que poseen una abundante energía de vida. Saben cómo conservar su sentido de individualidad frente a las difíciles transacciones interpersonales. A diferencia de la víbora, quizás ni siquiera necesiten sisear. La energía de alto voltaje de su integridad habla en voz alta sin palabras. Disuade automáticamente a los demás de interferir con ellas.

Caminando como un dragón: el poder de la fortaleza interior

En el Japón antiguo, el principal samurái poseía una espada forjada por el mejor fundidor de espadas de la región. Difícilmente hacía uso de ella. La belleza y el equilibrio del instrumento era tal, que irradiaba un poder que otros podían sentir, aun y cuando se encontrara envainada. Su mera posesión decía mucho y aquellos que buscaban problemas rara vez se atrevían a emprenderla contra él. La belleza de la energía que emana de una persona espiritual verdaderamente equilibrada se parece a la de la espada de aquel samurái. Es un campo de poder que automáticamente disuade a otros de buscarnos problemas y que puede ser cultivado conscientemente por cualquier persona, utilizando los métodos que se ofrecen en este libro. Dicho poder sirve como una demostración viviente hacia otros de nuestra integridad personal a través del comportamiento adecuado. Exige, de manera natural, un respeto por parte de las demás personas.

En las siguientes páginas, encontrarás muchas ideas, relatos y técnicas para potencializar tu vida con este tipo de magnetismo. Además de servir como un campo protector de energía, las cualidades eléctricas que surgen de tan altos niveles de habilitación personal nos hacen magnéticamente atractivos a otros. Las personas buscan de manera natural la interacción social con individuos que poseen una alta energía, con la esperanza de verse energetizadas al asociarse con ellos. Cuando tenemos una fuerte energía de vida, automáticamente exteriorizamos una vigorizante influencia sobre aquellos que son capaces de recibir una carga positiva de nuestra parte. También debemos saber cómo generar ese poder cuando tratamos con gente negativa, particularmente con personas egocéntricas que buscan manipularnos o controlarnos.

Si permitimos que la gente y las situaciones negativas nos afecten de manera adversa, en realidad estaremos *derramando* energía de vida. Cuando nuestro magnetismo personal se debilita, nuestro sentido interno de lo que somos se aleja de nosotros. Al estar bajo la influencia de emociones desordenadas, es difícil pensar con claridad. Quizás nuestras manos, brazos y piernas tiemblen, mientras que el estómago se sobresalta y la respiración irregular hace que nuestro lenguaje sea superficial y poco efectivo. Temporalmente desposeídos de nosotros mismos, nos volvemos vulnerables a la invasión personal por parte de los aspectos destructivos del lado inconsciente de la naturaleza humana.

Algunas personas tratan de escapar de este síndrome adoptando una fachada de comportamiento habitualmente agresivo. Otros colocan una armadura emocional a su alrededor, reprimiendo sus sentimientos y negándose a dejar entrar a alguien. Sin embargo, el levantar barreras como un modo de vida puede resultar muy agotador. Y no importa qué tan rudo tratemos de actuar, siempre aparecerá alguien que sabrá dónde encontrar nuestras debilidades y jugará con ellas.

El choque con los compañeros hostiles

Mi amiga Jayne es una persona muy intimidante. Tiene una estatura de 1.85 metros sin zapatos y una cabellera abundante sobre su cabeza que la hace aumentar a 1.95 metros. Con una voz más bien potente, una actitud desenvuelta y una inclinación a "decir lo que es"; difícilmente se le considera una persona fácil de convencer en cualquier situación. Sin embargo, la última vez que visité a Jayne en Florida, me dijo que una colaboradora retadora le estaba haciendo la vida miserable.

—Esta mujer me vuelve loca —me informó Jayne una mañana mientras desayunábamos rebanadas de pan tostado con café y se preparaba para otro día en la oficina—. Su nombre es Regina. Solía ser agradable ir a trabajar. Ahora debo obligarme a tomar un desayuno decente. El sólo hecho de pensar que voy a *verla* en unos cuantos minutos, se me atora en la garganta.

—¿Qué es exactamente lo que te molesta de esta mujer? —le pregunté, sorprendida de que alguien pudiese molestar a mi aparentemente poderosa amiga.

—¡Regina! El nombre lo dice todo. ¡Tiene un complejo de reina y actúa como si fuera mejor que todos! —estalló Jayne, con los ojos momentáneamente saltados mientras la ira la hacía enrojecer.

—¿Sobre todo mejor que tú? —dije voluntariamente.

—¡Exactamente! —el café se derramó sobre la mesa cuando Jayne azotó la taza asintiendo. Entonces, dándose cuenta de que había caído en su propia trampa, se calmó visiblemente mientras el verdadero peso de su dilema dio en el blanco.

—No sé qué sucede. Tan sólo parece que me pierdo cada vez que me enfrento a ella. Es como si ya no supiera quién soy. Me tropiezo con mis palabras y no puedo darme a entender. Mientras más tropiezo, más presumida se vuelve. Es como si supiera que me está echando fuera y hallara placer en ello. Y siempre se las ingenia para decir la última palabra antes de salir con enfado.

—Hablemos de eso esta noche después de la cena —le ofrecí, mientras ella tomaba su bolsa y se dirigía hacia la puerta—. Podría ser un vampiro de energía. Tengo unas cuantas técnicas que podrían ayudarte a enfrentar esa situación.

—¡Ay, lo que sea! —dijo Jane, asintiendo y sacudiendo su cabeza—. Estoy lista a intentar cualquier cosa.

Esa noche, reanudamos nuestra conversación.

—Regina disfruta del sentimiento de poder que surge al robarte tu identidad —dije voluntariamente—. ¡Y tú *se lo estás permitiendo*!

—¿Pero por qué lo hace? —se lamentaba Jayne—. ¿Y por qué dejo que eso suceda?

—¡Probablemente porque no quieres que ella piense que es superior a ti! Así que tratas de actuar con *ella* de una manera superior para probar que no lo es.

—De acuerdo —dijo Jayne, removiéndose en la silla, no sin mostrar algo de cautela—. Puedo aceptarlo, pero ¿qué debo hacer?

—Necesitas buscar la manera de conectarte con quien ella es en realidad. Nada por debajo de la superficie. ¿Existe algo en ella que *sí* te agrade?

Un embarazoso silencio llenó la habitación. Entonces el labio inferior de Jayne comenzó a temblar ligeramente. Las lágrimas brotaron de sus ojos y se deslizaron suavemente por sus mejillas.

—Sí me agrada —dijo suavemente y con voz temblorosa—. O al menos así fue cuando la conocí por primera vez. Pero parece que yo no le agrado. Intenté que fuésemos amigas pero ella me rechazó. Y eso me dolió.

—Apuesto a que tú también le agradas —sugerí amablemente—. Pero ninguna de las dos puede renunciar a su ego. Debemos encontrar la manera de que veas lo mejor que hay en ella, de nadar por debajo de la superficie y conectarte realmente con ella en el nivel más profundo. ¿Regina es zurda o diestra?

—Diestra, creo —contestó un poco desconcertada—. ¿Eso qué tiene qué ver?

—Bueno, intenta ver principalmente hacia su ojo izquierdo cada vez que hables con ella. Eso te ayudará a crear una conexión armoniosa.

—¿Cómo es eso? —preguntó Jayne con el rostro iluminado mientras limpiaba las huellas de las lágrimas de sus mejillas—. ¿Qué tiene de especial su ojo izquierdo?

Viendo al *Yo* a los ojos

—El ojo de una persona refleja su naturaleza real o *esencial*: quién es en realidad esa persona —proseguí—. Es aquello con lo que una persona ha nacido, contrario a lo que han recogido de la vida. Los bebés no son otra cosa que la esencia. Son energía pura llena de emoción positiva y potencial de vida. Esa parte *esencial* de nosotros por lo general permanece visible hasta cierto grado en un ojo en particular a lo largo de nuestra vida. Yo le llamo a esto el *ojo de la esencia*. El otro ojo refleja las experiencias en la vida de esa persona. Éste parece estar conectado al cerebro de tal manera que puedes visualizar ahí la historia personal. Eso es a lo que yo le llamo el *ojo de la personalidad*.

—¿Te refieres a que es ahí donde podemos ver lo bueno, lo malo y lo feo? —preguntó Jayne en un tono burlón.

—Hablando en términos generales, si observas el ojo de la

esencia de alguna persona, él o ella estará abierto o receptivo. Sin embargo, si observas el ojo de la personalidad, la conexión que sientes con esa persona variará de acuerdo con su tipo, su estado de ánimo o con la situación en la que te encuentras. Puede ser particularmente peligroso cuando las personalidades chocan y las cosas comienzan a hacer ebullición.

—¿Quieres decir que si observas el ojo equivocado en el momento equivocado podría hacer saltar a alguien? —rió Jayne—. Regina y yo nos vemos todo el tiempo. Apuesto a que estamos haciendo eso del ojo de la personalidad sin saberlo. Entonces, ¿cuál es la respuesta?

—Puedes comenzar por observar más su ojo de la esencia. De esa forma, puedes tener la oportunidad de conectarte con sus mejores instintos. Incluso hasta podrías ver su alma.

—No creo que tenga alguna —dijo Jayne con una sonrisa torcida, volviendo momentáneamente a su personalidad irritable.

—Vamos, Jayne, sé amable —la previne juguetonamente y después le sugerí que se sentara cómodamente en una silla, lo dejara ir y se relajara—. Nos sentaremos aquí en silencio y nos miraremos mutuamente de una manera indiferente y meditativa. Y quiero que observes mi ojo izquierdo. Yo soy diestro así que mi ojo de la esencia es el izquierdo. Tú también eres diestra. Así que mientras te observo, estaré dirigiendo mi atención hacia tu ojo izquierdo para conectarme con quien realmente eres.

Una sensación de ternura comenzó a invadir la habitación. La desvanecida luz del exterior parecía infundir una sensación adicional de paz a la calurosa tarde en Florida.

—Ahí está —proseguí con seguridad—. Se siente bien, ¿no es así?

—Sí —asintió Jayne, obviamente disfrutando de la oportunidad de relajarse. Entonces su mente se interpuso.

—¿Pero cómo sabes si alguien es diestro o zurdo?

—No entres en tu cabeza —sugerí con amabilidad—. Eso lo veremos después. Trabajemos sólo en Regina, quien ya sabemos que es diestra. Entonces, para establecer un sentimiento de confianza con ella, intenta ver con más frecuencia hacia su ojo izquierdo, su ojo de la esencia, de igual manera que te estoy viendo yo ahora. Mientras nos estamos viendo, no existen barreras entre nosotros ¿o sí? Parece que estamos abiertas una a la otra, ¿verdad?

Mientras respondía a mis instrucciones, la belleza de la Jayne que se encontraba por debajo de su rudo exterior se me estaba haciendo más evidente. Algo luminoso parecía irradiar de su piel, borrando lentamente la tensión de su rostro. Ella no lo sabía pero el *Yo Soy* en su interior se revolvía como una presencia energética.

—Sí, lo estamos. Realmente me siento a gusto contigo en este momento —dijo suavemente—. Sin embargo, el término *ojo de la esencia* me suena un poco vago. Aún no estoy segura de saber lo que significa.

—No necesitamos definir la esencia en esta etapa. No es algo en lo que necesitas pensar tanto como ver o sentir de manera intuitiva. Te enseñaré cómo percibirlo en ti misma y en otras personas y sacar lo mejor de ellas. ¿Puedo suponer que te gusta la sensación de paz y conexión que estamos experimentando?

—Seguro.

—¿Eso te hace confiar en mí?

Jayne asintió, sonriendo.

—Entonces, por el momento llamémosle a tu ojo de la esencia tu *ojo de la confianza*.

De nuevo nos adentramos en el envolvente silencio amistoso. Pasaron unos cuantos minutos más de manera agradable, cuando repentinamente una súbita nube de irritabilidad cruzó por el rostro de Jayne. Las señales de su *Yo Soy* se desvanecieron. Se retorció en su asiento y una mirada dura y tensa se apoderó de su rostro mientras volvía a caer en una falsa personalidad e inconciencia.

—¡Espera un momento! —estalló—. Se supone que estamos hablando de cómo tratar a Regina en la oficina. He intentado ser amable con ella y no funciona. Cuando lo hago, me mira con desdén y me hace sentir como una débil mental por intentarlo. ¡Ella no va a sentarse y practicar conmigo las sesiones del "ojo de confianza" y "siéntete bien"!

El cambio de energía de Jayne me tomó por sorpresa y perdí la conexión con la presencia del Yo Soy dentro, a través y alrededor de mí.

—No, por supuesto que no —me las ingenié para contestar tranquilamente—. Tendrás que *ganarte* su confianza de manera gradual. No estoy sugiriendo que comiences de repente a mirarla fijamente, siguiéndola con la mirada por toda la habitación como el periscopio de un submarino. Sólo sé natural. En tus conversaciones cotidianas con Regina, asegúrate de mirar de vez en cuando a su ojo de la esencia. Al hacerlo, asegúrate de enviarle un buen sentimiento. Eso servirá para empezar.

Poniendo en "pausa" a una persona problemática

—¿Y qué tal cuando comience a actuar como una perra?

Siendo todavía incapaz de desligarse de sus reacciones automáticas pensando en los desagradables aspectos de Regina, se disparó de nuevo el lado agresivo de Jayne en una demencia aún mayor. Me miró como si me hubiese transformado en Regina, proyectando por completo su enfado laboral sobre mí. Pero yo no estaba dispuesta a recibirlo. Aquí hacía falta una demostración viviente. Ahora era el momento de enseñarle algo a Jayne mientras, al mismo tiempo, me protegía yo misma.

—Si ella no está siendo cooperativa, no tienes por qué convertirte en un tapete —dije—. Cuando no sea *auténtica* y se comporte contigo de una manera cooperativa y respetuosa, puedes mandarle un mensaje de que no eres alguien con quien se pueda meter. Como este...

Rompí contacto ocular con Jayne de manera deliberada. Girando mi cabeza para ver por la ventana, comencé a enfocar mi atención en mi propio cuerpo y no en ella. Primero descendí mentalmente hacia mis pies y, mientras lo hacía, éstos comenzaron a hormiguear con energía. Entonces una corriente eléctrica recorrió mis piernas, llenándome de una sólida sensación de conexión con ellas. Después mis manos comenzaron a hormiguear y a vibrar de igual manera. La sensación recorrió mis brazos y después mi pecho y mi estómago hasta que una poderosa sensación de concentración se apoderó de mí por completo. Había vuelto a la presencia del Yo Soy. Observando aún por la ventana, le dije a Jayne:

—Cuando Regina se ponga puntillosa contigo, puedes ver a su ojo de la personalidad. Así...

Lentamente giré mi cabeza nuevamente hacia Jayne. Dirigiendo mi atención desde *mi* ojo de la personalidad, observé su ojo derecho, *su* ojo de la personalidad. Mi actitud era indiferente pero firme. Si bien daba la impresión de que no era alguien de quien se pudieran burlar, no estaba proyectando hostilidad hacia ella. Sin embargo, el principal mensaje tácito era: "Será mejor que no comiences conmigo. Estoy sobre ti".

Los ojos de Jayne se abrieron como platos. Su erizado peinado pareció levantarse aún más que lo usual.

—¡Por Dios! —gritó—. ¡De ninguna manera me meteré contigo!

Para entonces, estaba prácticamente saltando sobre su asiento con emoción.

—Cerraré las puertas. No puedes irte. Dime *más*. ¡Ahora! ¡De inmediato!

Estableciendo la armonía: La conexión subliminal

Continué explicando que cuando conozco a las personas por primera vez, me propongo ver hacia su ojo de la esencia mientras nos damos la mano. Esto genera una inmediata armonía y una sensación de amistosa aceptación. Por otro lado, cuando las personas son difíciles, a veces necesito mandar el mensaje de que no me molestaré por las cosas negativas que están proyectando. En esos casos, observo su ojo de la personalidad de una manera que *les* hace saber que *Yo* sé que ellas no tienen entereza. De una manera tácita, les estoy transmitiendo, con una mirada, que puedo ver que provienen de una falsa personalidad y que están siendo manejados por su pasada programación. El programa operativo repleto de virus y que fue adquirido a partir de pasados momentos disfuncionales con otras personas, está corriendo temporalmente su comportamiento actual. ¡Su pasado las está haciendo actuar en el aquí y en el ahora como una computadora descompuesta!

Cuando inicio este proceso, algo parece registrarse de manera subliminal en otras personas que se derrotan a sí mismas. Es como si su personalidad superior se viese avergonzada por ellas. El *Yo Soy* en mí ve al *Yo Soy* en ellas y observa nuestras personalidades comportándose como idiotas o uniéndose y cooperando. En un lugar que está más allá de la reactividad momentánea, en algún lugar entre el nivel de la personalidad y el *Yo Soy*, estos aturdidos individuos sienten que no están siendo leales a su más alto potencial. Nueve de cada diez veces ocurre un cambio milagroso. Comienzan a comportarse de una manera más noble, expansiva y cooperativa. La mejor parte de su naturaleza humana hace su aparición y toma el control de su comportamiento.

Regina y Jayne tenían una extraña química interpersonal que hacía que mi amiga perdiera todo el sentido de sí misma durante las confrontaciones. Tal y como la mayoría de nosotros lo hacemos cuando alguien está actuando de una manera problemática, ella extravió su propia identidad. Durante los pocos días de mi visita, le enseñé a Jayne las maneras de fortalecer su sentido de la propia personalidad al encontrarse bajo presión. Compartí con ella algunas valiosas técnicas específicas para salir de su cabeza y permanecer plantada en su cuerpo cada vez que ocurriera alguna fricción. Ella aprendió a observar con sus *propios* ojos a la *personalidad* y a la *esencia* mientras se paraba frente al espejo. Después le enseñé cómo percibir estas cualidades en todas las personas que conociera, incluyendo a Regina. Además, aprendió varias técnicas para no sobreactuar o tragar el anzuelo cuando fuese provocada de manera deliberada. Finalmente se dio cuenta que cada vez que se identificaba con sus reacciones negativas, se quedaba dormida, es decir, olvidaba quién era y se comportaba como una idiota guiada por un programa. A través del *recuerdo de sí mismo*, lo opuesto a la reactividad del olvidarse de sí mismo, ella era capaz de comenzar a crear una conexión con el *Yo Soy* y a sentir una presencia mayor que su ego cada vez que se sentía atacada. Por último, con una práctica diaria "en el trabajo", Jayne fue capaz de transformar la situación que le había estado causando tanta angustia, inspirando a su colaboradora durante el proceso.

Utilizando la tensión interpersonal para crear conciencia

Vivimos en una época de descortesía caracterizada por el comportamiento antisocial agresivo y represivo. Algunos de los juegos que la gente juega consciente o inconscientemente, se suceden periódicamente tratando de hacer que otros se vean o se sientan como unos tontos. Como la transferencia inconsciente del poder de una persona a otra conlleva una ganancia o una pérdida de energía, una de nuestras principales tareas es evitar que derramemos la fuerza vital al tratar con los demás. Esto es decisivo para todo aquel que desea vivir en el presente con un poder absoluto. Es doblemente imperativo para todo aquel que desee desarrollar la conciencia del *Yo Soy* en un mundo donde la espiritualidad es, en gran medida, una ventaja poco valorada.

Yo me he entrenado para no temblar ante la posibilidad de un conflicto o de una fricción. Ahora sé cómo conectarme con y absorber una carga de energía positiva de la atmósfera que me rodea cuando las personas estén siendo ofensivas. Por lo general, estas personas no saben que tomo el poder de la vida mientras ellas se esclavizan frente a mí. Quizás creas que me devoro la energía que se esconde en la situación negativa para convertirla en alimento para mi espíritu. Tanto he convertido esto en una obra de arte que ahora, cada vez que veo a un alborotador aproximarse a mí, mi primera reacción es pensar: "Oh, qué bien, aquí viene el almuerzo".

Actualmente muchas personas son buscadores de una conciencia superior, de estar más allá de la pesadez de la percepción mundana. Sin embargo, para conservar nuestra sensibilidad espiritual, debemos ser capaces de permanecer firmes en mitad de los cataclismos de la vida ordinaria. Unos cuantos segundos de reactividad emocional negativa puede quemar mucho de la energía vital que nuestros cuerpos necesitan para funcionar de manera óptima. Incluso una pérdida momentánea de la fuerza vital puede ser espiritualmente catastrófico porque al desgastarnos físicamente, *nos* sentimos desconectados de nuestra alma. La conciencia superior se manifiesta de manera más precisa a través de un sonido, de un cuerpo conectado con la sociedad, de las emociones estables y de una mente clara. La aplicación de la regla "con los pies en la tierra y con la cabeza en los cielos" nunca fue más necesaria que ahora. Colectiva e individualmente, ya no podemos darnos el lujo de vivir de tal manera que nuestro espíritu sea alérgico a nuestro cuerpo y a nuestra vida personal.

Para aquellos que desean existir en armonía con su espíritu y con otras personas, es esencial la habilidad para invocar al *Yo Soy* de manera consciente. Bajo la cortina de fuego de la fricción que surge de los encuentros turbulentos con individuos que no están interesados en la conciencia superior, podemos ser expulsados fácilmente del punto central. *Sin embargo, la dinámica fundamental de los encuentros estresantes puede transformarse en una fuente de corriente espiritual de alto voltaje para nuestra habilitación personal. Con las herramientas y las técnicas adecuadas, la fricción interpersonal puede ser utilizada para catapultarnos hacia la conciencia del Yo Soy en el momento de tensión.*

Cuando sabemos cómo neutralizar en otros las fuerzas negativas que enfrentamos, podemos atraer hacia nosotros una supercarga de energía de la atmósfera que nos rodea. Entonces, en vez de sentirnos débiles e impotentes frente a las dificultades, en realidad *aumentamos* y nos llenamos de poder y fortaleza. Aparece entonces de manera automática el Yo del Yo Soy. Al absorber y poner en práctica los principios descritos en este libro, podrás habilitarte a voluntad, en cualquier momento y en cualquier lugar. Al ganar habilidad, las fuerzas universales se ajustarán a tu alrededor. Éstas apoyarán tu conservación de la coherencia y la estabilidad en un mundo que se ha enloquecido y reforzarán y reedificarán tu energía vital incluso cuando te encuentres durmiendo por las noches.

Muchos de nosotros eliminamos nuestras tensiones no resueltas dando vueltas en la cama y a través de los sueños y de las pesadillas. La presión psicológica que no podemos convertir en energía útil durante el día, puede surgir para acosarnos durante las noches. Al transformar con éxito la energía del estrés en combustible para el alma y en una conciencia superior *en el momento de la dificultad*, nos liberaremos de un embotellamiento nocturno de traumas cotidianos no procesados. Por lo tanto, podremos dormir profundamente y despertar con una energía vital renovada, confiando en que podremos enfrentarnos con éxito a los problemas que surjan al día siguiente.

La energía es nuestro pan de cada día

La vida *es* energía y la energía es la fuente de cualquier poder. La persona que sabe cómo reunir, conservar y reciclar sus propios recursos energéticos, se convertirá en un líder natural. Este tipo de individuos llevan una carga positiva a la atmósfera que los rodea. Tienen un *alto nivel de personalidad* y de magnetismo personal, un constante y fundamental sentido de quiénes son en realidad. ¿Cuál es tu nivel de personalidad? Es el peso atómico de la persona que eres. La cantidad de aire que desplazas al caminar en una habitación, la suma total de todas tus experiencias de vida, todo lo que conoces y comprendes de la vida, convertidos en el campo de energía que te rodea y que emana de ti.

Los individuos con un *bajo nivel de personalidad* tienen dificultad para ser eficaces porque no dejan una huella duradera en los demás. Al carecer de la suficiente cantidad de energía vital, a menudo se mueven con lentitud y su voz tiende a ser monótona. Parecen estar fuera de sincronía con ellos mismos y alejados de las fuerzas positivas de la naturaleza. Cuando ves a una persona así a los ojos, tienes la sensación de que no hay nadie en casa.

Las personas con un *alto nivel de personalidad* parecen brillar desde adentro. Sus ojos son generalmente brillantes y tienden a guardar una postura adecuada y erguida. Sus movimientos son ágiles, su lenguaje es musical y envolvente y tienen una actitud básica que parece confirmar el valor de la existencia. Como resultado, la vida conspira para apoyarlas con una buena fortuna.

Como estos individuos poseen una personalidad magnética, son capaces de atraer a ellos a las personas, los sucesos, las oportunidades y las circunstancias que les permiten avanzar en la vida. Esto sucede porque están cumpliendo una de las leyes primordiales de la creación: *Tu nivel de personalidad atrae tu vida.* La atracción depende del magnetismo y, afortunadamente, cualquier persona puede llegar a ser magnética a voluntad. No importa cuántas veces sientas que no has podido desarrollar tu potencial y cuántas veces les hayas permitido a las personas o a las circunstancias limitarte, puedes transformar eso adoptando el siguiente principio: *Cambia tu nivel de personalidad y automáticamente cambiarás tu vida.*

¡Autodominio + Integridad Personal + Magnetismo = Éxito!

Las herramientas y las técnicas que se emplean para cultivar la conciencia del *Yo Soy* crean y desarrollan nuestro nivel de personalidad. En las siguientes páginas, a través de ideas y de relatos junto con algunos procesos y prácticas, serás guiado de manera gradual para comprender cómo experimentar por ti mismo el Yo Soy en mitad de las situaciones cotidianas. Aprenderás cómo mantenerte firme cuando las personas se estén comportando de una manera inadecuada hacia ti y cómo no quedar atrapado por tus propios pensamientos y reacciones negativas. Conforme vayamos recorriendo juntos el trayecto, irá creciendo dentro de ti una nueva sensación de gran posibilidad.

Como en cualquier viaje, el destino sólo se alcanza cuando realmente llegamos a él. La experiencia del Yo Soy no puede aparecer simplemente apreciando el concepto de una página impresa. Debes trabajar por él dejándote llevar por el texto de este libro hacia cualquier dirección que te lleve, practicando con las herramientas e implementando las técnicas. Mientras lees, olvídate de lo que sabes y abandona las expectativas. En estas páginas hay una energía que es aún más profunda que las palabras y que no puede ser atrapada con el intelecto ordinario. Permite que las palabras entren en tu mente sin pensar en ellas y el Yo Soy que se encuentra en tu interior las escuchará y despertará. Éste leerá a través de ti y tú verás el resultado en tu vida.

Conforme comiences a poner en práctica lo que aprendas, lograrás un mayor magnetismo personal. Tu poder para influir en otras personas aparecerá como un atributo natural y tu alma brillará a través de tu personalidad. Los viejos temores e inseguridades comenzarán a desaparecer y tú percibirás cómo tu vida se vuelve más ordenada. Las oportunidades para avanzar en tu carrera y en tus relaciones comenzarán a presentarse con mayor frecuencia. Un mayor número de personas querrá hacer amistad contigo y buscará tu consejo y tu estabilidad. La razón de ello es simple: Te estarás colocando en armonía con la naturaleza y la sociedad a un nivel mucho más alto que aquel al que la mayoría de las personas se maneja.

Para manejar con éxito el complejo mundo en el que vivimos, debemos apreciar la excelente ventaja que surge al controlar nuestras reacciones y nuestro comportamiento en situaciones sociales. Al vivir como un ejemplo de lo que un ser humano *puede y debe ser*, estaremos pagando nuestros días con salud, prosperidad y felicidad. Mientras un mayor número de individuos aprenda a vivir en un sitio así, el mundo irá sanando una vida a la vez. Tu participación en este proceso ya ha dado comienzo. Las ideas a las que estás siendo expuesto en estas páginas sintetizan y redefinen los principios del antiguo conocimiento en formas altamente prácticas y modernas. Juntas, representan un llamado al heroísmo personal que puede ser ignorado *sólo* si se llega a un acuerdo consigo mismo para permanecer dormido durante el estado de consenso.

George Bernard Shaw describió una vez al planeta Tierra como "el asilo lunático de la galaxia". Observando al mundo actual, ¿quién podría no estar de acuerdo? Al convertirse en una fuente de coherencia en un mundo de caos socialmente interactivo, estarás mostrando el modelo saliente del nuevo hombre o de la nueva mujer. El mañana le pertenece al prototipo humano del futuro, al hombre o mujer espiritualmente dotado que surge del caos de un mundo en transición. El primer paso para convertirnos en individuos así en la arena social es volvernos maestros de nuestras reacciones hacia la vida y las circunstancias. Entonces, las fuerzas de evolución que dirigen a nuestro planeta hacia una mayor inteligencia, nos llenarán naturalmente de poder y de fortaleza. Las oportunidades de sincronización y un sentido del orden se volverán mágicamente evidentes, incluso en medio de la confusión masiva. Éstos pueden surgir de manera natural de las circunstancias más complejas para así acelerar nuestro desarrollo como instrumentos de expansión para el bien de la humanidad.

El ser capaces de mantener el baluarte de la conciencia en desarrollo de cara al maltrato de otros, es una verdadera medida de hombre y mujer espiritualmente evolucionados. Este tipo de personas definen el verdadero significado del éxito, no como una meta que debe ser alcanzada ni como un sueño que debe ser cumplido, sino como una *sentida realidad* de su valor como seres humanos, aquí y ahora en el momento presente. Al responder con éxito a los desafíos diarios de la vida, convierten la negatividad en una fuerza para el bien a través de la paz interior, de la autoconciencia y de la armonía personal progresiva. Este tipo de personas son puntos de claridad en una época de caos. Conforme desarrolles una conciencia viviente del *Yo Soy*, una sensación de personalidad que no se anima o no decae con los constantes cambios del destino y de las circunstancias, te volverás como ellas. Y los poderosos resultados de tu práctica te ayudarán a entregarle al mundo tu persona y tus verdaderos dones.

2. Ser realista en un mundo irreal

El camarero descortés y la mujer consciente

Nuestro planeta requiere de pacifistas internos y externos si es que alguna vez hemos de tener una armonía global. Ser un instrumento de paz y de coherencia es una forma efectiva de bendecirte a ti mismo ya que la vida busca siempre generar la armonía a partir del aparente caos. La imagen equívoca de un pacifista es la de alguien que toma la línea de la menor resistencia. Sin embargo, para tener una paz interior no necesitamos volvernos *exteriormente* pasivos. La respuesta más poderosa que podemos dar cuando nos encontramos bajo presión es tomar el control de nuestras reacciones emocionales y hablar después con autoritaria tranquilidad y certidumbre.

Mi amiga Kimberly, que vive en California, mide 1.64 y se viste con sobria elegancia. Se comporta en todo momento con dignidad. Hace unos cuantos años nos reunimos por la tarde a tomar el té en un restaurante La Jolla con vista al mar. Poco después de habernos sentado, un mesero, que se encontraba al otro lado del salón, nos vio y avanzó hacia nuestra mesa. Al verlo, Kimberly alzó los ojos al cielo y suspiró con resignación.

—Oh, querido. No *ese* mesero. Ya me ha atendido antes y es un provocador. Siempre trata de crear problemas.

Antes de que yo pudiese hacer algún comentario, él ya estaba sobre nosotros.

—Hola, mi nombre es Brian. Soy su mesero —anunció con suficiente amabilidad mientras nos entregaba dos cartas—. Hoy tenemos varias especialidades. Estas son... —y nos lanzó una lista memorizada de delicias culinarias.

—Nos gustaría tomar sólo un poco de té, por favor —dijo Kimberly, devolviéndole las cartas al mesero. Su expresión cambió considerablemente al desvanecerse la posibilidad de una buena propina. Nos ofreció una expresión de desprecio e irritación y se alejó para ejecutar nuestra petición.

Unos minutos más tarde, regresó con una caja de madera que contenía bolsitas de té. Abrió la tapa y la colocó sobre la mesa frente a Kimberly y yo, de modo que pudiésemos examinar su contenido. Nos inclinamos hacia la caja y examinamos la gran variedad de colores que presentaban las infusiones de yerbas. De repente, sin previo aviso, nuestro anfitrión cerró de golpe la tapa de la caja en nuestras caras.

Tan inesperado y sorprendente fue este movimiento, que Kimberly y yo nos incorporamos como si hubiésemos escuchado un disparo.

—Uups. Disculpen —dijo el mesero, con una mueca de complacencia, antes de abrir lentamente la tapa y mostrar nuevamente el contenido de su cofre de tesoros.

De nuevo nos inclinamos para hacer nuestra elección. Estaba a punto de decir "yo tomaré el de manzanilla", pensando que sería bueno, en ese momento, tomar algo para calmar los nervios, cuando ¡¡¡*slam*!!! Una vez más, la tapa se cerró a unos cuantos centímetros de nuestras narices. Sentí cómo Kimberly reunía y enfocaba su energía mientras se incorporaba y se recargaba en el respaldo de su silla. Después miró al mesero, haciendo que éste dirigiera su atención hacia sus hermosos y poderosos ojos. Entonces habló suavemente pero con gran determinación.

—¿Sabe?, es la segunda vez que azota la tapa de esa caja en nuestra cara. Tendré que decirle que si vuelve a suceder, despertará algo en mí que le resultará muy desagradable.

La boca del mesero se abrió como la de un pescado y sus ojos expresaron incredulidad. Por un momento se le quedó viendo a Kimberly como si fuese un ser de otro mundo. Entonces, lenta y amablemente, levantó la tapa por tercera vez. Y la mantuvo abierta. También nos atendió con cortesía, respeto y atención durante el tiempo que permanecimos ahí.

Al no reaccionar del mismo modo, llamando al gerente o insultando al hombre, Kimberly creó el espacio propicio para que ocurriera una transformación. Ella invitó al mesero a que abandonara un programa que lo estaba controlando y éste se movió hacia un nivel superior de comportamiento. Esto produjo tres resultados: El agresor pasivo se convirtió en un caballero; yo tuve el placer de ver a una mujer que admiro tomar el control de la situación de una manera ejemplar y Kimberly aumentó sus niveles de energía y el sentido de sí misma.

Acción, reacción y nuestros cerebros sobrecargados

El truco en tales situaciones es permanecer interiormente firmes en el momento en que surge la fricción. Si bien no se niega lo que está sucediendo, de manera simultánea juzgamos la situación por lo que es y nos movemos hacia un estado de *no reactividad* establecida. En el fondo de cada momento de tensión interpersonal yace un vértice de energía pura. Es ahí donde debe conectarse el individuo que permanece centrado en mitad del conflicto.

Al mantenernos coherentes, hacemos que la energía contenida en los átomos y las moléculas que forman nuestro cuerpo vibren con una inteligencia vívida. Nos convertimos en algo más que si nos dejásemos llevar por el deseo de soltar el volante y enfrentar el mal con el mal. En vez de perdernos en el laberinto de las complicaciones humanas que son guiadas por el ego, escapamos de la locura reorientando nuestra atención. Invocamos la presencia de nuestra alma y de nuestra energía espiritual y, rápidamente, volvemos a centrarnos, *a estar más presentes y a ser más poderosos de lo que éramos antes de que comenzara el problema*. Y podemos decir nuestra verdad de una manera más coherente porque nuestro sentido de autoidentidad ahora se encuentra *a un nivel de personalidad superior de lo que se encontraría si hubiésemos sido sobrehabilitados por la reactividad.*

Nadie respeta a un individuo que "se pierde" cuando está bajo presión y que se vuelve iracundo e irracional mientras vocifera palabras emocionales. Sin embargo, todos respetan a aquella persona que puede conservar el poder para razonar y actuar con autoridad personal de cara a la tensión social. Hay un viejo dicho: "Aquel que se domina a sí mismo, es más grande que aquel que toma una ciudad". La "ciudad" que debemos tomar, mientras el mundo entra cada vez más en una complejidad internacional, social e interpersonal, es el recinto de nuestra propia conciencia, el sentido de lo que somos. Dejar que otras personas o circunstancias nos roben nuestra propia individualidad, es la verdadera tragedia actual —no la caída de las naciones o de la bolsa de valores.

En su libro *La ilusión del usuario,* un éxito de librería en Europa, el autor danés Tor Norretranders cita una interesante información acerca de cómo trabajan nuestros cerebros. En cierto segundo, once millones de pizcas de información estimulan nuestros sentidos. Nuestros cerebros deben entonces tratar de procesar esa información. Desafortunadamente, nuestra materia gris sólo puede procesar de manera precisa dieciséis de esos once millones de pequeños trozos. Sin embargo, nuestros *cuerpos* están recibiendo y, a veces, hasta *almacenando* la variada información que proviene de lo que resta de esos once millones de trozos. Si las interacciones sociales humanas se vuelven cada día más complejas, ¿acaso es sorprendente que tengamos cada vez más un menor sentido de la vida?

No sólo debemos esforzarnos por resolver nuestras complicaciones personales sino que también debemos absorber la descarga de terribles impresiones locales y globales de los medios de información. El sistema nervioso central, en respuesta a los intentos del cerebro por darle un sentido a un mundo en caos, envía señales que activan las respuestas de "lucha o huye" en nuestros cuerpos. Esto produce estados de tensión casi constantes. A todos les está afectando la excesiva presión. Es imperativo, para aquellos que desean no sólo sobrevivir sino prosperar, adquirir toda una nueva serie de habilidades de navegación social.

Algunas personas tratan de manejar las crecientes tensiones a través de prácticas espirituales como el Yoga, el Tai Chi, la meditación, etc. Estas son herramientas positivas y pueden colocarnos en un sitio confortable en la seguridad de nuestra propia casa. Sin embargo, una queja común de las personas que practican alguna forma de disciplina de renovación interna es que no pueden mantener los efectos secundarios de su cosecha espiritual. Los pierden al enfrentarse con las presiones del mundo real.

Yo conozco este fenómeno porque pasé por él durante mi propio viaje espiritual. Después de veinte años de profunda y diaria meditación, aún no era capaz de mantener mi paz interior a lo largo del día y de cara a las situaciones caóticas. Quizás iba bien hasta, digamos, las 11:15 de la mañana, cuando aparecía alguien que esparcía por los aires mi paz interior y mi armonía personal. Entonces descubrí los principios que me permitieron cultivar el poder de la conciencia del *Yo Soy*.

La princesa guerrera y yo

En ese entonces llevaba una relación de cinco años con una mujer a la que le gustaba iniciar las discusiones. No me pregunten por qué me metía, en primer lugar, en una situación así. La atracción es aparentemente cegadora y coloca una aureola de imaginaria atracción alrededor del objeto de nuestros deseos. Durante siete años me sentía bien y estaba realmente enganchado. El recipiente de mis amorosas proyecciones medía 1.58, tenía unos ojos de cielo, un rostro de ángel y un gusto por el combate que habría hecho enorgullecer al General Patton. Cada vez que rentábamos un video, siempre quería ver películas de guerra. ¡Años después de nuestra separación me dijo que lo que más extrañaba de nuestra relación era el conflicto!

Si queremos ser fuertes, debemos aprender a luchar contra los fuertes. Debo admitir que el combatir contra mi voluntariosa guerrera desarrolló en alto grado mis músculos espirituales socialmente interactivos. Nuestra relación era una perpetua colchoneta de judo en la que era constantemente cuestionado y desafiado por mi amada. Parecía hallar placer en ver si podía "azotarme contra el piso". Cuando podía yo sostenerme al sentido de mi individualidad y no dejarme sacudir psicológica y emocionalmente, aumentaba su amor y su respeto hacia mí. De esto aprendí que una de las cosas que una mujer desea más en un hombre es que él conserve su dignidad, su sentido de la presencia y su racionalidad cada vez que ella está siendo irracional.

En cierta ocasión le preguntaron a Sócrates por qué seguía casado con su esposa Xanthippe, que era una punzante arpía de colosales proporciones. Él contestó que al tolerar su irracionalidad en casa sin acobardarse, cualquier alborotador con el que se encontrara fuera de su domicilio era algo de poco peso en comparación y no lo incomodaba.

Yo solía recordar esto cada vez que me enfrentaba a mi propia comedia romántica de terror y me decía a mí mismo que, como Sócrates, estaba practicando el "principio de Xanthippe". En retrospectiva, veo con absoluta claridad lo perfecta que era esta situación para mi desarrollo. Cómo me fortaleció y me convirtió en un hombre. Me "gradué" cuando mi "chivo expiatorio" se volvió "inalcanzable". En vez de tragar el anzuelo, sobreactuando y *olvidándome de mí mismo* cada vez que era desafiado por mi amada, actué de manera contraria: Aprendí a utilizar la presión para salir de la reactividad, entrar y *acordarme de mí mismo*. Cada vez que podía hacer esto con efectividad, podía sentir la presencia de mi alma dentro y fuera de mí. Conforme pasaron los meses y me volvía más o menos capaz, de manera permanente, de iniciar este cambio a voluntad, me liberaba más y más de las perturbadoras influencias de mi Xanthippe personal. Finalmente, el hechizo de romántica proyección se rompió, liberándonos a ambos para aprender nuevas lecciones y vivir nuevas experiencias de crecimiento con otras personas.

¿Cómo logré esta transformación de mí mismo? ¿Cómo pasé de ser alguien que siempre dejaba que su chivo fuese atrapado y perdía su paz interior, en alguien que se mantenía erguido y se hacía cada vez más fuerte bajo un estado de presión? En las siguientes páginas compartiré los secretos, las herramientas y las técnicas que he utilizado ahora incontables veces en muchas situaciones a lo largo de los años. Tú también aprenderás a salir victorioso en los encuentros con espadachines verbales, abusadores emocionales y manipuladores pasivo-agresivos, vampiros de energía yególatras. No será enterrándolos sino elevándolos a las alturas y a la fuerza de tu carácter individual y del verdadero sentido de tu propio valor.

Por ejemplo, imagina que vas a casa a visitar a tus familiares y no te comportas de la misma manera que lo has hecho desde hace mucho tiempo. ¿Acaso no te gustaría dejar de ser colocado dentro de la caja de sus percepciones de quien eres y de lo que eres actualmente, basándose en quien ellos creen que sigues siendo? ¿No sería agradable que te viesen tal y como eres ahora, y todo esto sin hacerles ningún mal? Puedes hacerlo. Es fácil cuando sabes dónde encontrar los engranajes y las palancas adecuadas dentro de ti mismo y cómo activarlas en el momento justo.

Todo es relativo: tratar con la familia y el pulsador del pasado

En 1996, regresé al Reino Unido a visitar a mi familia por primera vez en veintitrés años. Mi madre y mi hermana, que viven en el Norte de Gales, viajaron a Estados Unidos para visitarme. Sin embargo, este viaje de vuelta a mis costas natales sería un terreno de prueba. Quería comprobar si podía permanecer fiel a mí mismo y no dejarme atrapar por los antiguos patrones infantiles de reacción ante su limitada percepción de mí. Me sentía particularmente interesado en cómo respondería a los aspectos negativos de la personalidad de mi madre. El filósofo ruso P.D. Ouspensky decía que "una educación inglesa consiste en la adquisición de una buena cantidad de actitudes negativas". Esto ciertamente lo recordé cuando, al llegar a Gales, levanté el teléfono en la casa de mi hermana para informarle a mi madre que me encontraba en la ciudad.

—Hola, mamá. Estoy aquí.

Mi voz sonó con un positivo timbre transcontinental si no es que con un acento americano.

—Oh, sí. Qué bueno —dijo mi madre, afirmando brevemente antes de pasar a un modo negativo de actitud—. Ven acá. Tendremos una buena sesión de lamentos.

Las lamentaciones y las quejas son un tradicional pasatiempo británico, casi un derecho nacional. Se puede manifestar como una ofensa contra el universo en el que el clima o un inadecuado servicio de transporte son vistos como una conspiración cósmica diseñada para causar una molestia personal. Esto sanciona las cuestionables alegrías de la irritación justificable y del derecho a quejarse.

Una tarde, me vi atrapado con mi madre en un auto estacionado, esperando a que mi hijo regresara de hacer unas compras. De repente, comenzó a tocar lo que yo llamo su "violín psicológico". Este es su instrumento de quejoso reproche en contra de lo que ella considera que son las hondas y las flechas de la ultrajante fortuna. Aunque se sabe muchos tonos, éstos son principalmente variaciones del "si tan sólo", de inconclusas sinfonías acerca de pasadas oportunidades perdidas. Cuando su letanía de caminos no tomados comenzó a sonar, pude sentir cómo mi espíritu se hundía en el concreto de la calle donde el automóvil estaba estacionado. Entonces, mi alarma interior comenzó a sonar, recordándome practicar las técnicas que utilizo para inducir mi conciencia del *Yo Soy*.

Mamá y yo nos encontrábamos sentados casi uno frente al otro en nuestros asientos del auto. Ella mantenía contacto conmigo a través de su ojo de la personalidad. Éste parpadeaba fulminantemente de vez en cuando, mientras su relato tocaba un doloroso punto psicológico en el recuerdo de un pasado enfado. Lo primero que debía hacer era romper el contacto ocular. Así que desvié la mirada y miré por la ventana del auto durante unos cuantos minutos. Mientras lo hacía, examiné mi propio cuerpo (la técnica que describí anteriormente cuando ayudé a que Jayne pusiera en "Pausa" a su colaboradora). Esto me sacó de mi cabeza y lejos de las reacciones automáticas mentales y emocionales y comencé a llenarme de *presencia* y a *centrarme*. Me recorrió una sensación de extraordinaria calma. Mis reacciones emocionales cambiaron de agitadas a neutrales, después a positivas, mientras mi cuerpo admitía un sentimiento de gran solidez. Entonces giré mi cabeza lentamente y observé el ojo de la personalidad de mi madre desde un punto interior de atención personal acumulada.

Tan pronto como me volví a verla, el flujo de palabras quejumbrosas se detuvo a media oración. El auto se llenó de una atmósfera de absoluta quietud. Su ojo de la esencia se abrió ampliamente. Por un momento pensé que en realidad su alma iba a hablarme. Entonces su ego volvió a interferir. Su ojo de la personalidad me miró de soslayo como Clint Eastwood y siseó entre dientes:

—¡Deja de estar tratando de hipnotizarme!

Quise reírme pero me las ingenié para contenerme.

—Madre, no estoy tratando de hipnotizarte —dije, completando mentalmente la frase: "¡Estoy evitando ser hipnotizado por ti y que me lleves a antiguos patrones de reacción!"

Y lo logré. El hechizo se había roto realmente. El debilitador sentimiento, tan familiar desde la infancia, de cara a la negatividad de mi madre, se había ido. En vez de eso, me sentí doblemente cargado de energía y de mi actual y cotidiano sentido de mí mismo.

Esa noche, de regreso en la casa de mi hermana, le ayudaba a preparar una ensalada para la cena, cuando mi madre entró a la cocina y comenzó a hablar negativamente sobre algo. Pude ver cómo las rodillas de mi hermana prácticamente se doblaban mientras estaba parada ante el fregadero lavando un apio. Yo vivo en California, a seis mil millas de las quejas, pero mi hermana las recibe diariamente, de modo que es particularmente vulnerable.

Retomando el estado de atención personal acumulada que había creado para mí anteriormente en el auto, entretuve a mi madre en una plática trivial. Al dirigir su atención hacia otra cosa que no fueran sus "quejas", y al mismo tiempo que *me acordaba de mí mismo*, pude liberarnos a los tres de sus negativos efectos desenergizantes. Cuando mi madre salió de la cocina con un estado de ánimo relativamente feliz, mi hermana se me acercó levantando en su mano un tallo de apio. Con una expresión de asombro en su rostro, golpeó ligeramente mis hombros con el vegetal, diciendo:

—Te nombro *Caballero Invencible*. Era la consecuencia de los sueños de cada estudiante británico: la caballería al fin.

Debo señalar que mi madre es en realidad una persona muy espiritual y que puede ser la persona más encantadora cuando quiere. Sin embargo, también ella tiene una programación mecánica y, como con la mayoría de las personas, ésta suele aparecer cuando se encuentra entre aquellos que le son más familiares. Cuando salía de Gales para regresar a los Estados Unidos, lo último que me dijo fue:

—¿Te sientes contento con nosotros?

Una pregunta más bien conmovedora, pensé. Y pude entonces contestar:

—Sí, por supuesto.

Siendo una mujer inteligente, mi madre se dio cuenta de que el quejarse y lamentarse conmigo ya no iba a funcionar. Después de las dos primeras confrontaciones que tuvo, se comportó como un ángel durante el resto de mi visita.

La rápida recuperación y la generación de energía

Podemos adiestrarnos en evitar captar la energía estática que surge de diferentes situaciones sociales difíciles así como la indigestión psicoemocional que la sigue. Al hacerlo, podemos guardar lo mejor de nosotros mismos por el simple gusto de sentirnos vivos y autohabilitados.

Cuando alguien lance un ataque verbal hacia nosotros —ya sea un familiar, un colaborador o incluso un extraño— por un momento quizás aún nos sintamos descompuestos. Sin embargo, esa sensación de salirnos del centro puede ser utilizada como una señal de alarma. Al aplicar de inmediato el *autorecuerdo* y otras técnicas en nosotros mismos y hacia la situación externa, podremos rápidamente realinearnos nosotros mismos. *Casi milagrosamente, nos volveremos más fuertes de lo que éramos antes de que comenzara el problema.* Los protocolos dinámicos como el autorecordar o el percibir y sentir, podrán rápidamente inducir en nosotros un grado de conciencia del Yo Soy. Conforme nos volvamos más y más hábiles en nuestra práctica, mayor será el grado de nuestra habilidad para sentir la presencia del Yo Soy dentro, alrededor y a través de nosotros. Sin la dinámica de la fricción social quizás no nos sentiríamos inclinados a hacer el esfuerzo. Por lo tanto, aquellos que nos atacan verbalmente, nos estarán haciendo en realidad un favor. Nos obligarán a despertar y a realinearnos.

Morihei Ueshiba, fundador del Aikido, dijo: "No es que no sea expulsado. Me recupero tan pronto, que no te das cuenta que estaba lejos". ¡Durante el proceso de retornar al punto central, nos autohabilitamos mientras nuestros adversarios se *deshabilitan* a sí mismos sin ninguna ayuda de nuestra parte! De hecho, al armonizar con nosotros mismos frente al caos y a la desorganización, se genera una energía vital adicional mientras nos realineamos a un estado de plenitud. No *tomamos* la energía de otros. Simplemente nos negamos a aceptar que nos entreguen su negatividad y, en el proceso, transformamos la energía que ellos están desechando en algo que podemos utilizar para aumentar nuestro nivel de existencia.

No estamos tratando de controlar a otras personas imponiéndoles nuestra voluntad. Estamos redirigiendo el flujo de energía que existe entre ellos y nosotros. Al practicar la no cooperación externa con individuos que están abusando de nosotros, podemos estar trabajando en secreto para ayudarlos. Cuando las personas se identifican con su programación mecánica, en realidad se extravían a sí mismas. Nuestra forma positiva de enfrentar la situación los invita a la autorreclamación en un nivel superior que el de su comportamiento inconsciente automático. A menudo, un estallido de ira es en realidad un llamado de auxilio por parte de las personas que no son capaces de controlar su impulso a ser destructores de sí mismos.

Los patrones conductuales negativos son difíciles de vencer porque cuando se encuentran activos parecen poseer a la persona que juega a ser su anfitriona. Casi desaparece la individualidad racional. La persona pierde objetividad y no puede ver con exactitud lo que él o ella están diciendo y haciendo en realidad ya que *las fuerzas inconscientes que están más allá de su control están a cargo*. No se puede controlar aquello que somos incapaces de ver en nosotros mismos. Sin embargo, cuando nos volvemos inconscientes, otros lo captan de inmediato. Es por eso que a menudo las personas se voltean para esconder una sonrisa cuando alguien pierde el control en público. Las discusiones acaloradas siempre les parecen ridículas a los curiosos porque ellos pueden ver claramente que dos seres supuestamente inteligentes se están comportando como idiotas. ¡Lo que en realidad está sucediendo es que *su programación automática los ha convertido temporalmente en autómatas*!

El ataque de los clones: ¿Las máquinas se encuentran entre nosotros!

A nadie le gusta considerarse a sí mismo un autómata, aun y cuando el comportamiento reactivo casi siempre nos vuelve inconscientes. Sin embargo, existe una esperanza. Carl Jung dijo: "Uno no se vuelve consciente imaginando figuras luminosas sino haciendo consciente a la oscuridad". Para lograrlo, debemos ser capaces de salirnos de nuestra programación y verla como lo que es: *tan sólo un comportamiento mecánico, automático y preprogramado*. Debemos ser capaces de separarnos de nuestra reactividad, de hacernos a un lado y de observarla tan claramente como lo hace un curioso al observar de manera imparcial a alguien más. Nadie desea sentirse ni comportarse como una máquina. Captar el comportamiento mecánico en nosotros mismos cuando éste está sucediendo, es el primer paso hacia el autodominio. Cuando puedas observar realmente el comportamiento reactivo en ti mismo *cuando éste está sucediendo*, en ese momento *no* serás tu programación. *¡Serás el que está observando!*

Al liberarnos a nosotros mismos de las reacciones reflejas y no entrar en lucha con otros, estaremos creando un espacio de respiro en donde puede ocurrir la habilitación. No sólo por nosotros. También lo estaremos haciendo por aquellos que se están comportando de una manera antagónica hacia nosotros. Nuestro estado de concentración les ofrecerá un campo de energía superior a las limitantes de sus agresiones y de sus argumentaciones del bien y del mal, de lo negro y lo blanco. De nuevo, invocaremos este estado aplicando *en nosotros mismos* las herramientas y las técnicas en el momento de tensión. En el instante en que nos volvamos conductualmente no reactivos, creceremos en tamaño. Nuestra conciencia se expandirá y nuestra fortaleza espiritual se multiplicará exponencialmente. Las personas que están discutiendo con nosotros quizás perciban este cambio y comiencen a relacionarse con nosotros de una manera completamente diferente. Si persisten en seguir siendo sordos y ofensivos, sólo se lastimarán a sí mismos y no a nosotros.

La elección de comportamiento sólo es posible si existe un espacio de transformación entre las personas. Para crear este espacio debemos alejarnos conscientemente de nuestras reacciones automáticas, aun y cuando nuestros botones estén siendo oprimidos. Creamos y nos convertimos en un *Yo observador* que ve nuestra programación en funcionamiento como un observador imparcial. Desde ese sitio de objetividad, es fácil observar que las personas que nos atacan están extraviadas. Surge entonces un sentimiento de compasión cuando vemos que la persona frente a nosotros ha dejado de existir como un ser humano racional.

Si tu computadora se volviera repentinamente loca y comenzara a imprimir obscenidades dirigidas directamente a ti, no tomarías un martillo y la despedazarías. Simplemente dirías, "Diablos, tiene un virus" y verías lo que puedes hacer para corregir el desperfecto. Cuando las personas están abusando de nosotros, podríamos decir que también ellas tienen un virus. Han sido poseídas por su programación y han perdido el sentido de la individualidad. Al encontrar *nuestro* sentido de la individualidad de cara a tales embestidas, al *acordarnos de sí mismos* (lo contrario a extraviarnos y a olvidarnos de nosotros mismos), podemos ayudar a aquellos que se encuentran fuera del grupo a reconectarse consigo mismos. De esta manera estaremos bendiciendo a nuestros enemigos, haciendo el bien a quienes se empeñan en denigrarnos y en abusar de nosotros. Al igual que Mahatma Gandhi, el gran pionero de la resistencia pasiva y sin violencia, los estaremos exponiendo a una energía superior a la que están utilizando en tratar de destruir nuestra paz mental.

Los artistas reprimidos y los "Pequeños Asesinatos"

Quizás pienses que el utilizar el término "enemigo" para describir a los alborotadores sociales es excesivo. Sin embargo, Maya

Angelou dijo en una entrevista de Oprah: "No te confundas, estas personas están tras tu vida". Ella describía las incisivas, crueles y represivas observaciones que ahora pasan por un lenguaje verbal como "pequeños asesinatos", un término inventado por el caricaturista Jules Feiffer. Las personas que abusan de la "vida" andan tras *nuestra energía vital*, nuestro "pan de cada día", el poder que se comunica con nuestros cuerpos, nuestras mentes y con nuestras emociones y que estimula nuestra existencia misma.

Si bien todas las formas vivientes poseen una energía vital, ésta se encuentra con mayor abundancia en una persona que cultiva un enfoque positivo y abierto hacia la vida y hacia la individualidad. Mientras más energía tenemos, más concientes somos y viceversa. Aquellos que no tienen suficiente de estas bendiciones gemelas, tratarán de robarlas inconsciente o deliberadamente de aquellas personas que las tienen en abundancia. Para hacerlo, primero deberán desestabilizar a la persona que posee una alta energía vital haciéndola pasar mental, emocional y/o físicamente de una corriente positiva a un estado negativo. Este proceso se inicia a menudo a través de una crueldad verbal y conductual.

Conservar un estado superior de conciencia frente al abuso personal es una forma superior de amor, carente por completo de una falsa simpatía. Es un amor que abre un campo para la posibilidad de una transformación personal para ambas partes. Aquí es donde yace principalmente el poder de la conciencia del *Yo Soy*. El amor *es* más poderoso que el mal. Pero para poner en marcha sus efectos de transformación, debe ser capaz de fluir a través de un individuo que se encuentra establecido y arraigado en el poder del sentido de la individualidad. Las prácticas que estás aprendiendo te ayudarán a desarrollar una identidad firme que no cambiará aun si te adentras en la corriente de los once millones de bits de información por segundo de Norretranders. Al conservar dicha conciencia, no sólo por uno mismo sino por los demás, especialmente cuando parecen estar trabajando en nuestra contra, es un *verdadero amor consciente*. Es la puerta hacia el mayor potencial del desarrollo humano.

Se requiere de valor y compasión para mantenerse centrado y ser capaz de ayudarse a sí mismo y a los demás. Asimismo, necesitamos comprender y dominar los principios, las herramientas y las técnicas especiales como las de este libro. Los procesos descritos en los siguientes capítulos nos llevarán a niveles más profundos de conexión con nosotros mismos. A través de su aplicación, podremos aprender a aferrarnos a nuestra identidad personal y espiritual de cara a la ruptura potencial.

El valor para amar

Gandhi decía que "el amor no es para los cobardes". Sin una base fundamental de poder individual y de autocontrol, la energía del amor se disipará rápidamente. Los artificios de nuestra naturaleza espiritual se extinguen fácilmente en el éter a causa de la inquietud y la crueldad humana y por la densidad de las percepciones de la vida. El poder sin amor pronto se vuelve manipulador y autoservil. El amor sin poder carece de la fuerza para transformar la adversidad en victoria. El poder que requerimos es una soberanía sobre nosotros mismos, un dominio sobre las fuerzas mecánicas de la vida que mantienen a la raza humana atada de manera colectiva al lado obscuro de la mente inconsciente.

Lo que estás aprendiendo es un sistema que ofrece los medios definitivos del autodominio que serán aplicados a los contextos privados y sociales. Leer solamente la información que este libro contiene, el adquirir una nueva serie de conceptos y una mayor información, será de poca ayuda en el caótico campo de batalla de la vida diaria. Los conceptos podrán ciertamente cambiar nuestra perspectiva de la vida. Pero si nuestro conocimiento se queda sólo en nuestra cabeza, la realidad de nuestras interacciones personales con la gente y el mundo que nos rodea seguirá siendo la misma. *El cambio duradero surge cuando lo que aprendemos con nuestra cabeza se ancla a nuestro cuerpo y a nuestra conducta.* Surge cuando nuestra conexión interna adquiere el poder de cambiar el mundo real, de cambiar nuestra experiencia *externa* de la vida. En resumen, nuestra *verdad* debe convertirse en *una parte orgánica de quienes somos y de lo que somos.*

Las herramientas y las técnicas para la transformación personal descritas en estas páginas funcionarán mejor si se enfocan y se aplican en un gimnasio psicológico en el cual desarrollaremos diariamente nuestros músculos espirituales. Nunca más tendrás que ser mortificado por ninguna persona o situación. Cada encuentro, positivo o lleno de fricción, es una oportunidad para practicar interiormente las técnicas que desarrollarán tu fortaleza espiritual, tu sentido del poder personal y tu bienestar.

Un momento de heroísmo espiritual

En mis talleres, he enseñado a miles de personas a liberarse de la debilitadora influencia de la inseguridad personal en los tiempos socialmente confusos en que vivimos. Transformarnos a nosotros mismos y al mundo con la energía de la conciencia superior es una tarea heroica, un mandato cósmico del cual no puede haber retroceso. Para sobrevivir como una raza, a quienes comprenden esto se les pide que se mantengan firmes frente a las disputas masivas de la histórica ignorancia humana. Ya no podemos darnos el lujo de vivir sólo para nosotros mismos. La presión y el peligro de los tiempos en que estamos viviendo requieren de una conciencia heroica y de un callado heroísmo individual.

Existe un momento maravilloso en la película *Zulu*, basada en un hecho real. La escena se desarrolla en Sudáfrica en el año 1879. Ciento veinte soldados galeses han sido destacados para construir un puente sobre un río. La compañía está compuesta por ingenieros en lugar de soldados de fila. Unos días antes, 25 000 zulus asestaron una aplastante derrota sobre el ejército británico, acabando con más de mil hombres en la Batalla de Isandhlwana. Enfurecidos, avanzan sobre Roarke's Drift, una embajada cercana al sitio donde los galeses están construyendo el puente. De repente, los hombres se encuentran rodeados por cuatro mil espléndidos guerreros Zulu y rápidamente forman un perímetro defensivo alrededor de la embajada.

Mientras los soldados, en sus guerreras escarlata, forman filas, con los rifles listos y las cuadrillas blandiendo sus escudos y lanzas y avanzan hacia ellos, un joven soldado se siente evidentemente asustado. Al darse cuenta de esto, un viejo y experimentado sargento mayor que se encuentra detrás de él, susurra tranquilizadoramente:

—Quieto, muchacho.

Temblando de miedo, el chico dice:

—Pero, ¿por qué, Sargento? ¿Por qué nosotros?

Mirando aún hacia adelante al enemigo que avanzaba, el viejo dice suavemente, de una manera paternal:

—Porque estamos aquí, chico. No hay nadie más, sólo nosotros.

También nosotros podríamos preguntarnos algunas veces, mientras nos enfrentamos al caos y a los peligros del mundo actual: "¿Por qué *nosotros*? ¿Qué *estamos* haciendo aquí?"

Quizás existen algunos misterios que sólo pueden ser respondidos en la eternidad. Pero una cosa es cierta. Nosotros, que estamos eligiendo vivir en una conciencia superior y que encarnamos los valores espirituales *estamos* aquí, y creo que estamos destinados a quedarnos. Aquellos que desean ser servidores de una visión superior de la vida, tienen derecho a ser escuchados y vistos en la oscuridad. Y nosotros tenemos el derecho de alejar de nosotros mismos el desagradable comportamiento de personas atrapadas en los viejos patrones de negatividad y de autolimitación. Quienes pueden enseñar una forma superior y más espiritual de vida, por medio de la actitud y del ejemplo, son la esperanza del planeta y del futuro. Quizás seamos pocos los que nos mantengamos firmes de cara al caos global, pero *estamos* aquí. Por ahora, quizás no haya "nadie más, sólo nosotros". Y, sin embargo, estamos respaldados por la energía visionaria de una renovación planetaria a largo plazo y por la esperanza de una nueva humanidad basada en la conciencia desarrollada.

"Un hombre convencido en contra de su voluntad, aún tiene la misma opinión", dice un viejo dicho. Pero cuando podamos *cambiarnos a nosotros mismos a voluntad*, en cualquier lado, en cualquier momento, aun en las circunstancias más difíciles, cambiaremos a los demás por medio de nuestro ejemplo viviente. Y por ende, cambiaremos al mundo en la única forma que puede ser cambiado, una vida a la vez.

Las ideas, herramientas y técnicas que estás a punto de explorar han sido probadas durante muchos años en el crisol de mi propia experiencia de vida. Adecuadamente aplicadas, te darán el poder y la sensación de seguridad que siempre has deseado en tus interacciones sociales. Podrás sacar lo mejor de otros con una sola mirada o con un cambio de actitud en ti mismo.

Puedes ser un verdadero pacifista, alguien que logre resultados positivos, no por medio de una confrontación agresiva sino llevando tu conciencia a niveles superiores de cara a la dificultad. En las siguientes páginas no sólo descubrirás maneras de salir ileso de la locura social. Aprenderás cómo convertirte en un prototipo del nuevo hombre y de la nueva mujer, una encarnación de lo mejor que el siglo veintiuno ofrece.

3. La espiritualidad centrada en el cuerpo

Perdido en un mundo de Cabezas Parlantes

Un gran porcentaje de las personas con quienes nos encontramos cada día sufren de una debilitante enfermedad colectiva y ni siquiera lo saben. Una vez que señale los síntomas físicos de esta enfermedad podrás observarla en casi todas aquellas personas que conozcas. Quizás incluso hasta descubras que también tú la padeces. Pero, por favor, no te alarmes. Se cura rápidamente. De hecho, tienes ahora mismo en tu mano la llave para su remedio. ¿Cuál es esta enfermedad? ¡Simplemente que, como una raza, los seres humanos nos hemos atascado en nuestros procesos cerebrales! ¡Hemos perdido una conexión natural y orgánica con nuestros cuerpos y nos hemos convertido en *cabezas* obsesivo—compulsivas que caminan, hablan y no dejan de pensar!

Esto es casi lo más lejos que podemos llegar desde nuestra conciencia del *Yo Soy*, lo que requiere que estemos totalmente presentes en nuestros *cuerpos* en todo momento.

En las eras más simples, cuando la gente vivía más cerca de la naturaleza, es probable que pensaran menos y que estuvieran más en contacto con sus cuerpos y con la tierra. Quizás también estaban conectadas a las simples emociones positivas de una manera mucho más sana que lo que estamos nosotros conectados hoy en día. Bajo el torrencial bombardeo de información verbal y visual por parte de los medios de información, los teléfonos celulares, el internet, etc., sobregastamos enormes cantidades de energía mental tratando de procesar las descargas verbales inmanejables y las imágenes visuales grabadas. Hace más de sesenta años, Carl Jung escribió: "El mundo ha vendido su alma por una masa de hechos desconectados". Los hombres y mujeres de la actualidad se han convertido en los herederos del análisis *presciente* de Jung. Sobrecargados de un procesamiento de palabras interno, hemos perdido nuestro centro de gravedad natural. Para reformarnos, necesitamos salir de nuestras cabezas y volver a nuestros cuerpos y a nuestras vidas.

Al presentar mi seminario "Viviendo desde la conciencia del Yo Soy", comienzo por demostrar lo que se siente cuando somos confrontados por personas que se encuentran atrapadas en su cabeza. Les pido a los participantes que observen cómo mi cuerpo se encuentra totalmente relajado mientras estoy de pie frente a ellos y cómo estoy completamente presente en él. Por lo tanto, mientras estoy hablando, mi voz parece surgir desde lo más profundo de mi estómago. Sale por mi boca en una forma tan relajada, que inspira confianza en aquellos que la escuchan. Conforme me muevo por el escenario, mi cuerpo trabaja como un todo unificado y no como una cabeza que arrastra consigo un cuerpo.

Para mostrar la diferencia entre estar centrado por la cabeza y estar centrado por el cuerpo, les digo a los participantes que entraré en mi cabeza de manera deliberada. Dándoles la espalda, paso mi atención de mi cuerpo a mi cabeza haciendo algunos cálculos aritméticos mentales de una manera forzada. En cuestión de segundos, me siento desconectado de mi cuerpo y me concentro en la sobrecarga de mi cerebro. Entonces volteo a mirar a mi audiencia y me dirijo a ellos nuevamente, esta vez como una cabeza que habla, y digo: "Estoy aquí para hablarles de cómo trabaja el universo desde un punto de vista matemático".

De inmediato, surgen las quejas. Algunas personas me hacen con sus dedos la señal de la cruz como si estuviesen ahuyentando a un vampiro. Otros parecen sufrir de náuseas. La sensación de alivio es palpable cuando demuestro un retorno a la *total conciencia del cuerpo*. Esto lo llevo a cabo saliendo de mi cabeza y cayendo en una completa sensación del cuerpo, escaneando mentalmente mi pecho, mi estómago, mis brazos, mies piernas y mis pies.

En una ocasión llevé a cabo esta demostración en una clase que ofrecí en una casa privada. Un enorme perro se encontraba acostado sobre una alfombra a unos cuantos metros de mí. ¡Cuando entré en mi cabeza y mencioné las palabras acerca de explicar el universo de manera matemática, el perro se incorporó, aulló y salió corriendo de la habitación! Si un animal puede saber cuando no estamos en contacto con nosotros mismos, ¿qué efecto estaremos teniendo en otras *personas* cuando nos metemos en nuestra cabeza? ¿Y qué efecto tendrán *ellas* en *nosotros* cuando ellas se meten en la suya?

Saliendo de tu cabeza y entrando a tu vida

Durante uno de mis seminarios en Texas, quise aclarar este punto. Llamé a un voluntario de la audiencia y un larguirucho caballero de aproximadamente cuarenta años se puso de pie.

—¿Por qué siempre tienen que ser más altos que yo? —bromeé con la audiencia mientras él caminaba hacia el escenario para colocarse junto a mí de manera incómoda. Al pedirle que se presentara él mismo, nos dijo que su nombre era Joe y que trabajaba en la industria de la electrónica.

—Joe —dije, observando las pequeñas gotas de sudor en su frente y las líneas de preocupación alrededor de sus ojos—. Me gustaría que dijeras la palabra 'Yo' como si te estuvieses refiriendo a ti mismo.

Los pliegues de la piel que cubrían la frente de Joe se movieron de arriba hacia abajo como un acordeón mientras entraba en su cabeza y trataba de encontrar su sentido de identidad. Entonces, con una evidente incomodidad por encontrarse frente a la gente, emitió un chillante y agudo sonido.

—Iiiiiiieeee.

—Y señala el sitio de donde proviene ese sonido, por favor. Indica el punto desde donde parece originarse en tu cuerpo.

Joe levantó su mano con inseguridad hasta que, finalmente, un tembloroso dedo señaló hacia su cabeza. La audiencia murmuró deliberadamente, preguntándose quizás si también ellos se escucharían así si estuvieran en su lugar.

—¿Te gusta ese sonido? ¿Se siente como si fueras tú? —pregunté.

—No —contestó Joe entre dientes y con vergüenza—. Realmente no.

Pasé mi atención de Joe a la audiencia.

—El sonido de nuestra voz refleja en dónde se encuentra enfocada nuestra atención dentro de nosotros mismos. Yo mido 1.70 y, sin embargo, tengo una voz profunda y resonante. Al hablar, siento como si el sonido saliera desde las profundidades de mi estómago. Entonces sube *a través* de mi pecho y mi garganta y sale por mi boca de una manera sencilla y cómoda. Hablo con lo que podríamos llamar la *voz corporal*.

Al ver a Joe, observé que aún luchaba contra su incomodidad al estar frente al público. Sus manos se encontraban colocadas frente a sus genitales, una clara señal de que sufría habitualmente de conciencia de "higuera".

Cero sexualidad = *Cero poder*

La sensación que tiene un individuo de desconexión psicológica con su sexualidad a menudo se manifiesta en público como un paliativo físico. En su perpetuo clásico *Piensa y hazte rico*, Napoleon Hill señalaba que las personas exitosas a menudo tienen una fuerte conexión natural con su individualidad sexual. Dedicaba todo un capítulo a la "transmutación de la energía sexual", afirmando que nuestras fuerzas creativas innatas pueden ser utilizadas para despertar al genio durmiente que existe en todos nosotros. La falta de conexión de Joe con su propio poder vital se manifestaba en su comportamiento personal. La forma en que se paraba, se movía y hablaba transmitía una sensación de debilidad personal y de falta de confianza en sí mismo.

—¿Te gustaría hablar con una voz corporal? —le pregunté—. Una voz que refleje tu fortaleza más profunda y un sentimiento de lo mejor que hay en ti?

—¡Seguro! —los ojos de Joe se iluminaron ante la idea y su cuerpo pareció relajarse un poco.

—Entonces, antes que nada, quiero que sueltes tus manos. Déjalas sueltas a tus lados.

Mientras Joe lo hacía, me alejé unos tres metros sobre el escenario y volteé hacia él. Ya había observado que era diestro. La mano que él utilizó para señalar su cabeza cuando le pedí que identificara el estridente sonido "Yo", fue la derecha. Esto significaba que su ojo de la esencia, el que reflejaba su personalidad esencial, era su ojo izquierdo.

—Ahora, Joe —proseguí, lo más tranquilizadoramente posible—. Quiero que tan sólo sigas viendo hacia mi ojo izquierdo y que trates de hacerte consciente de tus pies mentalmente. Enfoca toda tu atención en tus pies. Sólo obsérvame de una manera indiferente y permite que tu mente examine los dedos de tus pies y tus pies al mismo tiempo. Siente su peso y la presión de tus zapatos alrededor de ellos.

Percibí un cambio en Joe mientras hacía lo que se le pedía. Hasta el más leve reemplazo de atención en nosotros mismos puede causar un cambio instantáneo. Desde la primera vez que Joe subió al escenario, sentí que no estábamos viendo una cabeza que camina, piensa y habla.

—Tal vez tus pies se sientan calientes o más pesados, o más sólidos —continué—. ¿Quizás hay una sensación de hormigueo en ellos?

—Hormigueo —dijo Joe suavemente, mientras asentía ligeramente—. Como una corriente eléctrica.

—Eso es bueno —lo animé—. Ese hormigueo es la *energía vital*. Es la electricidad de tu propio cuerpo. Ahora, deja que esa sensación recorra tus piernas hasta las rodillas. ¿Puedes hacerlo?

—Lo hice tan pronto como usted lo dijo.
Una sonrisa de satisfacción cubrió el rostro de Joe.

El poder de la presencia

Continué dirigiendo a Joe a través del proceso hasta que tuvo conciencia de la hormigueante energía en sus piernas, sus manos y sus brazos. La audiencia estaba completamente inmóvil, como si mantuviera la respiración. Una extraordinaria presencia comenzaba a irradiar de ambos ahí arriba en el escenario. Ésta comenzó a expandirse hacia toda la habitación mientras Joe y yo continuábamos observándonos mutuamente, todo el tiempo teniendo mentalmente la sensación de hormigueo en nuestros brazos y piernas.

—Muy bien, Joe, bien hecho.

Quería mantenerlo con la sensación de seguridad mientras pasábamos a una experiencia aún más profunda.

—Mientras te sostienes de la sensación que has reunido en tus brazos y piernas, cierra tus ojos e imagina que tu cabeza acaba de desaparecer. Pretende que sobre tus hombros no hay más que un hueco —inmensidad— el universo quizás. Pero sigue conservando la conciencia de tus brazos y de tus piernas.

Mientras Joe seguía mi petición, la tensión que aún quedaba, abandonó su rostro. Las arrugas de su frente desaparecieron. Una densa atmósfera de paz parecía rodearlo.

—Ahora, permite que tu atención caiga como una roca desde donde estaba tu cabeza hasta tu vientre —proseguí—. Déjala que se pose por detrás del ombligo. Imagina que tu cabeza ha vuelto a aparecer, pero que ahora se encuentra dentro de tu estómago. Visualiza que estás en realidad observando tu propia cabeza.

Mientras Joe hacía esto, pude percibir un cambio en toda la sala. Él estaba saliendo de su habitual síndrome de apresamiento en la cabeza y estaba adquiriendo una *conciencia corpo-*

ral. Y la audiencia estaba *duplicando su estado* de manera automática.

Una audiencia siempre refleja el estado de un orador que se encuentra sobre el escenario. Si éste se siente temeroso, ellos estarán inquietos. Si se siente aburrido, ellos se aburrirán. El secreto del éxito al hablar en público es estar completamente relajado, permanecer en el momento y concentrado en el cuerpo. Si los miembros de una audiencia ven a alguien que está dentro de su cabeza, de inmediato comenzarán a desintonizar a esa persona. Nadie desea sentarse y ver a alguien que, subconscientemente, refleja nuestra propia sensación de sobrecarga. Queremos alejarnos de esa persona, mental y físicamente. Tratamos de evitarla incluso en nuestras reacciones internas y entonces, nos desconectamos. Mientras más se relajaba Joe dentro de sí mismo, más normalizaba a la audiencia. Aquellos que lo observaban ahora se sentían abiertos y empáticos hacia él.

—¿Qué se siente? —le pregunté.

—Hay una sensación de poder creciendo en mi estómago. Mientras más enfoco mi atención ahí abajo, más fuerte se vuelve. Me gusta mucho.

—Entonces, voltea a ver a la audiencia, manteniendo todavía tu atención relajada en tus brazos y en tus piernas y sintiendo el poder en el estómago.

Joe hizo lo que le pedía, cuidadosamente, como si no quisiera derramar una sola gota de su conciencia reunida.

—Muy bien. Ya casi llegamos. Entonces, con tu centro de atención aún detrás de tu ombligo, al contar tres, quiero que abras tus ojos y digas de nuevo *Yo*, pero esta vez *desde lo más profundo de tu ser*. ¿Estás listo? Uno... dos... tres.

Un profundo y resonante sonido pareció verterse en el interior de Joe, como si éste cayera desde un antiguo manantial de fortaleza y silencio. Subió desde su abdomen y salió sin esfuerzo de su garganta y boca.

—Yo.

Varios miembros de la audiencia emitieron sonidos entrecortados y entonces, toda la sala retumbó con los aplausos. Joe había sido transformado, al menos temporalmente, de una cabeza que habla en un hombre poderoso con una *voz corporal*. Estaba lleno de poder personal, energía y presencia.

Joe se vuelve auténtico

Le pedí a Joe que nos hablara acerca de su casa y de su familia y lo hizo de una manera fluida y coherente. Al describir a su esposa y a sus hijos, la audiencia pareció conmovida por sus ahora evidentes sentimientos profundos por aquellos que ama. Había pasado de estar centrado en su cabeza y temeroso ante el público, a ser alguien que podía expresar su lado afectivo frente a extraños. Le indiqué a Joe que podía bajar del escenario y reclamar su asiento en el auditorio. Pero él aún no había terminado.

—Deseo decir algo más.

Era como si fuese otra persona, relajada y confiada. Ahora que Joe había saboreado su poder en público, no podía hacerlo bajar del escenario.

—Esto se siente muy familiar. Es como si recordara este estado, esta sensación de estar conectado conmigo mismo. He descubierto algo que ya tenía, pero que de algún modo se había extraviado.

—¡Ese algo eres *tú*, Joe! —le aseguré—. Y es más grande que el Joe que siempre está cambiando y que se siente inseguro en diferentes momentos a lo largo del día. Tan sólo *te acordaste de ti mismo*. En vez de hablar desde una parte de ti mismo, desde una débil sensación del "Yo", hablaste desde una conciencia del *Yo* real, el poder fundamental que siempre has sido y que siempre serás. Y lo hiciste frente a las personas. En vez de ocultarte, te conectaste con una percepción auténtica de tu propia existencia y lo demostraste frente a los demás. Y lo lograste saliendo de tu cabeza y entrando en tu cuerpo. ¡Felicitaciones!

Mientras abandonaba el escenario ante otra calurosa ronda

de aplausos, Joe aún estaba sonriendo y aún se encontraba relajado. Había salido de su cabeza y había entrado en su vida. Lo que él había experimentado no era una verdadera conciencia del Yo Soy sino una precursora. En lo más profundo de su ser, algo se había conmovido. Era como si la verdadera realidad de su ser, el Yo que había dormitado por tanto tiempo, se revolviera en su sueño, bostezara y se estirara para despertar. Se había dado el primer paso.

Viviendo en la "Zona"

Una de las primeras y principales claves para desarrollar con éxito una total conciencia del Yo Soy consiste en mantener nuestro centro de gravedad fuera de nuestra cabeza y en el centro de nuestro cuerpo. De otro modo, viviríamos de manera indirecta, como una idea de nosotros mismos y no como una experiencia que podamos sentir. Esto no significa que nos olvidamos de cómo pensar. Por el contrario, reemplazamos el pensamiento automático e inconsciente por una atención dirigida a una continua, fundamental y sentida percepción de nuestra existencia. Y utilizamos el poder de la mente para observar y controlar nuestras reacciones hacia otras personas y a los sucesos externos. En vez de jugar al anfitrión de escandalosos columnistas internos, charlando dentro de nuestras cabezas de cosas banales, la mente se convierte en un director de energía a lo largo del cuerpo. Al reunir y enfocar nuestra fuerza vital en, a través de y alrededor de nuestros cuerpos, nos volvemos plena y poderosamente efectivos en sociedad.

Quizás estás comenzando a visualizar nuevas posibilidades de lograr el éxito personal en un mundo donde tantas personas se encuentran en piloto automático. Vivir en la cabeza es estar dormido, caminar por la vida como un artefacto en el trance colectivo. Tantas personas están tan ocupadas teniendo una experiencia conceptualizada de la vida, que en realidad nunca se conectan con nada "ahí afuera". Para ser *proactivo* en vez de ser simplemente *reactivo* en la sociedad, uno debe fluir con el mundo como un proceso dinámico de oportunidades seriadas, una continuidad viviente que está reordenando constantemente las circunstancias y los eventos a nuestro favor. La naturaleza quiere que nosotros ganemos. Perdemos cuando nuestros tres instrumentos de expresión —nuestros cuerpos, nuestras mentes y nuestras emociones— no trabajan juntos como un equipo. Cuando nos encontramos en un estado de incompleta conexión, gastamos demasiada energía en ir en direcciones equivocadas para apoderarnos por completo de la posible fortuna que la vida desea colocar en nuestros brazos.

La excelencia se alcanza mejor haciendo uso de nuestro equipo físico, mental y emocional de una manera óptima. Las personas reconocen esta cualidad aun y cuando no puedan demostrarlo ellas mismas. Es por ello que saltan de sus asientos y aplauden el milagroso touchdown, observan maravillados mientras el bailarín ejecuta un programa de ballet a la perfección o sienten escalofrío cuando un cantante de ópera alcanza y sostiene la nota alta. Los campeones son los que pueden entrar a la "zona" a voluntad, para mantenerse enfocados y relajados durante los momentos cruciales hacia la victoria.

En el reino de los argumentos y de la fricción social interpersonal, el individuo que está bien fundamentado y centrado en su cuerpo siempre tendrá la ventaja. Estar en la cabeza es estar muy cargado. Un árbol que no está firmemente enraizado en la tierra es fácil de derribar. Las personas que están en su cabeza pueden ser inteligentes con las palabras. Durante una argumentación pueden lanzarnos hechos e imágenes con una rapidez de ametralladora. Aquellos que se encuentran desconectados de sus sentimientos a menudo son maestros del sarcasmo, de la cruel represión y del comentario mordaz. Pero cuando sus emociones personales son provocadas, se vuelven irracionales, pierden objetividad y comienzan a vociferar. Su destreza mental y su poder de razonamiento vuelan como hojas en un vendaval y el árbol de su sentido de autoidentidad puede ser fácilmente derribado.

La forma en que caminan y hablan: las estrellas del cine y la conciencia del cuerpo

¿Sabías que la forma en que caminan las personas revela en dónde se encuentra su *centro de gravedad*? La mayoría de los hombres suelen caminar con la cabeza agachada e inclinados hacia adelante como si caminaran por el mundo mentalmente a empujones. Sin embargo, no todos lo hacen así —Clint Eastwood, por ejemplo, camina inclinado ligeramente hacia atrás y con su pelvis hacia adelante, impulsado por su entrepierna. Cualquier modo de caminar es natural, aunque el movimiento majestuoso de Clint justifica la atracción sexual que aparentemente ha obtenido la mayor parte de su vida.

Hoy en día, muchas estrellas de cine exitosas son todas cabezas que hablan y no cuerpos. La próxima vez que veas a Robert De Niro, observa cómo casi toda su energía emana de su cabeza. La fuerza que surge de su rostro es muy intensa y trabaja a su favor, es por eso que a menudo interpreta a los personajes intimidantes. De Niro es ciertamente un completo y versátil actor dramático. Sin embargo, me parece que no se encuentra felizmente situado en su cuerpo. El ganador del Oscar, Sean Penn, actúa completamente con su cabeza. Cuando se le pide que exprese las emociones, su cara se contorsiona por completo, como si su cerebro fuese un instrumento de sentimiento y no de pensamiento. Este tipo de actor puede ser agotante y emocionalmente molesto de observar. Ver a alguien que se encuentra centrado en su cabeza *nos* hace centrarnos en nuestra cabeza, estemos o no conscientes de ello.

Los actores modernos a menudo son requeridos para encarnar una disfunción psicológica y la correspondiente desconexión física que surge de una anormalidad mental. En nuestra era de tensión, muchas personas se relacionan con personajes que representan o encarnan una condición humana averiada. La energía trastornada es lo que ellos sienten como una realidad de su vida diaria. Por lo tanto, se identifican fácilmente con los trastornados personajes que ven en la pantalla. ¡Desean ver los reflejos de la vida que ellos conocen *incluso cuando lo que están viendo es técnicamente anormal*! Para las personas atrapadas en sus cabezas, otras cabezas que hablan aparecen como seres humanos normales. Así, la disfunción es celebrada como el patrón de la realidad y un "buen" actor ahora se juzga de acuerdo a qué tan anormalmente normal pueda parecer.

Los verdaderos hombres no actúan, personifican

El gran actor japonés Toshiro Mifune es uno de mis favoritos, alguien con quien me puedo identificar. Mifune utiliza todo su cuerpo al actuar. Verlo moverse es una experiencia estimulante y normalizante. Relaja mi ser, me saca de mi cabeza y me planta en mi cuerpo. Es un clásico actor centrado en su cuerpo. En las películas japonesas Samurai, como *Los Siete Samurai* de Akira Kurosawa, uno puede observar cómo camina Mifune con un sentido de presencia acumulada. Se puede observar fácilmente que su enfoque central se encuentra en el abdomen, un punto de energía que les puede funcionar tanto a los modernos occidentales como a los monjes Shaolin y a los guerreros Samurai.

Quizás recuerdes la presencia cinematográfica de James Coburn cuando apareció en *Los Siete Magníficos*, que fue una nueva versión de *Los Siete Samuráis* transferida al oeste americano.

En una entrevista, Coburn dijo que estaba emocionado de que se le hubiera pedido representar al personaje mismo con el cual se había identificado más en la película original.

—Vi *Los Siete Samurai* durante doce días seguidos cuando la presentaron en Los Angeles en un teatro de La Brea que se especializa en películas japonesas —recordó Coburn—. Me encantaba el personaje que se adentra solo en los bosques, se queda bajo la lluvia y practica el manejo de su espada. Tenía tanto enfoque y presencia, que pensé que quería ser el primer actor que personificara esa presencia en una película americana. Y obtuve ese papel en Los Siete Magníficos.

La imagen que viene a la mente cuando uno piensa en James Coburn reúne energía, enfoque y presencia. Por extraño que parezca, Akira Kurosawa, reconocido mundialmente como uno de los mejores directores de cine de todos los tiempos, se vio influido por los clásicos del oeste del director americano John Ford. Toshiro Mifune, el actor a quien más se le asocia con los grandes filmes de Kurosawa, es considerado como el John Wayne del Japón.

Los dos se mueven de una manera totalmente diferente, reflejando a las sociedades en las que crecieron. Mifune ha reunido la energía en el vientre, una personalidad relajada pero intensamente enfocada y un modo de caminar que raya en un contoneo. Wayne posee una energía casual y un modo de caminar suelto y tambaleante, reflejo de la relajada amabilidad americana templada con una rudeza. Al menos en la pantalla, ambos actores reflejan una sensación de que nadie puede hacerles una jugarreta. Si uno piensa en esos íconos culturales como un modelo a seguir, ambos poseen en común una cualidad innegable: transpiran e irradian una *presencia*, un campo de fuerza que salta de la pantalla, tal y como lo hicieron, según los comentarios, en sus vidas fuera de la pantalla.

Presencia, energía y la conexión con el cuerpo

La presencia es un excelente mecanismo de protección. Podemos aprender a caminar ilesos por nuestro confuso mundo de cabezas que hablan y piensan y vivir continuamente en un estado de presencia centrada en el cuerpo. Mientras progresamos, podemos explorar algunas técnicas sencillas para adquirir y conservar los altos niveles de energía y presencia centrada en el cuerpo.

La presencia y la energía están íntimamente conectadas. Se alimentan mutuamente y nos ofrecen un fuerte sentido de autoidentidad. Cuando sabes quién eres como una presencia, emites un campo de energía más fuerte que la personalidad, ya sea la tuya o la de alguien más. Al estar rodeado de una fuerza tal, cualquier hombre o mujer, incluso un niño, puede automáticamente exigir respeto.

¡Tu cuerpo te desea a ti! Desea tu amor y tu amable atención. Al tomar el control de nuestros cerebros y utilizarlos para mantener una total conexión con el cuerpo mientras pensamos, hablamos, hacemos, charlamos, hacemos deporte, hacemos el amor, etc., energizamos constantemente nuestra sensación de estar verdaderamente vivos. Son raras las personas que tienen una total conexión con su cuerpo, su mente y sus emociones. Si en lugar de sólo leer este libro adoptas, practicas e implementas las herramientas y las técnicas sugeridas, podrás ver grandes cambios en la forma en que otros te responden y reaccionan ante ti. Al aprender a estar totalmente conectado contigo mismo, podrás convertirte en esa especie tan rara de seres humanos: Una persona completa que se mueve por el mundo en contacto con todos los poderes que la naturaleza quiere que tengamos. Serás ejemplo de confianza personal y de presencia. La energía del éxito saldrá de ti como un campo de fuerza protectora incluso mientras magnetiza tu personalidad para atraer lo mejor a tu vida.

Mientras implementas estas estrategias, quizás descubras que estás siendo probado por aquellos que creen conocerte mejor. Los amigos y parientes a menudo quieren que permanezcamos atrapados en sus limitadas percepciones de lo que creen que somos y de quien creen que somos. Pero mientras persistas en tu autorregeneración, llegarán a amarte y a respetarte como una demostración viviente de su propia totalidad olvidada.

Estrategias del ególatra en busca de la energía

En la vida diaria, nos encontramos continuamente con personas que tienen una baja energía vital y que tratan de adquirir poder a expensas de otros. En el peor de los casos, quizás estemos tratando con vampiros de energía, quienes buscan habilitarse a sí mismos robando la energía directamente de nosotros. Trataremos este fenómeno con mayor profundidad en otro capítulo. Por ahora, debemos comprender que para que la gente pueda tomar energía directamente de nosotros, primero deberán volvernos negativos. La energía sólo viaja a lo largo de una corriente igual —el mismo nivel de inteligencia—. Si tú estás *arriba* y otros *abajo*, ellos tendrán que bajarte a su nivel para poder cargarse de ti.

La razón primordial de que las personas comiencen una argumentación, es que desean liberarse ellas mismas de su carga negativa. Desean reemplazarla por tu corriente positiva. Para hacerlo, primero deben llamar tu atención y lo harán tratando de oprimir tus botones. La opresión de botones puede tomar muchas formas. Esta es una lista corta, a la cual puedes agregar tus propias observaciones:

Ignorándote (robando energía negando la atención)
Aparentando superioridad (haciéndote sentir inferior)
Utilizando afirmaciones con la palabra "tú" (por ejemplo, "*Tú* me hiciste esto")
Perjudicándote (aunado a las afirmaciones con la palabra "tú")
Acusándote de haber dicho esto o aquello (cuando quizás no lo hiciste)
Negando haber dicho lo que dijeron
Tiranizando e intimidando por medio del caminar, de la postura o de la mirada
Transmitiendo una actitud de desprecio por ti
Avergonzando y culpando
Suspirando con pesadez (como si fueras una carga)

Evitando hacer contacto visual
Mirando fijamente de un modo hostil
Repitiendo exactamente lo que acaban de decir (dando a
   entender que eres demasiado estúpido para entender)
Haciendo comentarios negativos, desagradables o mórbidos
Adoptando un tono de voz o una actitud de reproche
Quejándose de la injusticia
Dando un repaso de cuentas (errores pasados y presentes)
Creando una atmósfera o vibra "pesada"
Viendo alrededor de la habitación cuando tú estás hablando
Interrumpiendo
Hablando en voz alta
Hablando con una voz robótica y desinteresada en el teléfono

Al leer la lista, quizás hayas pensado en algunas personas que conoces y que han accionado su energía negativa en ti. Desafortunadamente, a menos que sepamos cómo neutralizar los molestos efectos de otros sobre nosotros, podemos quedar emocionalmente paralizados e incluso sin habla, o quizás comencemos a balbucear como unos tontos delante de ellos.

Orientándose en el proceso (no en el resultado)

Con las herramientas, las técnicas y el entrenamiento adecuados, será fácil voltear la mesa sobre aquellos que ofrecen un comportamiento abusivo. Podemos ser aún más fuertes que nuestros aparentes adversarios y "devorarnos" su negatividad frente a la dificultad transformándola en una carga de energía positiva que podemos utilizar.

Sin embargo, no estamos buscando simplemente manipular a otros a nuestra conveniencia. Por el contrario, nuestra atención se enfocará en conservar nuestro sentido de individualidad, vigorizando nuestra presencia y nuestra energía mientras nos relajamos ante la situación. De este modo, creceremos mientras ellos se unen a nosotros en reconciliación o siguen atrapados en su autocreada limitación. O desaparecerán por el desagüe de la bañera, alrededor de la cual su conciencia se arremolina en confusión cuando la cadena de su ego ha sido halada.

La ventaja social naturalmente apunta hacia nuestra dirección como resultado de encontrar y fortalecer nuestra conexión con nosotros mismos mientras nos encontramos bajo presión. La energía que generamos de esta manera hace que las demás personas cambien a un estado armónico con nosotros o se desconecten de su voluntad guiada por el ego para abusar de nosotros. En otras palabras, nosotros nos apartamos del camino y ellas se alejan por sí mismas.

Las cabezas que hablan siempre se orientan en el *resultado* y no en el *proceso*. Esta posición las hace estar nerviosas, preocupadas, ser inseguras, temerosas, excesivamente agresivas, codiciosas, voraces, necesitadas y, por lo tanto, manipulantes. Si no se salen con la suya fácilmente, pueden volverse rápidamente negativas, verbalmente abusivas y comenzar a embestir a los que se encuentran a su alrededor. O pueden adoptar una conducta pasiva-agresiva para tratar de obtener la mejor mano. Todo esto puede drenar nuestro bienestar. La energía que es absorbida por las personas en tal estado en realidad las envenena a ellas. ¡Nuestra tarea es asegurarnos de que no nos envenenen!

En primer lugar, nos conviene evitar las situaciones de confrontación con personas perturbadas. Pero como es difícil moverse por la vida sin encontrarnos con escenarios reacios, debemos buscar las maneras de mantenernos enfocados de cara a la desorganización. Esto significa que debemos conectarnos a las fuerzas que se encuentran dentro de nosotros y que son más profundas, más fuertes y más poderosas que el nivel de interacciones de personalidad sobre el cual se basan las argumentaciones.

La actuación consciente y los juegos que la gente juega

Quizás se te pida que hables forzadamente en respuesta al comportamiento verbalmente abusivo. Sin embargo, serás capaz de hacerlo sin una sensación de ruptura personal o de autoviolación. Esto es a lo que yo llamo *actuación consciente*, lo contrario a la *reacción* inconsciente. Elimínala y no sólo *no* desperdiciarás energía sino que ganarás valor, fortaleza y poder personal como resultado de la situación conflictiva. Los átomos de tu cuerpo se cargarán de una energía que confirma la vida. Nuevamente, la naturaleza desea la armonía sobre todas las cosas. Te servirá de apoyo en los momentos de tensión con un influjo de coherencia, en un intento por estabilizar una situación perturbadora en el orden de las cosas.

Nadie respeta a un ser humano que actúa como una máquina. Lo que nos irrita y hace surgir nuestro desprecio por otras personas es su comportamiento mecánico. De manera subliminal, nos recuerda que a menudo nosotros mismos nos comportamos como autómatas, como esclavos de nuestras reacciones y del condicionamiento social. Desafortunadamente, engañar a otras personas exponiendo su sensibilidad reactiva es un juego social sadista que muchas personas disfrutan. Hoy en día, las batallas de juego de poder que se mueven en vaivén de manera incesante en las interacciones sociales, a menudo se arremolinan tratando de provocar las debilidades reactivas de otras personas a través de la represión.

La observación cruel y personalmente insultante, que se disfraza de humorismo, se ha vuelto tan omnipresente en los programas de televisión como en la vida. En este "juego", se supone que las personas que se encuentran en el extremo receptor no deben mostrar la menor señal de que han sido heridas. Si lo hacen, la salida para los perpetradores será el generalizado "sólo estaba bromeando", lo que *los* coloca en la posición de poder. El mensaje oculto es:

Tengo la habilidad para herirte, por lo tanto, soy más poderoso que tú. Si me acusas de hacerlo, diré que eres demasiado sensible y que tu debilidad se muestra por el hecho de que no puedes aceptarlo. Si fueses realmente inteligente o sereno, regresarías con una mejor forma de hacerme callar. Como no puedes hacerlo, obviamente soy el que tiene el poder de controlar tus reacciones. Por lo tanto, eres inferior a mí.

Los individuos que cometen tales crímenes, los "pequeños asesinatos" antes descritos, están simplemente tratando de mantenerse jactanciosos cortando las cabezas de otros. Su comportamiento neurótico es por lo general un mecanismo reflejo de compensación activado por un complejo de inferioridad.

La presencia y el alma hacia una protección superior

La forma de neutralizar el efecto paralizante de este tipo de comportamiento es dirigir nuestra atención hacia algo en nuestro interior que es más poderoso que nuestra reactividad humana y nuestra sensibilidad que pueden ser heridas. Antes de enfocarnos en el desafío externo, primero nos volvemos un cuerpo percibido por los sentidos. Este acto llama al recuerdo de uno mismo lo cual, a su vez, permite que la presencia del Yo Soy nos penetre en algún grado. Cuando nos encontramos bajo un ataque verbal por parte de otra persona, un cúmulo de impulsos reactivos tratarán de decirnos que cada uno de ellos es un *Yo*. Estos pequeños impostores buscan expresar angustia, enojo o algún estallido en el nombre de nuestro ego. Mientras más poderosamente podamos pasar nuestro sentido de identidad de ellos a la realidad de nuestro ser, *el Yo del Yo Soy*, menos seremos atrapados por la falsa personalidad.

La *verdadera personalidad* es nuestra personificación que actúa en alineamiento con y en representación del alma. La *falsa personalidad* es nuestra personificación que actúa en el mundo cuando se encuentra en alineamiento con los aspectos no auténticos del ego disociado del alma.

Al experimentar los aspectos más elevados de nosotros mismos, lo sentimos como *presencia*. En los devotos momentos de paz o meditación, e incluso en los momentos de gran tensión personal, algo extraordinario puede comenzar a emanar dentro, a través y alrededor de nosotros. En esos momentos, pareciera que estamos de pie sobre un campo de poder que es más grande que nosotros, una cualidad del ser que hace surgir una concentración natural. Entonces nuestras facultades humanas brotan en alineamiento con facilidad, claridad y gracia. Saber cómo invocar este estado a voluntad, en cualquier momento, en cualquier lugar, incluso en mitad de un argumento, es la clave para vivir la vida extraordinaria.

El individuo ejemplar sabe cómo generar, sostener y conservar una conexión con la presencia en situaciones sociales difíciles. Sin la fricción que acompaña a la tensión interpersonal, las grandes fuerzas del bien que se encuentran en nuestro interior permanecen dormidas. Sin embargo, estos poderes latentes pueden ser entrenados para surgir y fortalecernos cuando nos enfrentemos a la ruptura potencial. Éstos pueden ayudarnos a conservar el campo de conciencia superior dentro de nosotros cuando otros están siendo difíciles o incluso se han trastornado temporalmente.

No todas las personas sentirán el efecto inmediato de la bendición que se encuentra a su alcance a través de ti cuando la conexión con su propia alma esté siendo usurpada por sus perturbadas reacciones personales. *Pero tú sí lo sentirás, al igual que la presencia, la paz, el poder y la fortaleza de tu propia y verdadera naturaleza.*

No importa qué tan espirituales nos volvamos, es imperativo que sigamos siendo capaces de enfrentar las situaciones del mundo real en los términos más prácticos. Una de las escenas más graciosas que he visto fue la de una monja tratando de arrancar un auto de transmisión manual que se encontraba estacionado en una ladera. La espiritualidad no debe ser inhabilitante. Las percepciones de la conciencia superior no deben convertirnos en "ardillitas de la felicidad".

Una "Ardillita de la Felicidad" casi se encuentra con su muerte

A veces me he encontrado con personas que me dicen que en realidad no desean estar aquí, en este planeta. Invariablemente, sienten que son tan espiritualmente sensibles, que las densas vibraciones de nuestro confuso mundo alteran su equilibrio así que simplemente preferirían no estar aquí.

A cinco minutos de donde yo vivo en Encinitas, California, hay una hermosa ermita en la cima de un risco, con jardines que dominan el Pacífico. Construida en los años treinta por Paramahansa Yogananda, autor del clásico espiritual *Autobiografía de un yogui*, la ermita es un sitio de gran serenidad y de alta energía. Los visitantes de todo el mundo disfrutan paseando a través de esta idílica construcción. Los turistas de todas las nacionalidades se mezclan pacíficamente con sabios wannabes que se sientan a meditar silenciosamente en solitarios rincones y árboles. La construcción natural y el poder de ese lugar también lo hacen atractivo para las "ardillitas de la felicidad".

Esa persona es una mujer de mediana edad que vive en la localidad y que ocasionalmente flota a través de los jardines sobre una perfumada nube y con una mirada. A través de los años me he puesto a charlar con esta persona y he sido agasajado con relatos acerca de su desencanto por la vida en este plano de la existencia. Una gloriosa mañana, la vi aproximarse a mí en la cima del risco. La idea de verme sujeto a su letanía de quejas en contra de "este mundo" hizo que me lamentara interiormente. Por un momento, mis piernas quisieron salir corriendo. Pero decidí tomar la ofensiva siendo súper positivo.

—Buenos días —anuncié—. ¿No es este un hermoso día?

—Supongo que sí —suspiró fatigosamente, obviamente enfadada de ser enfrentada con semejante positivismo acerca de la vida—. Pero no puedo esperar para estar *allá arriba*.

Sus ojos miraron hacia los cielos con una mirada de apesadumbrada nostalgia.

—¿Qué sucede? —repliqué, fingiendo sorpresa, como si nunca hubiese escuchado antes esa canción de extraña melancolía—. ¿Acaso no le gusta la vida?

—Oh, está bien —dijo encogiéndose de hombros, como si buscara liberarse de una carga.

Entonces su rostro se iluminó un poco mientras se inclinó hacia mí y me susurró a manera de conspiración:

—Pero se me ha dicho que cuando la tierra cambie su eje en el año 2011, ya no estaré aquí para verlo. ¿No es maravilloso?

Aún nos encontrábamos de pie en la cima del risco, con el ofuscado Pacífico golpeando contra las rocas allá abajo a unos treinta metros. Un repentino y escalofriante impulso recorrió todo mi cuerpo mientras pensaba: "¡Podría darle ahora mismo un empujón y sacarla de su miseria!" En vez de eso, miré hacia su ojo de la personalidad y, apropiándome de una frase de Tolstoi, dije:

—En lo que a mí me concierne, si no amas la vida, no amas a Dios.

Por un segundo se me quedó viendo con una mezcla de piedad y desprecio. Entonces giró sobre sus talones y se alejó, haciendo un último comentario sobre su hombro:

—Bueno, en ese caso...

Me dejó con la clara sensación de que una mayor conversación con un filisteo tan afirmante de la vida como yo, podría exponerla a una contaminación del pensamiento.

Mientras miraba hacia el horizonte a través del océano que bailaba con el sol, sonreí, agradecido por poder observar a la naturaleza resplandeciendo ante mí e invitándome a disfrutar la vida.

Mirando al mundo a los ojos

En *Julio César*, Shakespeare nos aconseja: "Colocar a la muerte en un ojo y al honor en el otro y ver a ambos de una manera impasible".

El mundo puede estar repleto de dualidades, inconsistencias y traición. Algunas veces podemos encontrarnos con muchas de ellas. Y sin embargo, la Tierra es aún un maravilloso lugar dónde estar. No es necesario huir de ella y utilizar nuestra espiritualidad como una muleta. ¿No deberían las personas propensas a la espiritualidad ser plenamente capaces de ver al mundo y aquellos que conocemos directamente a los ojos? Ser capaces de trabajar con el comportamiento de los demás observando lo que surge de la personalidad y los que surge del alma, es un extraordinario don. Todo lo que conocemos sobre el amor, lo aprendemos unos de otros. No sólo son los ojos las ventanas del alma sino la biblioteca del carácter de una persona. Penetramos el más profundo misterio de otra persona aceptando y trabajando la luz y las sombras que vemos escritas ahí.

En el siguiente capítulo develaré aún más el misterio de los ojos. Serás introducido a muchas sugerencias prácticas como saber mirar a las personas de tal modo que se sientan totalmente observadas por ti. Nos embarcaremos en una profunda exploración para saber cómo conocer la diferencia entre *esencia* y *personalidad*. Aprenderás, en términos claros y prácticos *cuándo* ver y *cuál* ojo ver en cada persona que conozcas y sacar lo mejor de las personas siempre que sea posible.

También estudiaremos las maneras de *evitar* hacer contacto visual y absorber la negatividad de otra persona. ¿Acaso no te gustaría saber cómo evitar que los arranques de ira exploten en tu rostro con tan sólo una mirada? ¿O lograr que una persona agresiva retroceda sin decir una palabra? Todos podemos beneficiarnos al ser capaces de establecer un favorable contacto visual al darle la mano a un posible patrón o a un cliente. ¿Y qué hay con ser capaces de reconocer la compatibilidad con una pareja a través de sus ojos, o de controlar a los hijos con tan sólo una mirada?

Estas son herramientas muy prácticas y hasta necesarias que mejorarán tu vida desde el primer momento en que comiences a aplicarlas. ¿Aún no estás convencido? Éstas pueden incluso mantenerte lejos del tráfico escolar o evitar que el seguro de tu auto se eleve. Déjame contarte cuando convencí a un policía motociclista de California de que no me infraccionara tan sólo viendo a su ojo de la esencia.

4. Explorar el diferencial ojo-a-ojo

Cómo deshipnoticé a un policía y no salí castigado

Anochecía en San Diego mientras avanzaba en el tráfico hacia mi cita de la noche. De pronto, mi ánimo de feliz anticipación fue roto por las intermitentes luces y la quejosa sirena de un policía en motocicleta. Se colocó a mi lado y me señaló que me orillara hacia el acotamiento; bajó de su máquina y caminó hacia mi auto.

—Iba usted a setenta —dijo con una voz áspera, viéndome desde arriba por detrás de sus gafas—. Permítame ver su licencia y su póliza de seguro.

—Lo siento, oficial. Supongo que sólo seguía el paso del tráfico.

Volteé a verlo de manera inflexible con una sonrisa mientras le entregaba los documentos, preguntándome si había en verdad un alma viviente detrás de esa máscara inescrutable y de labios apretados. El pobre hombre se encontraba más apretado dentro de su personalidad de "Soy un policía" que el uniforme que portaba. Examinó mis papeles con un aire de disgusto, como si deseara que se transformasen en los instrumentos de mi condena. Mientras lo hacía, hice unos cuantos cálidos intentos más por conectarme con él. Pero él no se rendía.

—Le pondré una multa —anunció finalmente y volvió a su motocicleta para escribir su condena en mi registro de seguro.

Me quedé ahí, sintiéndome abatido. Se suponía que ésta sería una maravillosa noche, llena de romance y excitación. ¿Qué salió mal? ¿Por qué debo permitir que este extraño rompa mi felicidad y me deje seguir mi camino sintiéndome abatido y humillado? Entonces *recordé acordarme de mí mismo*. De inmediato se generó un enorme cambio de energía mientras volvía rápidamente a apropiarme de mi destino.

"Esto no funcionará", pensé. "No lo aceptaré. Estaba feliz y ahora no lo estoy porque este hombre está interfiriendo con mi bienestar. Se supone que es un *oficial de la paz*, sin embargo estoy permitiendo que su actitud robe *mi paz interior*. Quizás tenga razón y deba ponerme una multa. Pero está siendo descortés y ahora que me acuerdo de mí mismo, debo hacer que me trate como un ser humano y no como una estadística".

Salí de mi auto y caminé hacia donde se encontraba él junto a su motocicleta, con la pluma en su mano derecha a punto de hacer el primer trazo fatal.

"Ahá. Es diestro", me dije a mí mismo. "¡De modo que su ojo de la esencia será el izquierdo!"

—Oficial, me gustaría hablarle por un momento —dije tranquilamente, sintiendo ahora que mi confianza había vuelto.

—Okey —dijo, tratando de ocultar su sorpresa detrás de una máscara de lánguida indiferencia.

—Y le pediría que se quite las gafas. Me gusta ver a quién le estoy hablando.

Esta pizca de política de riesgo funcionó a mi favor. Lentamente levantó su mano derecha y se quitó las gafas.

"Te tengo", pensé, sintiendo que un armonizante poder fluía a través de mí mientras veía a su ojo izquierdo (de la esencia) buscando una chispa de algo real. Por un segundo no hubo más que vacío. Entonces, de repente, en las profundidades de la pupila, su espíritu se encendió y se mostró ante mí con una mirada de reconocimiento transpersonal. *Su* esencia estaba viendo a *mi* esencia. En ese momento, conocí a ese hombre y él me conoció a mí. Y supe, sin lugar a dudas, que lo alcanzaría.

—Oficial —dije con una voz tranquila—. Sé que usted tiene uno de los trabajos más difíciles en el mundo. Sin embargo, tiene usted la oportunidad de hacer algo maravilloso esta noche.

Pensé que sus ojos saltarían de su cabeza. Su boca se abrió con momentánea sorpresa, pero pronto se recuperó y dijo:

—¿Qué pasaría si me tragara esa frase de todo el mundo?

—No es una frase —proseguí, queriendo ahora que su humanidad me viera a través de sus dos ojos—. Y yo no soy todo el mundo. Soy un ser humano único, al igual que usted. Estoy tratando de hacer contacto con usted en un nivel en el que compartamos un sentido común de la humanidad. Muchas de las personas que recorren la autopista esta noche quizás están cansadas, estresadas y en un estado mental negativo. Si me deja ir, yo estaré en un estado mental *positivo*... de modo que seré una fuerza del bien en el mundo esta noche.

Me miró con sorpresa, haciendo su cabeza ligeramente hacia atrás. Entonces, una curiosa sonrisa comenzó a dibujarse en sus labios, como si luchara contra su propio deseo de sonreír. Finalmente, el impulso sacó lo mejor de él y me ofreció una amplia sonrisa. Me devolvió mi licencia, moviendo ligeramente la cabeza como si no creyera lo que estaba haciendo, y dijo:

—¿A qué se dedica?

El lado travieso de mi naturaleza surgió dentro de mí. Quise decir: "¡Bueno, en realidad soy un hipnotizador profesional!", pero sabiamente logré resistir la tentación. Aparte de derribar mis oportunidades de escape, no sería la verdad. *No* soy un hipnotizador. Nunca lo he sido y nunca lo seré. Pero sí soy un *deshipnotizador*. Me especializo en ayudarme a mí mismo y a otras personas a escapar de su autohipnosis y del terrible sueño del trance social colectivo.

Después de unas frases corteses de despedida al agente de la ley, a quien ahora consideraba un "oficial" en vez de un simple "policía", proseguí mi camino, libre y sintiéndome regocijado. Había recuperado mi poder y mi sentido de individualidad. Ahora *era* una fuerza del bien en el mundo y seguiría siéndolo durante el resto de la velada. Mientras conducía, me sentía armoniosamente dispuesto hacia todos aquellos que viajaban en la autopista, especialmente hacia la policía.

Por cierto, el resto de la noche con mi amiga salió de maravilla. Al deshipnotizarme a mí mismo para no entrar en un estado de olvido de mí mismo y de debilidad personal con el oficial, me colocó en un estado de alerta que duró varias horas. No necesité revisar mi peinado ni mis dientes ni darme a mí mismo un autodiscurso de positivismo para estimular mi confianza. Ya *confiaba en mí mismo* y estaba conectado con ese punto dentro de todos nosotros que no reconoce los defectos.

Todo el tiempo, durante el teatro improvisado con el oficial, me mantuve haciendo ciertos ejercicios internos, conservando una conexión esencial conmigo mismo que provocaría un estado semejante en él. Entonces, en mitad de nuestra interacción, vi cómo su alma despertaba. Sucedió justo en el momento en que dije la palabra "humanidad". El sentido oficial de su individualidad quizás estaba cansado de sostener "la máscara" día tras día. Por un instante, algo real se encontraba vivo en su interior. Y se sentía agradecido conmigo sin saber por qué.

Cómo y por qué funcionó la magia

¿Por qué cambió de parecer? ¿Fueron acaso las palabras que utilicé? ¿El resultado de *conectarme* con *su* humanidad? ¿O solamente jugué con su sentido de la realidad? Las tres cosas estaban implicadas, pero en el nivel más simple, hice que el hombre me reflejara. Dominando mi sentido de separación personal con su intervención en mi vida, pude tirar de algunas palancas dentro de mi psique, cambiar mis reacciones y crear un poder a partir de una fuente superior de energía de transformación. Si me hubiera paralizado por su actitud de "le pondré una multa", me hubiera extraviado de mí y de él. Pero al deshipnotizarme de la capacidad de una figura de autoridad para colocarme en un estado de lamentación, mi adversario se deshipnotizó de sus actitudes habituales e inducidas por sí mismo. Esto le permitió alinearse con mi deseo a ser libre. Las palabras que utilicé fueron importantes. Sin embargo, éstas fueron cuidadosamente elegidas y expresadas desde un lugar de paz y fortaleza interior.

Cuando el oficial primero me hizo orillarme, mi organismo tuvo una reacción de luchar o volar, debilitando mi sistema de inmunidad y dejando sin efecto mi personalidad. Deseando recuperarme de esto, me recuperé enfocando mi atención en mis brazos y piernas. Esto me desconectó de la reactividad de temor en mi corazón, mis pulmones y mis glándulas suprarrenales y me equilibraron con mi cuerpo. Y de esto surgió un *recordado sentido de individualidad* que me transportó rápidamente a la autoridad personal sobre mis reacciones. Al adquirir un enfoque a través de las técnicas, salí entonces del auto y enfrenté la situación con el oficial.

Miré a su ojo de la esencia mientras sentía la presencia de mi propia esencia a mi alrededor y de su esencia alrededor suyo. Él me dejó ir por lo que llegué a ser para él: un espejo en cuál ver y experimentar la inundada chispa de realidad que yace justo debajo de la superficie de nuestras personalidades sociales.

La Esencia como un barómetro de Evolución Personal

Si bien es verdad que el ojo de la esencia nos puede permitir echar un vistazo al lado espiritual de las personas, no todos manifiestan en un mismo grado esa parte de su naturaleza. La vida es como un conjunto de escuelas en las que las personas se encuentran en distintas trayectorias y en diversos grados de aprendizaje. Cuando hablamos de esencia, esto no denota al alma por sí misma sino el potencial y la capacidad del alma para expresarse a través de alguien. Esto dependerá del grado de transparencia de ese individuo —la habilidad de él o ella para dejar que el poder del Yo Soy entre al mundo a través de la individualidad. Por lo tanto, podemos decir que la esencia es el código original del potencial personal y espiritual. La fusión de ambos en una sola expresión es uno de los objetivos primordiales del desarrollo espiritual en toda una vida. Nuestras almas pueden ser iguales ante Dios tal y como fueron originalmente creadas. Sin embargo, en las cuestiones masculinas y femeninas, la variabilidad de la conexión de la esencia y su expresión externa es un giro impredecible en la ruleta de la evolución personal.

Algunas veces podemos ver hacia el ojo de la esencia de una persona y no percibir ninguna respuesta. Es como marcar un número equivocado esperando que alguien conocido conteste y oyes en la línea a un desconocido. Esto se debe al hecho de que la persona a la que estás viendo está profundamente dormida y todo lo que esa persona conoce es la individualidad subjetiva. En algunos casos, ver al ojo de la esencia de las personas puede provocar una mirada de desprecio hacia ti porque estás tratando de encarnar y alcanzar eso con lo que ellas no han podido hacer contacto dentro de sí mismas. Esto puede ser muy evidente en algunos adolescentes mientras se tambalean entre la arrogancia y la inseguridad. Al tratar de crear una personalidad social que refleje la desilusión colectiva de sus iguales, quizás te miren con un ojo de la esencia sin vida. Ese tipo de mirada surge de un intento inconsciente de rechazar el amor, al cual igualan con la debilidad. Si te encuentras con este síndrome, ve de inmediato hacia su ojo derecho y ellos retrocederán y te tratarán con respeto.

La imagen del "ojo sin vida" también salta hacia nosotros en los carteles cinematográficos que muestran personajes que se suponen deben ser malos y rudos. Hannibal Lecter, el caníbal maniático de *El silencio de los inocentes*, es un ejemplo de este tipo de personajes. Las fotografías de Anthony Hopkins tomadas para la película y sus secuelas, a veces mostraban su ojo de la esencia como un agujero negro, como si toda la cuenca fuese un manantial de muerte. La esencia se encuentra conectada a los centros superiores de la inteligencia en un ser humano. Por otro lado, Gangsta Rap se encuentra directamente conectado en el lado oscuro de la mente inconsciente. La esencia no puede encarnar las cualidades de la no existencia y se aleja cuando un individuo trata de comportarse de una manera inhumana.

> Ojalá no tengas que encontrarte con demasiadas personas como éstas. Sin embargo, supongamos que estás hablando con alguien y, de pronto, el ojo de la esencia de esa persona queda sin vida. Puedes estar seguro de que él o ella se está conectando con el pasado primitivo colectivo de la raza humana. Otra manera de poder ver a un ojo así sería si el cerebro reptil de esa persona se volviera activo. En tales casos, evita todo contacto con el ojo de la esencia.
>
> El grado de conexión que puedas tener con el ojo de la esencia de las personas te señalará el grado de desarrollo espiritual que ellas han alcanzado. Necesitamos saber con quién y con qué estamos tratando al encontrarnos entre una multitud de modelos psicológicos cada día. Poder observar el grado de claridad espiritual o la falta de ella, puede ser muy útil para llevar a cabo con éxito nuestras transacciones sociales interpersonales.

El diferencial de la esencia y del ojo de la personalidad

Son enormes las ventajas sociales por las cuales podemos concluir que en verdad somos capaces de ver que los ojos de una persona reflejan dos aspectos de su naturaleza. La mayoría de las personas no tienen idea de que uno de sus ojos revela su esencia —su espíritu único— mientras que el otro lleva un registro de sus cualidades y debilidades humanas. Desde que nacemos hasta que morimos, el ojo de la *esencia* contiene el proyecto original de lo que somos en nuestro propio núcleo antes de que éste se manifieste externamente como una personalidad. El otro ojo refleja las características de la personalidad que hemos adquirido de la vida. Nuestras esperanzas, temores, penas y las muchas aflicciones de la existencia —registrados, recordados y codificados en el cerebro— se exhiben en el ojo de la *personalidad*. La palabra "personalidad" se deriva de la palabra griega *persona*, que significa *máscara*. Por esta razón yo le llamo al ojo que refleja nuestra conexión con la experiencia mundana, el ojo de la personalidad. Ahora mismo puedes observar en ti mismo la diferencia entre estos dos ojos.

Espejito, espejito en la pared, ¿cuál es mi verdadero Yo, después de todo?

Ve al espejo y observa tu cara. Observa tus ojos de una manera imparcial, como si estuvieses observando a otra persona, alguien que nunca has visto antes. Asegúrate de ser inexpresivo y no sonrías. Cuando sonreímos, la esencia surge de ambos ojos. Cuando alguien sonríe, no podemos observar el diferencial ojo-a-ojo. Por eso es que la sonrisa es una ventaja. Es una herramienta excelente para sacar lo mejor de las personas y lograr una buena conexión.

Ahora, *sin sonreír*, si eres *diestro*, levanta tu *mano derecha* y cubre con ella tu *ojo derecho*. Después observa imparcialmente tu ojo *izquierdo*. ¿Te parece claro y abierto? ¿Hay alguna cualidad espiritual en él? ¿Se ve infantil, esperanzado, optimista y de alguna manera inocente, a pesar de las desagradables experiencias pasadas? Quizás sientas que estás entrando al infinito o que estás viendo algo que ha sido tocado por la eternidad. Este es tu ojo de la esencia.

Si eres *zurdo*, en vez de cubrir el *ojo izquierdo* con tu *mano derecha*, levanta tu *mano izquierda* y cubre con ella tu *ojo izquierdo*. Ahora sólo podrás observar tu ojo de la esencia. De nuevo, éste parecerá inocente, franco, desprogramado, etc., tal como en la anterior descripción para la gente diestra. Puesto de una manera sencilla, para las personas zurdas la diferencia del ojo se invierte. Permíteme repetirte la fórmula con claridad:

Si eres diestro, tu ojo de la esencia es el izquierdo.

Si eres zurdo, tu ojo de la esencia es el derecho.

Ahora, cambia las manos y cubre el ojo que fue expuesto previamente. Esto significa que las personas diestras cubrirán su ojo izquierdo o el de la esencia y observarán el ojo derecho —su ojo de la personalidad.

Las personas zurdas cubrirán el ojo derecho con la mano derecha y observarán el ojo izquierdo —su ojo de la personalidad.

¿Observas alguna diferencia con el ojo de la esencia? Practica hasta que puedas observarla. Comparado con el ojo de la esencia, el ojo de la personalidad puede parecer más pesado, más lánguido, quizás hasta un poco triste. ¿Quizás ves y sientes dolor? Recuerda no emitir juicios. Sólo estás llevando a cabo un experimento. Por lo tanto, sólo observa de manera imparcial lo que aparece en el espejo.

Después, cubre y descubre ambos ojos varias veces de manera sucesiva y familiarízate con las diferencias. Mientras lo haces, la diferencia debe ser claramente visible para ti.

Resulta interesante que la mayoría de los homosexuales y lesbianas posean una inversión en los ojos de la esencia y la personalidad. Esto se traduce en que si eres diestro y homosexual, tu esencia estará en tu ojo derecho, como si fueses una persona zurda. Si eres zurdo, tu esencia estará en tu ojo izquierdo, como si fueses una persona diestra.

Examina los rostros en las revistas

Una manera de familiarizarte rápidamente con el diferencial ojo-a-ojo es observando los rostros en las revistas populares, como *People* y *US*. Busca aquellas fotos en las que la persona esté mirando hacia la cámara y cubre con tu dedo pulgar uno de sus ojos. Intenta percibir alguna sensación ya sea del ojo de la esencia o de la personalidad. Si bien no hay manera de saber si la persona que estás viendo es diestra o zurda, esta es una buena forma de desarrollar tu intuición.

Ahora, cubre con tu dedo pulgar el otro ojo y ve qué tipo de percepción recibes del ojo que está ahora visible. Recuerda que es más probable que en el ojo de la esencia percibas y observes inocencia, claridad y cierto aire de desapego, quizás hasta un toque de espiritualidad. Quizás te sientas muy a gusto mientras observas un ojo de la esencia. Al cambiar al ojo de la personalidad puede surgir una sensación de incomodidad. O quizás tengas un momento de "Por Dios" al observar la enorme discrepancia entre quién es este individuo como persona y quién es él o ella como ser espiritual.

No intentes llevar a cabo este ejercicio con modelos de moda en fotos publicitarias. A menudo los ojos en esas fotos se alteran digitalmente para que ambos ojos se vean iguales. Puedes comprobar esto tú mismo tan sólo por curiosidad, sin embargo no notarás ninguna diferencia, por lo que este tipo de foto no es buena para fines de entrenamiento.

Tratando con figuras autoritarias

A veces tenemos que tratar con figuras autoritarias cuyo sentido de autoidentidad proviene de quienes creen ser en su propio pequeño mundo de poder. Los oficiales de policía, los jueces de una corte, los oficiales aduanales... cualquiera que puede afectar tu vida para bien o para mal, deben ser manejados con mucho cuidado. Si miras fijamente a este tipo de personas a su ojo de la personalidad, quizás sientan resentimiento y te hagan la vida difícil. Por seguridad y para lograr una conexión afable cuando tengas dudas, simplemente observa el ojo de la esencia.

Mi propia experiencia con personas que poseen alguna forma de autoridad pública, es que si las ves como ellas creen que son o como ellas creen que deben ser bajo tu punto de vista, las cosas resultarán bien. Pero si miras a través de la máscara y percibes las principales inseguridades, éstas se desconectarán de ti rápidamente y las cosas podrían salirte mal. Este fenómeno puede encontrarse en cualquiera que recibe mucha atención de otros y que mantiene una posición de toma de decisiones.

Cómo no ver a alguien a los ojos

Lo máximo que hay que recordar es esta sencilla definición de un ególatra: ¡*Él cree ser quien piensa que es*! Así que no causes problemas dejando que estos individuos sientan que *no* crees que son quien ellos creen ser. Esta es una súper técnica para evitar crear momentos difíciles con personas cuya buena voluntad puedes necesitar.

El contacto visual es por lo general una señal de que estamos totalmente dispuestos a comprometernos con otra persona. Cuando, por alguna razón, esto no es lo que deseamos y nos encontramos en una situación en donde puede resultar desventajoso dar la impresión de que estamos evitando el contacto visual, podemos entonces *ver lo blanco del ojo y no la pupila*.

Los pensamientos se transmiten de una mente a otra a través del contacto abierto con el centro de color en el ojo, el iris. Esto lo sabes por la experiencia de ver románticamente a los ojos de alguien. Si elegimos conscientemente no ver a la pupila sino en el área blanca que rodea al iris, es probable que no seamos acusados de ignorar a alguien. Aún estaremos viendo a sus ojos. Pero al mismo tiempo, no incomodaremos a la otra persona ni absorberemos una carga de energía negativa o de intimidación.

Al implementar esta técnica, asegúrate de parpadear con frecuencia y con naturalidad. Permite que tus ojos pasen libremente de uno a otro punto del blanco de los ojos de la otra persona. Pasa tu atención de manera casual de la orilla a un punto cercano a la pupila, pero siempre sin tener un verdadero contacto visual. Obviamente, al hacerlo, no importará cuál ojo estemos viendo. El blanco de los ojos no tiene una puerta de entrada a la personalidad o a la esencia de un individuo sino que son simplemente la zona neutral de los ojos.

Conozco una orden de monjas que son instruidas para ver solamente al blanco de los ojos de cualquier hombre con el que necesiten hablar en el transcurso de un día. De esta manera, es probable que no queden atrapadas por la energía de una interacción hombre-mujer que puede emanar de los ojos de la personalidad y olvidar su vocación.

Esta técnica puede ser aplicada por los miembros de cualquier sexo. Supongamos que alguien se aproxima a ti con intenciones que no deseas alentar. Aquí tienes una manera sutil para alejarte y no ahogarte en una situación desagradable.

También resulta útil al conocer personas que poseen una baja autoestima y que aparecen tímidas o inseguras ante nosotros. Para desengancharlos y salvarlos de la vergüenza y la incomodidad, podemos ver el blanco de sus ojos. Entonces comenzarán a tranquilizarse. Al sentir que no serán escudriñados, entonces podemos ver su ojo de la esencia y observar si están dispuestos a hacer contacto con nosotros a un nivel espiritual. A veces la personalidad puede ser desagradable mientras que la esencia permanecer inafectada.

Incluye sentimiento e intuición

Asegúrate de tener en mente que el percibir la diferencia entre los dos ojos no es sólo algo que ves, tal como lo mencioné anteriormente. *¡Es algo que sientes!* ¡Usa tu intuición! Cuando observas el ojo de la esencia de otra persona, por lo general surge de inmediato un sentimiento de conexión. Probablemente él o ella te devolverán la sonrisa y te verán de una manera abierta y confiada. Existen variaciones en esta experiencia y las trataremos brevemente.

De manera inversa, el contacto con el ojo de la personalidad a menudo te coloca en desacuerdo con la otra persona, creando así una sensación de desconfianza e incluso de hostilidad. Como no puedes acercarte a las personas y decir: "Disculpe, ¿es usted zurdo, diestro o gay?", es mejor adquirir un claro sentido del diferencial ojo-a-ojo a través de la experiencia. Una vez que *sepas* cómo se siente la *esencia*, podrás encontrarla fácilmente. Si la buscas en el ojo izquierdo de una persona y *no* la ves, entonces observa el otro ojo. Quizás esa persona es zurda. En ese caso, una mirada al ojo derecho hará que la esencia se muestre.

No mires fijamente a las personas

Algunas veces, en los seminarios en los que he explicado el diferencial ojo-a-ojo, observo que las personas se miran fijamente durante el receso, con un ojo saltando hacia adelante con intensidad de cíclope. Otros se aproximan entre sí como si fuesen joyeros observando una piedra a través de una lente para ver si tiene imperfecciones o si es valiosa. Cuando veo que esto está sucediendo, siempre les hago una advertencia: "No se miren fijamente. Sean casuales y compórtense con normalidad".

Es muy importante no dar ninguna señal visual de que estamos operando desde un sistema de interacción social que se encuentra fuera de lo normal. Por fuera debemos vernos relajados en nuestro comportamiento hacia los demás. Así que recuerda... ¡no mires fijamente!

En todo momento, sé lo más casual posible mientras permites a tus ojos observar cada aspecto de otras personas. Observa su cabello, su nariz, sus oídos, su ropa, su postura, etc. Una mirada ocasionalmente directa mas no *fija* al ojo de la esencia será más que suficiente para confirmarles a las personas que tú y ellas comparten una esencialidad común. Cada vez que hagas esto, les permitirás saber que realmente las has observado y que estás abierto a ser *completamente observado por ellas*. Cuando no estés viendo al ojo de la esencia de las personas, observa calmadamente su nariz o su cabello, o algún otro aspecto neutral de su rostro. Desvía tu mirada para observar la habitación y deja que tus ojos expresen que tienes un gran interés en lo que sucede a tu alrededor. En otras palabras, sé todo aquello que una persona común debe ser.

La sombra y el ojo de la personalidad

La mayoría de las personas responden positivamente al ser vistas en el ojo de la esencia. Sin embargo, el ojo de la personalidad es el hogar de la sombra —el lado oculto y desconocido de un individuo. Aun y cuando las personas desconozcan poseer un lado oscuro de su personalidad, *éste* lo sabe y *¡no le gusta ser visto!* Carl Jung escribió ampliamente acerca de este lado oculto de la naturaleza humana y de cómo proyectamos en otras personas los aspectos que no nos agradan de nosotros mismos. El clásico y comúnmente citado ejemplo de esto es la manera en que los Nazis proyectaban su propia sombra en los judíos. Para liberarse de aquello que no podían aceptar como un reflejo de algo existente en ellos mismos, trataron de eliminar a toda una raza de la faz de la tierra.

La sombra es un desplazador de la forma; ésta toma muchas formas, como Proteo, la fantástica criatura metamórfica del mito griego. Cuando la sombra hace su aparición en un argumento y comienza a actuar a través de alguien, puede en un momento sisearte como una serpiente y rugir como un león al siguiente. A la sombra no le gusta que la perjudiquen y dará inicio a las argumentaciones para perjudicar en seguida a la otra persona. Sólo en los muy raros casos de individuos seriamente perturbados, la sombra aparece en el ojo de la esencia. Su dominio habitual es el ojo de la personalidad.

Para tratar exitosamente con las personas en un nivel social, debemos ser capaces de ver sin temor y con sabiduría a su ojo de la personalidad. Utilizando nuestro conocimiento de la naturaleza individual de los dos ojos, podemos medir a cualquier persona. Podemos mirar de manera imparcial para ver si una persona es alguien con quien deseamos relacionarnos y comprometer nuestra energía natural. Con un poco de experiencia práctica en el campo, pronto podrás ver al ojo de la personalidad de cualquier persona y hacer, en un segundo o dos, un análisis preciso de su carácter. Después podrás regresar a salvo al ojo de la esencia antes de que la otra persona se sienta incómoda por el hecho de que puedas estar viendo las debilidades humanas en su ojo de la personalidad.

Si alguna vez miras a alguien en su ojo de la esencia esperando que salgan sus mejores cualidades y él o ella te miran con desprecio, pasa de inmediato al ojo de la personalidad. Las personas que habitualmente son superficiales yególatras, por lo general no tienen tiempo para dedicarle a las cualidades de la esencia en sí mismos. Por lo tanto resulta inútil esperar que reconozcan y valoren la esencia que hay en ti. Ese tipo de personas consideran a la bondad, a la gentileza o a la compasión como signos de debilidad humana. Si observas una desatención, una sonrisa afectada o una burla hacia ti para hacerte sentir que eres una persona débil, estás obligado a no recibir esa proyección de autodevaluación.

Por lo general, lo que sucederá será que tan pronto como pases del ojo de la esencia al de la personalidad, la sonrisa burlona desaparecerá. La otra parte quizás muestre una repentina inseguridad o incluso hasta temor. En ese momento, vuelve a observar su ojo de la esencia y quizás parezcan relajados y comiencen a comportarse amablemente contigo. Como todos los provocadores, una vez que los enfrentas, este tipo de personas por lo general retrocede. Al soportarlas por cortesía y en nombre del buen comportamiento te ayudarás a ti mismo y a ellas. Deberás ejercitar el control consciente de ti mismo y volverte fuerte de cara a la potencial turbulencia. Y este tipo de personas tendrán la oportunidad de pasar a un nivel superior de conexión humana en vez de exhibir frente a ti sus delirios de grandeza.

La barra lateral subraya algunos consejos clave para manejar a las personas que te puedan resultar molestas y difíciles.

Los consejos clave que debemos recordar

1. Tratando con "el hombre". Nunca mires a un oficial de policía a su ojo de la personalidad. Los policías están entrenados para hacer de la sospecha su segunda naturaleza. Ellos aprenden a estar siempre alertas ante las señales visuales que los pueda alertar contra los individuos conflictivos. Si miras a su ojo de la personalidad, podrás ver esa sospecha —quizás hasta el temor y la tensión que acompaña al trabajo. Si perciben que estás viendo su inseguridad humana, pueden volverse ligeramente paranoicos y compensarlo haciendo preguntas y sondeándote de una manera hostil. Intenta averiguar de inmediato cuál es su ojo de la esencia. A veces puedes hacerlo observando cuál mano es la que están utilizando para escribir o de qué lado se encuentra su pistola. Cuando hagas contacto, enfócate principalmente en el ojo de la esencia, pero recuerda, no lo mires fijamente. Sé lo más casual y tranquilo posible.

2. Conociendo a un posible patrón. Cuando los ojos de la personalidad se encuentran, cualquier cosa puede suceder. Supongamos que acudes a una entrevista laboral, le das la mano a tu posible patrón y sus ojos de la personalidad se encuentran. Te sientes nervioso por la entrevista. La otra persona percibe que no estás cómodo pero no tiene idea de por qué. Esto origina una sensación de mala conexión que él o ella leen como "no le agrado a esta persona".

No puedes saber de antemano si la persona que acabas de conocer es zurda o diestra. Así es como lo sabrás: Si observas uno de los ojos y la persona desvía la mirada de inmediato, cuando vuelvan a mirarte trata de conectarte con ellas a través del otro ojo. Si la mirada es segura y no desafiante, es muy probable que te encuentres encerrado en su esencia. Envíales una señal de aceptación mientras ambos se encuentren conectados y probablemente te ofrecerán una sonrisa.

3. La sonrisa y la esencia trabajan conjuntamente. Observar el ojo de la esencia por lo general da como resultado una sonrisa receptiva. Las personalidades difieren mucho en estilo, carácter, gustos y aversiones, etc. La esencia comparte un vínculo en común. Todos poseemos una esencia y cuando la esencia se conecta, incluso con completos extraños, se puede establecer rápidamente un vínculo en común.

4. Cuando sonreímos, la esencia surge de ambos ojos. Si quieres agradarle realmente a la gente, intenta hacer que te sonrían haciendo contacto con su ojo de la esencia. Después haz que esa percepción de la esencia pase al ojo de la personalidad. Esto puede llevarse a cabo de un modo más fácil si te apoyas en un cumplido hacia la otra persona. También puede serte útil una broma adecuada. Sé amigable. Logra que su ojo de la personalidad se alumbre con la esencia y estarás en casa. Cuando la esencia brote de ambos ojos en las personas, éstas te verán realmente porque tú las estarás mirando. Y les agradarás.

5. Consejos para realizar ventas. Cuando trates de hacer una venta, primero enfócate en el ojo de la esencia. Como ya te dije antes, no mires fijamente. Sé casual, normal y amigable. Sin embargo, asegúrate de hacer mucha conexión de esencia. De vez en cuando, observa rápidamente el ojo de la personalidad y ve si está llegando a un acuerdo y se está acoplando a ti. También podrás buscar, *brevemente*, las señales de un interés real o fingido. Si el ojo de la personalidad es luminoso, expresa un alto grado de interés y se muestra franco al mirarte, sabrás que te estás acercando. Al cerrar la venta, notarás que el ojo de la personalidad está ahora en total concordancia contigo y que incluso tiene una mirada parecida a la del ojo de la esencia (confianza y franqueza).

6. Consejos para comprar. Si estás comprando algo, dedica más tiempo a examinar el ojo de la personalidad. Busca variaciones por parte del vendedor −o una excesiva mirada fija, como deseando que te rindas. Si la actitud de un vendedor es demasiado insistente o si sientes que estás siendo sometido contra tu voluntad, si observas el blanco de los ojos te ayudará a crear cierta distancia. En resumen, haz que los vendedores vengan a ti. Ellos son los que desean liberarte de tu dinero ganado con dificultad. Haz que trabajen por ello y que te demuestren que se merecen tanto tu respeto como tu dinero.

7. Tratando con personas que no valoran ni respetan la esencia. Si observas el ojo de la esencia de alguien y tienes la sensación de que "no hay nadie en casa", no presiones. Estas personas pueden estar tan desconectadas de su propia esencia, que son incapaces de responder a la tuya. Esto es muy común en el caso de losególatras, quienes consideran a la auténtica conexión con los demás como una debilidad. Si observas el ojo de la esencia de las personas y te devuelven la mirada con desprecio, desvía la mirada de inmediato. Será inútil tratar de alcanzar a alguien que no le da ningún valor a la amabilidad y a la compasión y a quien ve estas virtudes como señales de que eres inferior porque habitualmente confunden la bondad con debilidad.

8. Evita la esencia sin vida. En muy raras ocasiones puedes encontrarte con personas que han hecho elecciones tan anormales en su vida, que su esencia básicamente se ha apagado. Si buscas la esencia y sólo encuentras un hoyo negro, un hueco frío que te hace estremecer, no observes ninguno de los ojos de esas personas. Aléjate de ellas lo más pronto que puedas. Ese tipo de gente podría ser incluso lunática potencial o criminal y, por tanto, altamente peligrosa para tu salud y tu seguridad.

Creando conscientemente las primeras impresiones

Cuando conozcas a las personas por primera vez, observa su ojo izquierdo para ver si puedes conectarte con su esencia. Supongamos que el mundo se encuentra predominantemente habitado por personas diestras. Podemos practicar el buscar la esencia en el ojo izquierdo hasta que nos familiaricemos tanto con su sensación, que si no nos enganchamos a él de inmediato, podamos fácilmente pasar al otro ojo y encontrar ahí la esencia.

Esta sencilla forma de conciencia tranquiliza a las personas de inmediato. Cuando observo el ojo de la esencia en las personas cada vez que les doy la mano, casi siempre me devuelven una sonrisa. De manera recíproca, si observamos el ojo de la personalidad al conocer a las personas por primera vez, quizás provoquemos que se sientan a la defensiva al ver que ahí se reflejan los temores y las inseguridades. Por lo tanto, sería mejor extender la posibilidad de una conexión de la esencia a todos y cada uno y ver si pueden recibirla con cortesía. En cierto sentido, es el principal acto de cortesía dejar que alguien sepa que estás ofreciendo una amistad abierta en el más alto nivel. Tu mensaje tácito es que deseas conectarte alma con alma.

Si el común denominador de todos nosotros es que somos seres espirituales, cuando podamos conectarnos de manera consciente con las personas a un nivel de esencia, ellas no necesitarán de sus defensas habituales. La conexión con el ojo de la esencia tranquiliza a las personas. El contacto con el de la personalidad puede ponerlas a la defensiva. *Conoce la diferencia sintiendo la conexión vibratoria de receptividad que fluye entre tú y otra persona.* Y no mires fijamente. Simplemente integra esta "conciencia del ver" a tu estilo natural de comportamiento.

Ilustrando al mundo a través de la interacción personal

Caminar por el mundo en trance es como ser un robot. ¿Quién desea ser una máquina guiada por impulsos automáticos de pensamiento, sentimiento distorsionado y reacción física?

Los resultados positivos de una vida consciente deben hacernos invulnerables a la energía confusa y negativa de odio y coraje que envenena a la civilización. Las realidades pasadas, los patrones de comportamiento humano que no se expanden ni se alinean con la más alta estocada evolutiva de este planeta, no pueden resistir. La Tierra es un ser consciente. Cada día, el campo de energía de este planeta tiene mayor disposición para producir una humanidad consciente. Todo aquel que se resiste y que no está en alineamiento con esta aparición, sentirá que esa energía avanza hacia la conciencia en forma de tensión personal y mundial. Este es el por qué del actual conflicto global. Los patrones anticuados de pensamiento y conducta están resistiendo el cambio hacia la totalidad y la compasión de la visión de un mundo único. La mayor revolución que la Tierra ha conocido está sucediendo ahora mismo. Millones de personas están viendo por primera vez, de manera colectiva, lo que los santos y los sabios habían percibido: la naturaleza esencial de un ser humano es la Energía Divina. Para formar parte de esta reciente visión, aquellos que serían los pioneros de un mejor destino global deben construir una nueva realidad a través del ejemplo personal.

Debemos ser capaces de percibir y de conectarnos con esa Energía Divina en cada persona que encontremos, ya sea que "entiendan" o no lo que estamos haciendo. Incluso si se comportan de la manera más atroz con nosotros, no debemos volvernos inconscientes nosotros mismos y responder a partir de una disfunción. Esto no significa que nos debamos convertir en tapetes. Más bien que a través de nuestras palabras y de nuestro comportamiento debemos hacerles saber forzosamente que no aceptaremos ninguna ofensa hacia nosotros. Sin embargo, podemos hacerlo sin una animosidad personal, sin un deseo de venganza ni el impulso a herir de manera personal. Al entrar en un estado de conexión con la presencia y el poder del Yo Soy, podremos hacer contacto con el Yo Soy de los demás.

Algunas veces, al hacer esto, la energía estática del conflicto de la personalidad desaparece y es reemplazada por la comunicación más consciente. El mundo cambia y vuelve a aparecer en un nivel superior, aunque sea sólo por un momento. Se habrá vuelto más consciente en y a través de nosotros, y nos volveremos más conscientes que antes. En vez de caer en un estado de trance colectivo, durmiéndonos en un comportamiento reactivo, despertamos y conservamos el campo para que alguien más interactúe con nosotros a un nivel superior de conciencia.

Maya y la ilusión de la "realidad"

En el siguiente capítulo analizaremos siete preguntas que debemos hacernos a nosotros mismos si queremos vivir una vida consciente plena. También estudiaremos la naturaleza penetrante del sueño que apresa a todos aquellos con quienes debemos tratar cada día. Los antiguos sabios de la India llamaban a la ilusión de átomos y moléculas disfrazada de la materia sólida Maya la *ilusión cósmica*. Ser identificado como la única realidad es *vivir en el engaño*. Es importante comprender el poder hipnótico que esta fuerza ejerce sobre todos nosotros. Yo he visto a través del gran trance con mis propios ojos, a través de una experiencia consciente que me fue transmitida por una extraordinaria mujer yogui de la India en el año 1970. Conozco con exactitud la naturaleza de los engaños a los que nos estamos enfrentando y deseo transmitirte la esencia de esa experiencia.

Una vez que veamos cómo Maya atrapa y motiva a los otros jugadores en el juego de la vida que se lleva a cabo a nuestro alrededor, entonces podremos hacer que la ilusión coopere con nuestra voluntad humana y divina. No importa lo que esté sucediendo a nuestro alrededor, siempre podremos estar cristalizando nuestra conciencia espiritual a través de la *participación consciente* en el baile cósmico. Como agente activo para la armonía y la reconciliación, te convertirás en un conducto para que una inteligencia superior entre en las vidas de quienes aún se encuentran atrapados en el trance inducido por Maya. Y serás premiado por tus esfuerzos.

Jesús dijo: "La cosecha es abundante pero son pocos los agricultores". También dijo: "El agricultor vale lo que gana". Emprende este trabajo y obtendrás tu recompensa. La vida se transformará de acuerdo con tus intenciones. Verás cubiertas tus necesidades materiales con mayor facilidad de modo que puedas aumentar diariamente la efectiva expresión de estos principios. Establecerás más que nunca un mejor contacto que el flujo de circunstancias benignas. Las personas, los lugares y los sucesos sincrónicos se acoplarán a tus intenciones. Una omnisciente inteligencia te apoyará durante todo el camino como una fuerza para el bien en el mundo.

5. Mantenerse consciente en el mundo del sueño

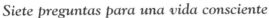

Siete preguntas para una vida consciente
Las siguientes siete preguntas son un prerrequisito primordial para vivir una vida consciente.

- ¿Deseo convertir el plomo en oro a partir de los sucesos cotidianos de la vida?
- ¿Estoy dispuesto a sacar de la vida una extraordinaria energía, una fuerza y un poder con el que la mayoría de las personas no tienen contacto o ni siquiera conocen?
- ¿Puedo aceptar que al tener acceso a este poder me responsabilizaré de él y de mi comportamiento hacia los demás y que buscaré sacar lo mejor de ellos siempre que sea posible?
- ¿Comprendo acaso que al practicar estas técnicas no me permitiré vivir como un sonámbulo en el trance colectivo?
- Al darme cuenta de que otras personas a veces mal interpretarán mis acciones y me juzgarán de acuerdo con su nivel de sueño, ¿no utilizaré mi poder para hacerles daño, incluso en mis pensamientos?
- ¿Puedo aceptar que al ir creando un sentido de presencia dentro y alrededor de mí, mi nivel de existencia aumentará y grados inauditos de bien y abundancia entrarán de manera natural a mi vida?
- Comprendiendo lo anterior, ¿puedo aceptar ahora que estoy dispuesto a permanecer despierto en el gran sueño cósmico y a actuar como una fuerza consciente del bien en el universo?

Un mundo de máquinas durmientes

Espero hayas respondido afirmativamente estas preguntas. Si no es así, estás en graves problemas porque ya has avanzado demasiado en tu lectura como para volver al trance colectivo y dormir con la misma comodidad que otros disfrutan. Caracterizar a la raza humana como un montón de zombies caminantes quizás sea la frontera final de la inexactitud política. Pero supongamos que la vida es en realidad sólo un sueño a través del cual remamos alegremente nuestros botes del autoengaño. ¿Y qué tal si la frase de Jesús: "no te duermas, pues nadie sabe la hora en que llegará el Hijo del Hombre" no es simplemente un pequeño y antiguo sermón sino una lamentable advertencia de que no debemos permitir que la muerte nos sorprenda con nuestros evolucionarios pantalones abajo?

Las escrituras del mundo están cargadas de relatos de sueño. Y la alegoría de Platón al decir "vigilantes en la cueva" es una metáfora directa sobre cómo confundimos las ilusiones de la sombra con la realidad. Los místicos y los sabios de todos los tiempos y de todos los lugares, aquellos que han experimentado momentos de verdadera visión, testifican que el mundo que vemos es una ilusión. Ellos *saben* que todos somos unos durmientes atrapados en su aparente realidad. Desde su amplio criterio, el estado sonámbulo de la raza humana es fácilmente observable. Y este tipo de percepción es aparentemente transmisible de una persona que la posee a otra que no. Lo sé porque yo he experimentado por mí mismo este fenómeno.

Un gurú hindú llega a la ciudad

En 1970 fui honrado para recibir un poder transmitido a través de la conciencia de un sabio hindú que se encontraba visitando a diversos grupos espirituales en Inglaterra. Recién había regresado de América, donde había aprendido a meditar haciendo uso de las técnicas dadas por Paramahansa Yogananda y su Comunidad de la Autocomprensión. Me encontraba viviendo en Leicester, una ciudad fundada por los romanos en la región central de Inglaterra y por lo cual obtuvo su fama de producir una abundancia de calcetines. Al no encontrar muchos yoguis aspirantes con quiénes meditar en la capital del calcetín en el mundo, me alegró descubrir un aviso en el periódico local anunciando que una tal Sri Shyama Mataji, de la India, impartiría el "darshan" el sábado por la tarde y que todos serían bienvenidos. *Darshan* es una palabra que significa la visión divina de una persona sagrada. Al estar simplemente en la presencia de un individuo iluminado podía cauterizar las tendencias a hacer germinar la semilla negativa arraigada en el cerebro del estudiante. El maestro puede entonces, sutilmente, reorientar al aspirante espiritual hacia los niveles superiores del entendimiento.

Deseoso de ser *"darshanizado"*, me dirigí el sábado por la tarde a la dirección que indicaba el periódico y me encontré tocando a una puerta en el área hindú–pakistaní de Leicester. Cuando ésta se abrió para permitirme la entrada, fui conducido hasta una pequeña casa repleta de rostros oscuros y ojos negros que me miraban con curiosidad, con sorpresa o con desprecio. Mi pequeño y blanco trasero fue llevado a través de la multitud hasta la cocina, donde la misma Sri Shyama Mataji se ocupaba en revolver un gran sartén lleno de una mezcla de lentejas sazonadas y que estaban siendo preparadas para sus devotos. De inmediato tomé esto como una señal favorable. Consciente o no, la mujer yogui no se colocaba por encima del nivel de subirse las mangas y de ir al grano con las ollas y los sartenes. Al verme, la sabia dejó de revolver la sartén y avanzó hacia mí con ojos intensamente escudriñadores. Eran extremadamente luminosos y sentí como si el registro de mi vida estuviese siendo sondeado por algún sistema de radar cosmológico. Parecía estar descubriendo mis imperfecciones y clasificándolas para analizarlas junto con mis posibilidades del bien.

Las variadas reacciones de aquellos que habían sido testigos de mi llegada, cayeron entonces en un observador y expectante silencio. Curiosos y con los ojos abiertos por el asombro, observaban el interés inusualmente intenso de su maestra sobre mí. Finalmente, me preguntó en su propia lengua si me gustaría comer. Sin haber entendido una palabra, me quedé boquiabierto como un tonto hasta que alguien tomó un plato, sirvió una porción de lentejas en él y lo colocó en mis manos. Rápidamente llevé un bocado de la comida a mi boca para ocultar mi confusión. Y descubrí que estaba delicioso. Mi evidente gusto por el espléndido sabor rompió el hielo y las risas transformaron las diferencias culturales en una tarde de divertida y espiritual exploración.

Mataji me hace despertar

Después que todos hubiesen comido, algunas de las mujeres presentes se vistieron con hermosos trajes tradicionales, llevaron a cabo lo que supuse eran danzas sagradas en las cuales se evidenciaba de inmediato una extraña mezcla de contenido espiritual y erótico. Entonces Shyama Mataji nos indicó a mí y a algunas de sus seguidoras que la siguiéramos escaleras arriba. Así lo hice y fui conducido a una habitación especialmente dispuesta para la meditación y la oración. Todos nos sentamos en el piso con las piernas cruzadas y la sabia mujer cantó durante algún rato. Entonces meditamos. Cuando esto terminó, siguió un lapso de preguntas y respuestas, de nuevo en un lenguaje que no comprendía.

Sentada junto a mí se encontraba una joven mujer de brillantes ojos que hablaba Inglés y ella trató de darme una idea de lo que se estaba diciendo. En algún momento se inclinó hacia mí, susurrando a manera de conspiración:

—Observa esa estatua del Señor Krishna que está sobre el altar. Ella coloca algo de comida para ella y entonces la estatua cobra vida, baja del altar y se alimenta. ¡Cuando lo veas, *entonces* creerás en Dios!

Observé la estatua de Krishna que estaba, como de costumbre, tocando su flauta, y no vi ninguna señal de que estuviese a punto de tener hambre y moverse. Siendo quizás un presumido trasero espiritual en esos días, susurré confiadamente a mi informante:

—No necesito ver milagros para creer en Dios —lo cual produjo un gesto de indiferencia de su parte. Aparentemente, no estaba sorprendida de que un yogui wannabe extranjero no pudiese ver la importancia de una manifestación milagrosa.

Volví a la realidad por la voz de la intérprete que traducía para mí las palabras de Mataji.

—Mataji dice que posees un excelente karma de tus vidas pasadas. Pagará tu pasaje hasta la India. Serás su huésped y vivirás en su ashram, donde afeitarás tu cabeza y cantarás a Krishna durante todo el día.

Un coro de uuuhs y aaahs llenó la habitación mientras los otros concurrentes sonreían con sorpresa o con envidia por mi excelente fortuna. Me encontraba ocupado en recorrer mi cabello con mis dedos para asegurarme de que no hubiese sido milagrosamente removido por el Señor Krishna.

—Tienes hasta mañana para decidir —prosiguió la intérprete—. Ahora puedes irte. Pero primero puedes tocar sus pies y ella te dará su bendición.

Yo sabía que el reverente contacto con los pies de un ser ilustre puede transmitir una sutil corriente de energía a otra persona. Si Mataji era o no una transmisora, no tenía forma de saberlo. Pero me agradaba la dama y había estado sintiendo una poderosa fuerza magnética de energía a su alrededor desde que nuestros ojos se vieron por primera vez. De modo que descrucé mis piernas, atravesé la habitación y, arrodillándome frente a ella, coloqué mis manos sobre sus pies. De inmediato sentí una enorme corriente de energía surgiendo de mis manos al hacer contacto. Ésta recorrió mis brazos y se metió en mi cuerpo con un poder electrizante. Miré sus ojos y ella colocó sus manos sobre mi cabeza para darme una bendición final.

Ahora estaba realmente bendecido. Apenas podía moverme, pero me las ingenié para ponerme de pie, salir de la habitación y, después de muchas reverencias y *Namastes* (el Dios que está en mí se inclina ante el Dios que está en ti), salir a la calle. Pero no era la misma realidad que había dejado atrás cuando llamé a la puerta y entré a la Pequeña India dos horas antes.

La Ciudad de la Gente Durmiente

Cualquier extraña fuerza que Mataji me haya transmitido había ocasionado un mayor cambio perpetuo en mi cerebro, pues ahora me vi observando fijamente a una ciudad poblada de sonámbulos. Hacia cualquier lado que dirigiera mi mirada, todos parecían moverse por el mundo en piloto automático. Los observé con sorpresa e incredulidad. Antes de ver a Mataji, yo era como ellos. *Ahora era un extraño despierto en una ciudad de autómatas humanos.* Las personas se movían por algún sistema de radar invisible que los hacía girar a la derecha o a la izquierda, moviendo sus extremidades y abriendo sus bocas. Se hablaban entre sí como en un sueño y hasta conducían sus automóviles en un estado de trance.

Unas cuantas horas antes había caminado por las mismas calles pensando que estaba despierto y aceptando, por cierto, la apariencia normal de las cosas. Ahora observaba cómo las paredes de ladrillo en las casas cobraban vida con una radiante energía que se embriagaba con la bendición de su existencia. Hasta el camino y la acera pavimentada sobre la que me encontraba de pie emanaban una extraordinaria sensibilidad. Quería reír con alegría y en voz alta. Podía percibir de una manera directa que la materia aparentemente inerte de la creación vibraba en realidad con la bendición de una gran conciencia que mantenía a la "realidad" en su forma aparentemente sustancial. Lo irónico era que el llamado mundo inanimado de objetos y cosas que hasta entonces había tomado como algo fijo e inmutable, estaba en realidad más vivo que las personas sonámbulas que se movían por él. Decidí caminar conscientemente los cinco kilómetros de regreso a mi casa y saborear la experiencia mientras durara.

Mientras me movía, podía ver que mi propio cuerpo estaba en realidad siendo operado por algún proceso universalmente fundamentado que guiaba cada minuto de mi vida y de la vida de todas las personas. En realidad no estaba caminando. Algo se movía a través de mi forma, *haciendo que ésta se moviera*. Normalmente hubiera pensado que era yo mismo quien caminaba. Pero ahora podía percibir que todos mis pensamientos y mis acciones, como los de todos que encontraba en la calle, estaban siendo ejecutados por una fuerza superior. La inteligencia superior estaba enviando olas de magnetismo a través de mi cuerpo y el de ellos. Hacía que nuestros cuerpos se movieran aquí y allá a través de corrientes invisibles de energía, como un juguete de radiocontrol guiado por la persona que opera la unidad remota. Yo siempre había supuesto que aquello que consideraba como el yo mismo era el que dirigía las jugadas. Pero aparentemente, nuestra llamada libre voluntad es un caso de identidad extraviada. La *verdadera* Hacedora de todas las cosas es una fuerza que se encuentra en el interior de cada persona y que es más grande de lo que nuestras mentes pueden concebir. "Eso" es la cualidad activa y nosotros los seres humanos somos simplemente *el efecto de la acción*.

Mientras seguía caminando hacia mi casa, esta percepción crecía exponencialmente. Comencé a sentirme como esta fuerza que "hacía", dentro de las paredes de las casas, sobre la acera e incluso en la calle. Sin estar ya limitado a mi cuerpo físico en particular, simplemente me movía sobre la vastedad de mi propia gran periferia que ahora se extendía dentro y a través de la materia en todas direcciones. Y la naturaleza de esta vastedad era un absoluto regocijo y alegría.

Veo que mi madre y mi hermana están dormidas

Al acercarme a la casa, vi a mi madre y a mi hermana caminando al otro lado de la acera, dirigiéndose hacia la tienda con sus canastas de mandado. Sorprendentemente, ellas no me vieron, aun y cuando caminaba en dirección opuesta y a plena vista. Llegué a nuestra casa y entré. Al regresar de sus compras media hora después, me encontré conversando con dos personas que se encontraban técnicamente dormidas. Todo lo que mi madre y mi hermana decían y hacían era completamente automático. Prepararon la cena y dispusieron la mesa en un estado de trance, como si el mundo a su alrededor fuese simplemente la creación material que siempre era. Al sentarnos a comer, nuestra charla tuvo lugar en un sueño que ellas tomaban por una realidad. La parte temible era que tan pronto como comencé a ser atrapado por sus quejas acerca de sus diversos problemas o por los laberintos o proyecciones de su mundo ilusorio, *también yo comencé a quedarme dormido.*

Ahora veía claramente que estamos autohipnotizados y que nuestras supuestamente significativas "interacciones sociales" consisten en colocar nuestras ideas particulares acerca de la vida en la cabeza de otras personas. E invitamos igualmente a los fantasmas de nuestros compañeros durmientes a bailar en nuestro mundo interno del sueño. Afortunadamente, cada vez que comenzaba a ser absorbido por la conciencia en trance de mi hermana y de mi madre, la energía que había recibido de Sri Mataji me pateaba y me despertaba por completo. Una vez restablecido a este estado, pude observar a mi familia actuando sus alucinaciones dentro de la ilusión, mientras observaba las partes de mí mismo que normalmente habrían estado atrapadas en ella. En otras palabras, ¡*me* estaba observando a mí mismo observándolas dormidas!

Este entrar y salir del trance continuó toda la noche. Finalmente, me quedé dormido con la sensación nocturna e inundado de alegría y éxtasis. Cuando desperté a la mañana siguiente me encontraba de vuelta en el cotidiano "sistema perceptivo", que había sido vuelto a la *normalidad* junto con mi madre y mi hermana. Ahora ellas y yo éramos coparticipantes en un punto de vista mundial que era tan real y tan imperativamente demandante como siembre lo había sido. La única diferencia era que ahora yo conocía, por experiencia propia, la absoluta insubstancialidad de aquello que tomamos como la realidad. También supe que la verdadera naturaleza de la vida es una bendición y una alegría no condicionadas y que no iba a permitir que las personas dormidas me sacaran de ella nunca más.

¿Qué es lo que nos hipnotiza? ¿Los espíritus? ¿El hábito? ¿O nuestra propia imaginación?

Después de mi experiencia de alerta, comencé a analizar profundamente qué es lo que nos mantiene en un estado de sueño. Y me interesé mucho en recapturar ese estado de alerta sobre una base permanente. Comencé a estudiar la vida de los santos, de los sabios y de los místicos de todas las épocas y lugares. Me sorprendí al saber que algunas culturas aún creen que nosotros los mortales estamos rodeados por espíritus malos y bondadosos. Supuestamente, estas entidades pueden traspasar nuestra conciencia, afectando para bien o para mal nuestros diversos estados mentales.

Visitando el centro de la ciudad en compañía de Jesús

La televisión puede ser como una "goma de mascar para los ojos", pero en ocasiones podemos aprender algo útil de ella. Una vez vi a un hombre que estaba siendo entrevistado en la televisión acerca de su Experiencia Cercana a la Muerte. Cuando se encontraba en el hospital siendo sometido a una operación, su corazón se detuvo repentinamente. Mientras los cirujanos trataban de revivirlo, su conciencia, ahora separada de su cuerpo, lo observaba desde el techo. Entonces era conducido por un túnel oscuro y se dirigía a gran velocidad hacia un distante punto luminoso, el cual se hacía más grande y más brillante conforme su conciencia avanzaba hacia él. Cuando llegó al final del túnel, vio que la luz salía de un personaje que el tomó por Jesucristo.

Este ser, quienquiera o cualquier cosa que fuera, le hizo señas al hombre para que lo siguiera y, juntos, caminaron rápidamente a través de muchas dimensiones extrañas. Al haber escuchado antes que los individuos que "mueren" en la mesa de operaciones son tomados a veces por emisarios de luz del reino celestial, el hombre supuso que estaba siendo conducido al paraíso. Pero para su sorpresa, su Jesús lo llevó a un sucio bar en el centro de Los Angeles. Ahí, por detrás del escenario, pudieron observar a la embriagada clientela subiéndose a la barra y recostándose sobre las mesas.

El hombre había estado en muchos lugares así durante su vida ya que él mismo había sido un alcohólico por mucho tiempo. Ahora estaba siendo forzado a observar a otras pobres almas atrapadas en las garras del mal que había sido la causa de su propia ruina. Sin embargo, este no era un bar ordinario. O por lo menos, su percepción era muy inusual. Su guía angelical le había concedido la facultad de poseer una percepción extrasensorial. Podía ver claramente que no todos los espíritus en el bar salían de las botellas. Detrás del escenario del mundo material, tan aparentemente real para los hombres y las mujeres que se encontraban en el bar, habitaban grotescas criaturas que parecían haber escapado del infierno de Dante. Siempre que un bebedor dejaba su vaso con una sensación de saciedad, estas oscuras criaturas penetraban en la conciencia del bebedor y lo hacían beber nuevamente. Algunas de estas criaturas descarnadas poseían el cuerpo de un bebedor y experimentaban la sustituta emoción de embriagarse una vez más a través de una forma humana.

El viaje extradimensional llegó a su fin cuando el equipo médico reanimó el corazón del hombre y su conciencia regresó a su cuerpo. Al final se recuperó por completo y pudo volver a su vida cotidiana. Sin embargo, no fue a la vida que había conocido antes de la operación y antes de sus revelaciones al estar fuera de su cuerpo. A partir del momento de su recuperación y basándose en lo que había experimentado cuando "Jesús" le mostró el "otro lado" de la bebida, dedicó su vida a ayudar a las personas a liberarse de los peligros aparentemente multidimensionales del alcohol.

Como tranquilidad para los escépticos que desean permanecer dormidos en el gran trance, no existen pruebas de que esas entidades fantasmales o esos espíritus realmente existan. Sí podemos, sin embargo, concordar en que todos somos criaturas de hábitos. Cuando adquirimos un incontrolable impulso de hacer algo, estamos accionando los impulsos biológicos del condicionamiento conductual. Quizás no nos agraden algunas de las cosas que parecemos sentirnos obligados a combatir en contra de nuestra voluntad. Pero al menos podemos asumir que nuestros hábitos son nuestros. ¿O no? ¿Qué tal si algunos de los impulsos que nuestro cuerpo y nuestra mente abrigan no siempre son nuestros sino aspectos fragmentados de la conciencia de otras personas? ¿Pueden los patrones de pensamiento y hábito saltar de una mente a otra como semillas esparcidas por el viento y plantarse en nuestra conciencia?

Aún más fantástico, ¿acaso exteriorizamos los deseos de los espíritus, vivos y muertos, que rondan la atmósfera psicológica que nos rodea, buscando placeres? ¿Pueden acaso los mecanismos invisibles del pensamiento y del impulso hacer que *encarnemos* a las fuerzas arquetípicas? ¿Acaso hasta los objetos inanimados poseen una mente propia y nos hacen un llamado para actuar conjuntamente con ellos? Estos son dos extraños cuentos que deberían, al menos, hacernos dudar.

Richard Pryor y la pipa poseída

Cuando el comediante Richard Pryor se incendió él mismo mientras fumaba cocaína, lo hizo en una desesperada proclamación de la libertad.

—Dejé la pipa —dijo Pryor—. Ya no quería fumar. Pero la pipa saltó de la mesa y volvió a colocarse en mi boca. Cada vez que la dejaba, ésta saltaba de nuevo hasta mi boca. Seguía dejándola a un lado y ésta seguía saltando hacia mi boca como si estuviera viva y tuviera voluntad propia. Y pensé que me volvería loco, de modo que rocié mi cuerpo con gasolina de encendedor y me prendí fuego.

Ginger Baker y la batería mágica

Ginger Baker, baterista de la famosa banda de rock Cream, dijo en una entrevista:

—En una ocasión en que estábamos tocando, entré en este estado... y pensé: "¿Estoy yo tocando esta batería o ella me toca a mí?"

¿Acaso los inherentes espíritus de la batería o de la cocaína poseyeron en realidad a Baker y a Pryor? ¿Acaso la energía latente que se requiere para realizar cualquier actividad tiene un rasgo viviente propio? ¿Puede algo externo en realidad regirnos? ¿O fue acaso el impulso creativo de su energía personal, de su deseo imperioso exteriorizándose y visto después como la causa? ¿Están los objetos inanimados realmente vivos?

Carl Jung relató en una entrevista grabada que un día las cacerolas y los sartenes en la cocina de su cabaña en el lago de Bollingen, Suiza, comenzaron a comportarse de manera voluntariosa.

Nada estaba siendo cocinado y la estufa estaba fría cuando, para sorpresa de Jung, una olla saltó de la estufa y cayó al piso con un estruendo. Entonces, un sartén cayó de su gancho en la pared y se unió a la olla en el piso. Pronto, la habitación cobró vida con ollas y sartenes cayendo. Jung se dio cuenta que necesitaba hablar con los revoltosos implementos.

—Muy bien, esto no funcionará –les dijo–. Estoy tratando de trabajar y todo este ruido me está distrayendo. Todos tendrán que tranquilizarse.

Y así lo hicieron. Los escritos de Jung están llenos de referencias sobre la sensibilidad de lo inanimado. Podía ver una gran y unificada inteligencia manifestándose de diversos modos en cada fenómeno físico. A lo largo de toda su vida siempre permaneció alerta para verla y escucharla hablar.

Los pragmatistas occidentales tenderían a descontar el espíritu de un árbol o de una olla como una realidad. De igual modo, nuestro enfoque médico no ve a la enfermedad física como una manifestación de energía vital perturbada y mucho menos como una invasión de seres descarnados. Sin embargo, muchas culturas orientales poseen elaboradas prácticas para enfrentarse a los espíritus hostiles. ¿Cuál enfoque es el correcto? Quizás la verdad yace en algún lado entre el realismo pragmático de la ciencia moderna y los peligros psicológicos de una aceptación no científica de cualquier fenómeno enigmático como evidencia de lo paranormal.

Podríamos asumir, de manera razonable, que cada acción o pensamiento lleva consigo una carga de energía. Esa energía tiene que ir a *alguna parte*. Nuestras acciones se basan por lo general en el deseo por un resultado en particular. Si bien muy poca de nuestra actividad alcanza la conclusión intencionada o deseada, entonces nosotros los seres humanos debemos llevar multiwatts de impulsos frustrados en nuestros campos de energía. Piensa en una ciudad habitada por miles de personas. Las confusas acumulaciones energéticas de frustrada intención dentro de una metrópoli pueden resultar aplastantes y debilitantes para las almas sensibles.

¿Acaso puedes comerte el calor de la ciudad?

Las ciudades son como enormes colmenas que generan, almacenan y procesan la energía de la actividad humana. Habitadas por miles de personas y por indecibles trillones de heterogéneos patrones de pensamiento, puede ser muy difícil mantener nuestro sentido de identidad individual en medio del ruido y la corrupción, particularmente si es uno una persona espiritualmente sensible. Los deseos no cumplidos, los pensamientos inquietos y las acciones de sus habitantes frecuentan las calles en forma de una fragrante energía negativa y de impulsos físicos cinéticos. Estos son los "espíritus" que acechan las aceras del mundo moderno, buscando cuerpos y mentes susceptibles a través de los cuales hacer correr la potencialidad y la actualidad. Para vencerlos, debemos aprender a ser energéticamente neumáticos. Como las llantas de un auto, necesitamos rodearnos de un campo de energía de tal fuerza que todo lo que no es armónico se aleje de nosotros.

Todo ser humano irradia una particular atmósfera vibratoria. Este campo de fuerza contiene y representa la totalidad de la experiencia de vida de esa persona. Es el peso atómico de *quien esa persona es*. Más acertadamente, representa aquello que la persona ha hecho de sí misma como parte del proceso de evolución. Si nosotros mismos somos débiles, si nuestra fuerza neumática es demasiado baja, seremos dominados por los complejos y negativos campos de energía de otras personas, particularmente en las densas atmósferas con las que nos encontramos en las ciudades. Afortunadamente, podemos enseñarnos a no permitir que nuestras propias emanaciones se derramen por dondequiera que vayamos. Además, podemos aprender a transformar las emanaciones negativas que nos rodean, y convertirlas en combustible útil para seguir adelante con nuestros propios procesos en la vida.

Para la persona que sabe cómo alimentarse de ella, un extenso grupo de personas puede convertirse en una tremenda fuente de energía. Piensa en la electricidad en la atmósfera durante un juego de fútbol o un concierto de rock. Los jugadores reciben una enorme carga por el intenso poder que se genera a través de un gran número de personas que enfocan su atención en ellos. Cuando caminamos por las calles de una ciudad, casi nadie nos pone atención. Pero si nos enfocamos en nosotros mismos *percibiendo y sintiendo y acordándonos de nosotros mismos* mientras nos abrimos paso por entre la gente, podemos acumular energía de la atmósfera que nos rodea. Este tipo de *total conciencia corporal* puede entonces llevar la energía hacia *atrás* de la polución, del ruido y de la negatividad y convertirla nuevamente en combustible útil. Esta es una metáfora que describe muy bien este proceso.

La nave espacial que se "come" al universo

Una nave espacial viajaba a través del universo. Uno de los pasajeros, sintiendo curiosidad sobre cómo funcionaba el sistema de propulsión de la nave, le pidió al capitán que se lo explicara.

—Este es el modelo más reciente —contestó el capitán—. Conforme avanza hacia adelante, aspira todo el polvo espacial, pequeñas partículas de meteoritos rotos y otra basura que yace alrededor del universo. Como toda la materia está formada esencialmente por las mismas substancias moleculares, entonces ésta vuelve a su original componente nuclear: energía pura. Esta fuerza es entonces emitida desde la parte trasera de la nave y la impulsa hacia adelante.

—Fascinante —dijo el pasajero—. Suena muy económico.

—Oh, sí que lo es —aseguró el capitán—. Como existen muchas cosas inútiles a nuestro alrededor, nunca nos falta algo que podemos convertir en una fuerza que podemos utilizar. De hecho, mientras más estemos rodeados por, digamos, la lluvia radiactiva de la creación, más podemos aprovechar de la experiencia. Tenemos un dicho que nos hace recordar esto. ¿Te gustaría escucharlo?

—Seguro —contestó el pasajero—. Estoy muy interesado.

—La fórmula es muy simple y es fácil de que la recordemos frente a las aparentes dificultades. La fórmula es: *Mientras más densa sea la niebla, más rápido avanzará la nave.*

Tu cuerpo es un dispositivo que transforma la energía

La nave espacial descrita en el relato anterior se trata del cuerpo humano. Tu vehículo físico es un dispositivo creado para recibir, procesar y transformar la energía contenida en las impresiones que recibe a través de los cinco sentidos. Todo lo que vemos, saboreamos, sentimos, escuchamos y olemos contiene una energía de específica densidad. Algunas de las cosas que percibimos nos repelen porque su frecuencia innata es demasiado densa para que la procesemos. Otras impresiones, como las flores o las puestas de sol, nos afectan de manera armoniosa. Sin embargo, la física cuántica nos dice que, esencialmente, no existe tal cosa como una flor o una puesta de sol. Existe solamente un unificado campo de energía en el cual una serie de átomos se unen en las diversas formas que nosotros vemos. Teóricamente, si nosotros mismos podemos vibrar energéticamente en resonancia con el *poder creativo* del cual surge la serie de impresiones externas, el Yo Soy dentro de nosotros mismos, entonces debemos ser capaces de percibir y experimentar, en algún grado, la misma resonancia que se encuentra en todos los objetos. Conforme nos volvemos más hábiles en esto, la densa energía generada por los desagradables aspectos del comportamiento humano debe ser "comestible", como cuando alguien nos llena de cumplidos y adoración.

Al mantener una conexión consciente con el substrato principal de la creación visible, podemos enseñarnos a volvernos ricos en casi cualquier circunstancia. Deja que *otros* pierdan energía a través de la reacción, de la autojustificación y de la identificación con las circunstancias externas. Nosotros podemos comernos la energía que ellos no pueden vencer en cualquier ambiente. Ellos no pueden absorberla porque, según la conciencia, han salido a almorzar. Por lo tanto, en el mismo momento en que te vuelvas coherente, a través de *percibir y sentir* y de *acordarte de ti mismo* dentro de la conciencia del Yo Soy, ¡toda la energía transmutable a la dinámica de la situación volará hacia ti! En vez de debilitarte, crecerás.

Yendo más allá de lo positivo y lo negativo

Nosotros convertimos las fuerzas de tensión en combustible útil, negándonos a identificarnos con nuestras reacciones emocionales negativas ante los disparadores externos de las circunstancias. Así, evitamos la consecuente posesión de nosotros mismos por parte de la energía estática interna o externa como resultado de caer en la reactividad.

No nos mantenemos ridículamente positivos, sonriendo pasivamente de cara al inadecuado comportamiento y al cruce de los límites. Por el contrario, nos colocamos, psicológicamente hablando, justo en medio entre el "sí" y el "no", los polos positivos y negativos que por lo general caracterizan al conflicto. Nos plantamos en un sitio de reconciliación personal que es más poderoso que cualquiera de los otros dos extremos.

Según las palabras de Carl Jung, comprendemos que "la realidad yace en el punto de tensión entre los opuestos", ¡y nos centramos en un punto de equilibrio en movimiento y actuamos a partir de él!

El "punto de tensión entre los opuestos" es donde encontramos la faltante *tercera fuerza*, la energía de la reconciliación. Este es el elemento neutralizador que juega el papel de mediador entre el más y el menos, entre el sí y el no, entre el ataque y la defensa, entre la afirmación y la negación y todos los demás pares dualísticos de los opuestos.

Es sólo a través de la acción y de la conciencia dentro de nosotros mismos acerca de esta tercera fuerza que podemos sentir una conexión con nuestro sagrado centro, el *Yo Soy lo que Soy*. La conciencia de la tercera fuerza genera el estado de recuerdo de uno mismo. Cuando nos acordamos de nosotros mismos, la energía que inicia el juego de los opuestos y que constantemente surge por detrás, por delante, dentro y alrededor de nosotros ingresa en nuestro centro y reviva la espina y el cerebro. La estructura cerebro-espinal, nuestro *Árbol de la Vida* interior, es el lugar donde duerme el Yo Soy dentro de nosotros. En el embrión humano, los primeros elementos que se forman son la médula oblongata y la espina dorsal. Contrario al flujo de vida, la energía proveniente del trance hipnótico externo transfiere la energía vital, generalmente saliente, de vuelta a la espina dorsal y al cerebro. Este es el propósito de las sentadas formas de meditación: "Mantente quieto y sabe que yo soy Dios". Sin embargo, estamos aprendiendo a hacerlo mientras nos encontramos en mitad de la actividad. El recuerdo de uno mismo a través de la *sensación* y *del sentimiento* nos permite estar dentro de nosotros mismos y comprometernos hasta en la más demandante actividad externa. ¡Estamos alcanzando la sabiduría!

Al acordarnos de nosotros mismos nos volvemos supercargados. En las situaciones sociales conflictivas, cuando otras personas se niegan a unirse a ti en el sitio de reconciliación, ellas perderán fuerza como consecuencia de su insensatez y de su mal comportamiento. El bien que ellos rechazan volará hacia ti y se añadirá al peso atómico de *tu* ser. Y si entonces tienes que decir palabras que quizás no quieran escuchar, puedes estar seguro de que no olvidarán la experiencia. Tus declaraciones se establecerán en las leyes del universo y ningún tonto puede discutir con las leyes de la creación.

La danza de los átomos y el recuerdo de uno mismo

En el mundo atómico encontramos el juego progresivo del electrón, el protón y el neutrón. De estas tres fuerzas, son las dos primeras las que contienen como cargas intercambiables de lo positivo y lo negativo. El neutrón es el elemento neutralizador o *reconciliador*, la milagrosa tercera fuerza. El cuerpo humano y el mundo material que rodea nuestros cuerpos están hechos de átomos, cargados continuamente por la danza del electrón, el protón y el neutrón. La inestabilidad sucede cuando la fuerza neutralizadora se debilita y los otros dos se frotan entre sí. La razón de que se requiera del agua pesada para detonar la bomba atómica es porque ésta disminuye el grado de vibración del neutrón y, si no se cuenta con una fuerza reconciliadora que los controle, los electrones y los protones chocan con resultados mundialmente desastrosos. Así también en las interacciones y en las relaciones humanas: Cuando las cosas se vuelven demasiado pesadas, la fuerza conciliadora se debilita y las personas golpean sus cabezas, a veces de manera explosiva.

El recuerdo de uno mismo nos alinea con el tercer poderoso o la fuerza conciliadora. Este elemento es considerado en varias religiones como un aspecto de la naturaleza trina de Dios. En el hinduismo, es el aspecto "renovador" de Shiva, mientras los otros dos son "destructivos" y "preservadores". Bíblicamente, se caracteriza como el Espíritu Santo, el confortador que "recuerda todas las cosas", el cual, por supuesto, nos incluye a nosotros mismos. La energía de este elemento conciliador, una vez que se encuentra en movimiento, nos puede llenar de grandeza. Nos llena de un sentido de conexión con un destino mejor que con la necesidad de estar egoístamente en lo correcto.

Sin la fricción de la estresante interacción interpersonal, quizás nunca haríamos el esfuerzo por buscar esta tercera fuerza. Simplemente nos dormiríamos durante nuestra vida, como todos los demás. Desde este punto de vista, aquellos que se comportan con agresividad hacia nosotros pueden ser vistos como aliados. A fin de tratar con *su autohipnosis*, debemos ser mejores que sus percepciones dualistas de la vida. En cierto grado, debemos salir del trance que los mantiene dormidos. Esto fue lo que Mataji me enseñó. Así que si queremos lograr algo alrededor de las personas y las situaciones negativas, recordemos la regla que impulsa a la nave espacial: *mientras más densa sea la niebla, más rápido avanzará la nave.*

Recuerda también que en cualquier grupo numeroso de personas, se generan enormes cantidades de energía. Así como un dínamo puede reunir energía de la atmósfera que lo rodea, así un hombre o una mujer que *percibe y siente* y *se acuerda de sí mismo* pueden reunir energía de cualquier ambiente social en donde se reúna la gente. Una vez que conozcas los trucos adecuados, podrás aplicarlos en un viaje a una ciudad más grande, como Los Ángeles, Londres o Nueva York, en el centro comercial de tu localidad o incluso cuando vayas a cenar con tus suegros. Cualquier situación social puede ser transformada en una experiencia personalmente provechosa haciendo de la *percepción y el sentimiento* y del *recuerdo de uno mismo* nuestra segunda naturaleza. ¡Mientras más lo hagas, mayor será el poder energético del Yo Soy que ingresa en el mundo a través de ti!

Así que practica todo el tiempo de una manera relajada, no importa dónde te encuentres o con quién te encuentres. Aférrate a esta firme convicción y, en cualquier ambiente y en cualquier situación, repite constantemente en tu interior: *Me acordaré de mí mismo. Siempre sacaré provecho en términos de energía, conciencia expandible y despertar espiritual.*

6. Dinámica en el trabajo: ilustrando el 9 a 5

Sacúdelos para que despierten

La interacción personal ilustrada no tiene qué ver con "ser amable" con las personas, particularmente con aquellas que están siendo irrespetuosas con nosotros. Las mujeres conocen bastante bien los riesgos de ser un "complaciente" —alguien que acepta el mal comportamiento de otros en nombre de la armonía. Cuando bloqueamos nuestras reacciones y sonreímos para evitar la tensión y el conflicto, no complacemos a nadie, mucho menos a nosotros mismos. Podemos "ilustrar" a los responsables del desacato haciéndoles saber que no vamos a aceptar ninguna basura conductual.

Gandhi utilizaba la resistencia pasiva y la no cooperación para ilustrar a los británicos y expulsarlos de la India. Le dio a un imperio un golpe de alerta. Tú puedes ayudar a aquellos con habilidades sociales inadmisibles que cruzan tu camino a despertar a una nueva realidad encarnando ante ellos un campo de energía que coloque en pausa su disfunción. Esto puede lograrse simplemente con una mirada o con un comentario dado con la autoridad de la presencia personal. Las personas que se encuentran dormidas quizás necesiten ser sacudidas para despertar. Si su sueño no lastima a nadie, déjalas dormir. Pero si su autoengaño intenta convertir temporalmente tu armoniosa vida en una pesadilla emocional, estarás en todo tu derecho de dejarlos que ellos la tengan. Sin embargo, en vez de luchar bajo sus términos, siendo descortés y agresivo, puedes ponerlos en "Pausa" saliéndote de su limitado mundo para entrar en la energía de una realidad superior —la cuarta dimensión de la conciencia superior y la presencia y el poder que emanan del Yo Soy.

Nuestros cotidianos ambientes laborales pueden resultar ser un terreno que alimente muchas formas de abuso personal sutil y no tan sutil. En este capítulo analizaremos las dinámicas de la rudeza y de la familiaridad excesiva en mitad de la tensión y del disturbio del nueve-a-cinco. Veremos algunos escenarios reales y exploraremos las maneras efectivas para tratar con la intimidación laboral. Comencemos por saber cómo superar la sensación de *deshumanización* a la que podemos enfrentarnos en nuestro lugar de trabajo. La siguiente es una historia verídica de hostigamiento laboral que viví en carne propia. Éste fue cometido en contra de mis colaboradores y yo durante mi adolescencia en Inglaterra.

Convertía a sus empleados en objetos

Al dejar la escuela, trabajé para un patrón que actuaba deliberadamente como si no pudiese recordar el nombre de nadie. Si necesitaba que realizaras alguna tarea, agitaba su mano vagamente en dirección tuya y decía: "A ver, tú, el de ahí... hey... ¡*Cosa*!" y después te enviaba a realizar alguna tarea totalmente insignificante. ¡Hablando de convertir a las personas en objetos! En cosas, realmente. Sin embargo, había un peligro más al ser requerido de esa manera. Este proveedor de salarios mínimos a veces rociaba la atmósfera cuando hablaba. "Cosa" es una palabra que hace despedir saliva a las bocas de aquéllos a los que la naturaleza los ha formado de tal manera que escupen al hablar. La habilidad para urdir y esquivar, aunque no eran requisitos para el empleo, ciertamente resultaban una útil habilidad de supervivencia en este caso.

¡"Cosa" era el nombre que nuestro patrón le daba a todo aquel que trabajaba para él! Pero cuando no estábamos ocupados zambulléndonos, nosotros los empleados jugábamos nuestro propio juego de los nombres, una forma especial de buscar el equilibrio. Sin conocimiento del jefe y a sus espaldas, *él mismo* era conocido por todo el personal como Cosa!

Si mis compañeros y yo estábamos bromeando y uno de nosotros lo veía venir, las cabezas erguidas eran la señal para saber que se aproximaba: "¡Cuidado, ahí viene Cosa!"

Y con certeza, Cosa nos atacaba, agitando su mano en nuestra dirección mientras tratábamos de aparentar que en realidad disfrutábamos trabajar por el escarnio. Y él decía: "¡Hey, tú... um... Cosa! No te quedes parado sin hacer nada. Ve y acomoda la, er, um"...

—¿Cosa? —uno de nosotros sugería confiadamente.

—¡Sí, exactamente! ¡La uh... um... Cosa!

Supongo que no deberíamos haberlo tomado como algo personal. Después de todo, le llamaba "Cosa" hasta a los objetos inanimados. Quizás tenía alguna deficiencia mental y sólo encasillaba todo lo que veía, consciente o no, en un sistema de categorización colectiva en el que todo se ajustaba a una sola definición. Pero lo dudo. Había un sutil gesto en sus labios cada vez que pronunciaba la palabra.

Un aire de desprecio aparecía alrededor de sus ojos cada vez que te veía, antes de cerrarlos para hacer desaparecer tu imagen viva de los receptores visuales de su cerebro. El mensaje final siempre era el mismo: *Tú* no eres importante. Sólo *Yo*.

El antídoto

La historia real anterior es un ejemplo extremo de un comportamiento sutilmente deshumanizante. Afortunadamente, mis compañeros y yo éramos capaces de reírnos de eso. Ojalá nunca tengas que trabajar para alguien que se dirija a ti como si fueses un mero objeto. Sin embargo, todos hemos vivido momentos en que alguien ha tratado de robarnos nuestra dignidad y convertirnos, aunque sea sólo en nuestra propia mente, en una cosa y no en un alma viviente. La respuesta, en cualquier situación donde alguien intente hacernos sentir deshumanizados, es *hacer responsable de inmediato al que lo provoca.*

Dale la ventaja a un abusador y será muy difícil alcanzarlo. Una vez que se haya dado el precedente y tú hayas perdido terreno para ser tratado con respeto, el recuperarlo requerirá de un esfuerzo consciente por tu parte.

El estar preparado para responder *de inmediato* a cualquier comportamiento inaceptable no requiere que vayamos siempre por la vida esperando lo peor de la naturaleza humana. Simplemente significa que debemos mantener un estado relajado de flexibilidad en la actitud. Aun y cuando nos encontremos relajados y en una interacción social todo esté marchando bien, podemos todavía estar alertas para cuando nos lancen una bola curva. Los seres humanos parecen venir equipados con un sexto sentido para el comportamiento inaceptable. Mantén el tuyo a la mano y tan pronto como se manifieste hacia ti cualquier abuso verbal, *¡córtalo de raíz al momento!*

Si hubiera sabido antes lo que ahora sé, le habría dicho a mi jefe: "Disculpe, señor. Quizás no se haya dado cuenta de esto, pero nunca me ha llamado por mi nombre. Realmente le agradecería si se dirigiese a mí de una manera que fortalezca nuestro mutuo respeto en el trabajo".

Advierte cómo, en la frase anterior, no existe nada que le cause algún mal intrínseco a la otra persona. En realidad le da a la persona una excusa al sugerirle que no está haciendo a propósito lo que está haciendo. Además, le da la oportunidad de ser apreciada por ti mientras cooperan mutuamente en el trabajo. Abre la puerta hacia una *interacción personal más ilustrada*.

Manejando al jefe

Si estás tratando con jefes inmediatos, es importante que no los mires fijamente con la visión de rayos X que has adquirido en este libro. Si lo haces, tu empleo podría peligrar. Tan pronto como recibas una señal de comportamiento enfadoso por parte de tu superior, cambia a una neutralidad interior y solamente míralo o mírala de una manera imposible. Quizás sea mejor que observes su ojo de la esencia, sin mirar fijamente, por supuesto. Si observas el ojo de la personalidad, él o ella se sentirán amenazados cuando descubras ahí el egoísmo.

Al mismo tiempo, asegúrate de salir de tu cabeza y entrar en la conciencia de tus pies, tus piernas, tus manos y tus brazos. No respondas a ninguna provocación verbal ni al impulso de devolver la pelota. Aun y cuando él o ella te ofrezcan una perfecta oportunidad para aparecer como un sabelotodo o como un artista de la represión, no caigas en ella. Estás en todo tu derecho a ignorar cualquier comentario pesado y a responder llevando la conversación nuevamente a los asuntos de importancia para la compañía. Para eso están los dos ahí: Para trabajar al servicio y por el beneficio de todos.

Apartando al subalterno rebelde

Si te encuentras en un puesto de supervisor y necesitas dar órdenes a otros, puedes fortalecer tu posición utilizando el diferencial ojo-a-ojo. El resentimiento hacia las figuras de autoridad es un rasgo humano habitual. A menudo se manifiesta como una sutil insinuación, una conducta pasivo-agresiva e incluso como una franca resistencia. Si deseas asegurarte de que una orden se está llevando a cabo, emite órdenes cortas y dirige tu atención hacia el *ojo de la personalidad* de la persona a quien le estás dando las instrucciones.

Verónica se acercó a mí para obtener alguna capacitación personal poco después de haber ocupado un nuevo puesto como jefe de recursos humanos en una planta de fabricación en San Diego. Desde el principio, Jim, uno de sus colegas, comenzó a hacerle la vida difícil. Aparentemente, él había estado esperando una promoción cuando el nuevo puesto de Verónica estaba vacante. Sin embargo, no sólo fue ignorado sino que llevaron a una persona extraña y, además, una mujer.

—No me gusta actuar de mala manera —me decía Verónica—, pero parece que la única manera de lograr que haga lo que quiero que haga es comportándome como una perra insensible. Hasta he oído decir que me pone apodos a mis espaldas. Puedo decirte que siente un verdadero resentimiento hacia mí y que he descubierto que me estoy comportando como un hombre. No quiero reportarlo, pero cada día me resulta demasiado tenso. ¿Qué debo hacer?

Era difícil imaginarse a Verónica actuando como un hombre. Era una mujer muy elegante, con una buena figura y un rostro vivaz e inteligente. Tuve que ocultar una sonrisa antes de responder.

—Bueno, a menos que te llame por tu apodo de frente, no hay mucho que puedas hacer al respecto. Lo que sí necesitas es hacer que no se meta contigo en lo personal. Veamos si podemos ofrecerte algunas estrategias que aumentarán tu autoridad sobre él y disminuir, al mismo tiempo, tus niveles de tensión.

Verónica aprende a utilizar sus ojos

Comencé por explicarle a Verónica la diferencia entre el ojo de la personalidad y el ojo de la esencia. Después le sugerí que nos colocáramos uno frente al otro para practicar durante un rato.

—Yo seré el compañero A y tú serás el compañero B —sugerí—. Como yo soy diestro, cubriré mi ojo derecho con mi mano derecha. El ojo izquierdo, el que está expuesto, es mi ojo de la esencia. Sólo observa en el centro de mi ojo izquierdo descubierto con tus dos ojos y dime qué es lo que ahí ves. ¿Qué tipo de sentimiento percibes de mí al observar mi ojo de la esencia?

—Bueno, siento como si de algún modo, te conociera...pero a un nivel impersonal. Me refiero a que es difícil formar una opinión sobre cómo es tu carácter. Sin embargo, es un sentimiento definitivamente familiar.

—¿Te sientes a gusto entonces? —le pregunté.

—Oh, sí. Sin duda.

Entonces bajé mi mano derecha y cubrí mi ojo izquierdo con mi mano izquierda, poniendo así al descubierto mi ojo de la personalidad.

—¿Qué piensas de éste? —pregunté.

—Oh, por Dios. Bueno... um... interesante.

Verónica me estaba observando ahora de una manera más bien cautelosa.

—Parece más frío... más distante. Diría que hasta más duro. Ciertamente ha visto el mundo y conoce a la gente.

—Entonces, ¿prefieres éste? —le pregunté, cambiando de manos nuevamente para cubrir el ojo de la personalidad y revelar el ojo de la esencia.

—Oh, sí. Definitivamente me siento más a gusto.

Llevé a Verónica hasta un espejo de pared y, viendo nuestro reflejo, la hice practicar cubriendo y descubriendo sus ojos para que percibiera la diferencia.

—Asombroso —dijo—. Es como si fuese dos personas en una.

Ahora que podía verlo claramente, le expliqué detalladamente cómo aprovechar esta diferencia en su actual problema laboral. También le enseñé el ejercicio de percibir y sentir con sus brazos y sus piernas. Finalmente, le revelé una técnica secreta y muy efectiva para calmar el enojo de alguien. Le pedí que se sentara detrás de mi escritorio como si se encontrara en su propia oficina y yo salí de la habitación por un momento. Yo pretendería ser el agresivo Jim y juntos, Verónica y yo, improvisaríamos un pequeño psicodrama educativo.

Audicionando para actuar en el escenario de la vida

Sin haber conocido nunca a Jim, evoqué en mi mente lo que yo imaginaba sería una adecuada imagen de él y asumí esa personalidad. Entonces entré pavoneándome a la "oficina" de Verónica, como si ese lugar me perteneciera.

—¿Quería verme? —pregunté, mientras me sentaba en una silla, apenas resistiendo la tentación de colocar mis pies sobre la orilla de su escritorio. Verónica siguió escribiendo en algunos papeles imaginarios como si no estuviera yo ahí. Entonces, de manera abrupta, arrojó la pluma sobre el escritorio y observó directamente mi ojo de la personalidad.

Tan sólo estábamos actuando, sin embargo, tan pronto como me miró de esa manera, la sonrisa abandonó mi rostro.

—Sí, así es —dijo de una manera directa que no admitía tonterías—. He tratado de hablar con usted hace tiempo.

Abandoné la postura desmañada en mi asiento y me senté en una posición erguida.

—He escuchado que me ha estado poniendo apodos a mis espaldas —la voz de Verónica era tan firme como su mirada. Fui yo quien desvió la mirada.

—Bueno, yo... era sólo un juego. No significa nada –volví a verla con algo de malicia, como para dejarle saber que me agradaba que se sintiera enojada.

—Oh, creo que significa mucho. ¡Creo que representa su incapacidad para aceptar a una mujer en un puesto de autoridad!

"Guau", pensé, "ahora tiene autoridad".

Había una extraña y remota atmósfera rodeando a Verónica. Ella estaba, evidentemente, percibiendo y sintiendo sus brazos y sus piernas y se estaba plantando a través de sus pies. Sentí como si estuviese llenando la habitación con su presencia y comencé a soplar con furia mientras improvisaba lo que Jim haría y diría después.

—¡Mire! —grité—. He estado en esta compañía por quince años y no voy a sentarme aquí y... y... escuchar... er... um... si quiero llamarla... ummm... entonces...

Y, entonces, me quedé callado.

La técnica secreta para dominar la ira

Verónica ya no estaba observando ninguno de mis ojos. Estaba viendo fijamente al punto entre mis cejas y, de repente, simplemente no pude continuar. ¡Me había convertido en un balbuceante idiota y después me frenó con una mirada! Ambos soltamos la carcajada y el juego terminó. Salió de detrás del escritorio y apreté su mano afectuosamente.

—Funciona —gritó entusiasmada—. Tu técnica secreta funciona. ¿O fue todo una actuación de tu parte?

—No, no, en verdad lo estaba intentando —le aseguré—. Simplemente no pude hacerlo, aun y cuando era una actuación. Cuando estaba gritando y tú observaste el punto entre mis cejas, la conexión entre mi cerebro y mi boca desapareció.

—Nada de lo que tú dijiste sonó como si tuvieses un cerebro —dijo Verónica, riéndose—. A partir de tu arranque te viste como una persona muy pequeña escondiéndose detrás de una cortina de humo en forma de bravatas. ¡Como el Mago de Oz!

—Eso es porque yo tenía una falsa personalidad y tú operabas desde un estado preliminar de *recuerdo de uno mismo* —dije—. Mientras te mantengas conectada con tus brazos y tus piernas, mientras sientas tus pies en la tierra y te mantengas fuera de tu cabeza, podrás mantenerte sin reacción. La energía almacenada así puede entonces ser utilizada para fortalecer el estado de presencia que te rodea. Y sentirás rápidamente la sensación de seguridad que siempre se desarrolla tan pronto como comienzas a acordarte de ti misma.

—Definitivamente sí lo sentí —afirmó—. Pareció salir de la nada desde el momento en que entraste a la habitación con esa mala actitud. En vez de sentirme pequeña o intimidada por tu bravata, simplemente salí de mi cabeza, visualicé mis brazos y mis piernas y, de repente, fue como si estuviese en este enorme espacio y nada pudiese moverme en contra de mi voluntad.

—Bueno, me movió a mí. Casi me sacó a empujones de la habitación —dije riendo.

—Y el colmo fue cuando observé el punto entre tus cejas y tú te enojaste. Te veías y te escuchabas como un completo idiota y yo no me sentía afectada en lo más mínimo.

—Es una gran técnica —concluí—. Y tú eres muy natural para eso. Todo lo que tienes que hacer es *recordar hacer estas cosas* y no permitir que la locura de otra persona te hipnotice para que respondas de acuerdo con los viejos patrones de reacción. Todos poseemos muchas respuestas automáticas hacia la presión social que tienen su raíz en las causas olvidadas. Algunas hasta provienen de un condicionamiento de la infancia. Pero el gozo que surge al dominar nuestras *propias* acciones inconscientes, es muy satisfactorio. Mientras más aprendas a no caer en tus propias tonterías, menos caerás en las de otros.

—Me suena fantástico —sonrió Verónica—. Deseo contratarte como mi entrenador personal.

Y así lo hizo, convirtiéndose en una de las mejores practicantes de este sistema.

Apartando de tus ojos la "Viga" de Reactividad

Muchos de nosotros tememos hablar claro ante cualquier tipo de insulto verbal. En parte porque no queremos demostrarle a los demás que nos sentimos afectados por su falta de respeto hacia nosotros. No se considera apropiado dejar que las personas vean que nos han conmovido, así que sonreímos e ignoramos un insulto como si no tuviese importancia. Pero en el fondo sabemos que sí la tiene. Verónica aprendió a centrarse en un sitio de no reacción. Aprendió a tratar con Jim de una manera impersonal tal y como lo haría un cirujano al remover un objeto extraño del ojo de alguien más. Había seguido el mandamiento de Jesús de quitar primero la viga de su propio ojo. Entonces podría ver con claridad para retirar el obstáculo en el ojo de la persona que buscaba ofenderla.

La "viga" está compuesta de sensibilidad, de reactividad, de nuestra propia irritabilidad y sensación de enfado, además del impulso de devolver el golpe y de hacer sufrir al responsable. Estamos en todo nuestro derecho de retirar la fuente externa de falta de respeto hacia nosotros de la conciencia de los ofensores, sin embargo, debemos tratar de no dejarlos dañados en el proceso.

No hay lugar mejor para adquirir estas habilidades que el lugar donde nos ganamos la vida. Muchas personas son alérgicas a su trabajo. Aburridas hasta el punto de la distracción, se manejan por lo general en piloto automático durante ocho horas al día. Al sentir que han cambiado su libertad y su potencial por dinero, algunos individuos buscarán hacer el juego divertido jugando y atormentando a sus colaboradores. El ambiente laboral promedio se convierte así en un campo donde se cosecha la sutil falta de respeto y el juego.

La mecánica del enfado

Mientras mayor tiempo pasemos con cualquier persona, particularmente aquellos con quienes tenemos muy poco en común, mayor será su tendencia a irritarnos. Somos incapaces de ver que lo que más nos irrita de otras personas es *su comportamiento mecánico*. Y lo que hay en nosotros y que es exactamente lo que se esconde detrás de eso, lo que irrita a los demás —nuestro comportamiento inculcado, autómata y guiado por los hábitos. Los atrincherados amaneramientos nos recuerdan, de una manera subliminal, que también nosotros somos criaturas de hábito. A veces nosotros mismos actuamos mecánicamente, pasando de una cosa a otra en un ofuscamiento que no se encuentra presente ni en nosotros mismos ni en el momento actual. Nadie desea sentirse como un autómata, de modo que tendemos a evitar o despreciar cualquier cosa o a cualquiera que nos recuerde que, algunas veces, pasamos por la vida como sonámbulos. El modo automático de hablar, comer o caminar de alguien más, incluso hasta el sonido de su respiración, puede convertirse en una fuente de irritabilidad. Si esa persona es alguien con quien normalmente no elegiríamos pasar algún tiempo, podría volvernos locos.

Nuestra capacidad de tolerancia puede agotarse tanto en el trabajo que, para cuando llegamos a casa, aquellos con quienes vivimos pueden enfadarnos aún más. Yo pude observar esto claramente cuando visité a dos mujeres profesionistas que comparten una casa más bien por cuestiones financieras que por amistad.

Patty, Vicki y la mezcla de la irritabilidad

Cuando una tarde me detuve para hacer una visita, Patty estaba sentada a la mesa comiendo una ensalada, devorando tallos de apio, nueces y papas con sonoros ruidos de masticación. Vicki se encontraba recostada sobre el sillón, con sus dedos en sus oídos, tratando de leer. Ocasionalmente, giraba los ojos hacia el cielo como si le pidiera a Dios que le diera fortaleza. Todo el tiempo, Patty masticaba con alegre despreocupación. Lo que Vicki no veía era que sus reacciones hacia los hábitos alimenticios de su compañera de casa eran tan mecánicas como la manera de masticar de Patty. Patty detestaba la confrontación. Durante dos años nunca se había molestado en decirle a Vicki cuánto le molestaban las marcas negras que sus zapatos de tacón dejaban sobre el piso de mosaico de la cocina.

Finalmente, la tapa de la olla de presión salió volando. Patty y Vicki habían mantenido una flama baja durante un tiempo. Pero cuando volví a verlas unos meses después, se encontraban de nuevo encerradas en sus cajas de enfado, aunque habían pasado a una nueva serie de irritaciones. Parece que los viejos hábitos nunca mueren. Simplemente se transforman en diversos temas de las jaspeadas distracciones de la incompatibilidad humana.

Sacándole provecho al factor irritabilidad

Es fácil ser irritado por los demás. El ser capaces de ver que también podemos estar irritando a alguien más requiere de una especial honestidad. ¡Muchos de nosotros probablemente nos ofenderíamos al pensar que una persona que nos enfada se pudiese atrever a pensar que nosotros mismos somos molestos! El aprender a tolerar a los demás puede ser utilizado para cultivar la compasión. Pero nosotros debemos ser capaces de diferenciar claramente entre la automatización de los hábitos molestos y la *rudeza intencional*. El modo de masticar el apio por parte de Patty y otros molestos factores, eran mecanismos habituales no intencionados. El intento inconsciente de herir a otra persona motiva tales acciones. Por otro lado, la persona que hace comentarios crueles y mordaces tiene toda la intención de violar tu espacio. En el primero de los casos, se debe disculpar; en el segundo, se requiere de una acción para evitar otras manifestaciones de comportamiento inapropiado hacia nosotros. Uno de los actuales problemas es que, a través de la televisión y de las películas, las personas se están instruyendo sobre cómo ridiculizar a los demás. Nuestros medios han tenido gran éxito y hasta celebran el arte de la humillación como si fuese una virtud.

La era de la descortesía

Muchos programas cómicos en la televisión se enfocan en cómo se irritan las personas entre sí. El humorismo consiste generalmente en la expresión de agudas observaciones que humillan a alguien al señalar lo estúpido y molesto que es. Si bien la televisión refleja la vida popular y viceversa, tenemos en este tipo de "entretenimiento" un espejo que refleja cómo se mal comportan las personas entre sí. Ya sea que se produzca en casa o en el trabajo, la familiaridad excesiva es la tierra donde se cosecha el desprecio. La rudeza se ha convertido en una creciente enfermedad social, sintomática de una era en la que abunda la descortesía y los malos modales. Hacer cambiar al monstruo colectivo de la descortesía social es una tarea Hercúlea que quizás no se lleve a cabo en un futuro próximo. Sin embargo, eso no significa que tú y yo tengamos que someternos a los actuales y vulgares vientos populistas y ser sacados del camino. Adquirir la voluntad y la conciencia para ir en contra de las engañosas tendencias masivas, puede convertir a los hombres y mujeres ordinarios en gigantes espirituales.

La continua aplicación de los métodos que estás leyendo en este libro te colocará por encima de la común mezquindad de nuestros tiempos. Conforme absorbas e implementes estas ideas y técnicas, exigirás respeto de manera automática, incluso en el lugar de trabajo. Los jefes y los colaboradores abandonarán las actitudes abusivas que estaban acostumbrados a dirigir hacia ti. A través del ejemplo de tu respuesta sutilmente poderosa, serena pero determinada, los estarás enseñando a ser respetuosos contigo y con los demás. A través del ejemplo del buen comportamiento estarás demostrando también a todos en tu trabajo que el cambio es posible. Estarás encarnando a la energía de la interacción ilustrada a través de tu propia presencia y de tus propias acciones.

La incorrecta familiaridad ocasiona la falta de respeto

Por favor memoriza esta frase: *Incorrecta familiaridad*. Ofrecer cortesía y respeto a los demás debería significar implícitamente que no estamos dispuestos a aceptar nada menos que la absoluta cortesía de su parte. Ser incorrectamente familiar es violar los derechos humanos de alguien más. Humillar a otra persona, insinuar por medio de palabras o de una mirada que él o ella son inferiores a ti, es algo despreciable. *Permitirle* a alguien hacer lo mismo contigo es casi tan malo. Al permitirlo, estarás alentando y perpetuando el abuso.

Ejercicio de estimulación: haz una lista donde menciones algunos nombres

Ya que solemos expulsar de nuestra mente consciente los malos recuerdos, sería en realidad una buena idea hacer una lista de las personas que alguna vez fueron abusivas verbalmente contigo. Tienes que estar seguro y tomar en cuenta a aquellos que te humillaron de manera sutil o haciendo "bromas pesadas". Elige un ejemplo en el cual una de las personas de tu lista te dijo algo ofensivo y tú no pudiste expresar tus sentimientos en ese momento. Anota lo que esa persona dijo. Analízalo por unos momentos, después cierra tus ojos y recrea la escena en tu mente.

Después, dales permiso a tu ingenio y a tu inteligencia para buscar la respuesta perfecta, las maravillosas palabras que tú deberías haber dicho pero no dijiste. Entonces, anótala. Obsérvala cuidadosamente y ve si contiene las palabras "venganza" o "tú", o alguna sutil humillación que dañe a la otra persona.

Evita las afirmaciones que contengan la palabra "tú"

La palabra "tú" es una pesada afirmación, una palabra cargada de tensión en una oración que le dice a alguien *eres esto o aquello*. Un exagerado ejemplo sería algo como: "*Eres* un perdedor. *Te* presto mi auto y siempre lo *devuelves* con poca gasolina. Me *vuelves* loca.

En esa afirmación, los cuatro acentuados usos de la palabra *tú* probablemente causarán que aquel que las recibe salte por los aires tan pronto como las pronuncias. Entonces aquel que las recibe contestará de la misma manera. Existen otras formas sutiles de avergonzar y de culpar que no utilizan en realidad la palabra "tú". Una mirada de desprecio o un tono de voz podrían señalar que alguien es un perdedor. Cuando nos encontramos en el extremo receptor de este tipo de afirmaciones cargadas, no queremos comportarnos como un perpetrador.

Quizás lo que queremos es ser mejores y llevar a esa persona a un nivel superior de expresión y de mutuo respeto.

Examina cuidadosamente la afirmación que acabas de escribir. Quizás tengas que pulirla un poco, sin embargo sabrás cuando lo hayas logrado. Sentirás un clic interior, como si hubieras metido la bola directamente al hoyo.

Cuando tengas la frase adecuada, intenta leerla en voz alta. Si tu voz suena débil y aguda, temblorosa e insegura tan sólo al pensar en hablar en voz alta, ve y ponte de pie en mitad del cuarto de baño, en donde el eco hará que te escuches mejor. Mírate al espejo y repite la frase para ti mismo. Intenta decírsela a tu ojo de la esencia. Después cambia y dísela a tu ojo de la personalidad.

A continuación, deja a un lado tu afirmación, cierra ambos ojos y concéntrate. Enfoca tu atención en tus pies. Siente cómo se afianzan en el piso. Después *percibe y siente* tus manos, tus brazos y tus piernas. Intenta llenarlos de energía poniendo tu mente en ellos. Finalmente, cae mentalmente sobre tu estómago y siente el poder que se acumula por detrás de tu ombligo.

Después de uno o dos segundos, abre tus ojos y menciona para ti mismo ante el espejo *una aproximación de tu frase*. No deseas desconcentrarte tratando de recordar las palabras exactas que has escrito. Confía en que tu mente y tu intuición improvisarán la expresión perfecta, basándose en lo que has escrito pero expresada de una manera más fresca.

Después respira profundamente y *mientras exhalas*, abre tus ojos y pronuncia la frase ante tu imagen en el espejo, como si estuvieses hablando a tu Némesis, a aquel que te insultó. Asegúrate de que no haya pasión en tu voz, que no haya enojo o alguna señal de desafío personal. Si inyectas veneno o expresas algún deseo personal de herir a la otra persona, habrás perdido. Sin embargo, esto no significa que tienes que ser pasivo o que debes actuar de una manera servil. Simplemente sé consciente de tu cuerpo y habla desde ahí y no desde tu cabeza.

Resulta divertido intentar diferentes estilos de actuación y experimentar con diversos grados de aserción mientras hablas. Con unos cuantos minutos de práctica y de modificaciones a tu frase, te sorprenderás de cómo te estarás expresando. Será de una manera en que establezcas claramente que eres una fuerza con la que nadie puede jugar. Viéndote al espejo sentirás a tu alrededor un aire que confirmará que no aceptarás ninguna inadecuada expresión de familiaridad hacia la santidad de tu alma. Practica mantener este estado de positivismo sobre una base continua, y apartarás fácilmente y de manera natural la negatividad que sea lanzada contra ti.

Respirando y hablando de manera enérgica

Siempre que hables con alguien, adquiere el hábito de tomar aire y hablar después como si *exhalaras* por tu boca. En una ocasión, le pedí a uno de mis alumnos de oratoria en público que inhalara una buena cantidad de aire y comenzara a hablar. Respiró profundamente y después lo exhaló por completo ¡y comenzó a hablar sin aire en su cuerpo! Este es un fenómeno muy común. Observa hablar a las personas que te rodean y nota cuántas veces exhalan antes de hablar. No cabe duda de por qué sus palabras no tienen ningún efecto sobre las personas. Se quedan sin aliento desde el momento en que abren su boca. Puedes utilizar su defecto para recordarte no duplicarlo en tu propia vida.

Recuerda la historia de la víbora que no siseaba. No temas expresarte a la fuerza cuando sea necesario. ¿Y recuerdas a Kimberly? Ella le dijo al mesero que, si seguía comportándose de manera descortés, haría despertar en ella algo que le parecería muy desagradable. Hizo una afirmación casi perfecta. Aunque implica algunas consecuencias, coloca la responsabilidad de causarlas en manos de otra persona.

Es una exigencia personal de respeto y una invitación hacia la otra persona para que demuestre madurez, comportamiento responsable y una interacción más ilustrada contigo.

Buscar la expresión adecuada de autonomía y de certeza puede parecer algo temible de hacer en una situación laboral. Después de todo, tu trabajo podría estar en riesgo si ofendes a un superior. Pero si no llevas las cosas hasta el extremo, debe haber algo en ti que señale claramente que esperas ser tratado con respeto por los demás. Habla claramente, pero no levantes la voz. Habla con la verdad, *tal como tú la ves*, mas *no* como si fuese una suposición universal que sólo un idiota dejaría de ver. Mantén en todo momento un aura de callada pero poderosa inviolabilidad, no sólo al enfrentarte a las dificultades. De manera gradual podremos aprender a sentirnos relajados y engrandecidos, listos a decir y hacer lo que el Yo Soy requiere de nosotros por nuestro mayor bien mientras pasamos el día.

Mientras más practiques estas cualidades, más construirás alrededor de ti un campo de energía que hablará más alto que tus palabras. Tu mensaje invisible será parecido a este:

Soy una persona de gran integridad. Mi deseo genuino es tratarte con respeto y que me honres con lo mismo. Si intentas tratarme mal, miraré brevemente y de tal manera hacia tu ojo de la personalidad, que subconscientemente sabrás que puedo ver que careces de integridad.

Después miraré hacia tu ojo de la esencia y te invitaré a que armonices conmigo y con nuestro bien compartido. Si no te conectas conmigo en ese nivel, entonces serás tú quien sufra y no yo, sin que yo lo haya causado. Simplemente te apartarás tú mismo de la influencia benéfica que podrías obtener al tenerme a mí y a mis dones espirituales como una fuerza positiva en tu vida.

Me gusta pensar en mí como una persona socialmente generosa. Cuando comencé por primera vez a implementar socialmente estas técnicas, aún solía brindarles a las personas el beneficio de la duda. Si no hubiese estado seguro de que alguien estaba intentando humillarme, lo hubiese dejado por la paz, pensando que quizás no había escuchado bien o que era algo paranoico. Sin embargo, conforme mis habilidades aumentaron, me convertí en un detector infalible de las formas sutiles del comportamiento violento. Mi radar interior ahora se ha vuelto muy agudo. Puedo percibir, aun sin ver directamente a la persona, cuando alguien está a punto de cruzar las líneas de la cortesía y del buen comportamiento y pasar a la excesiva familiaridad y a la falta de respeto. Mi práctica se ha vuelto tan desarrollada, que una vez que he percibido que las personas están a punto de intentar algo, si volteo y observo su ojo de la personalidad, por lo general se tranquilizan y se retiran de inmediato.

¡*El conocimiento es poder*! Cuando las personas están a punto de comportarse de una manera inconsciente y *lo sabes*, míralas de tal modo que *les* hagas saber que *sabes* lo que están a punto de hacer o de decir. De esta manera, estarán en desventaja. Incluso en algunas situaciones difíciles hasta he dicho: "*No lo intentes. Sé lo que estás pensando antes de hacerlo y no te gustarán las consecuencias*".

Muchos de nosotros solemos desviar nuestra mirada cuando alguien está actuando sin integridad con lo que podríamos llamar su individualidad superior. Es casi como si nuestras almas detestaran observar un comportamiento ofensivo. Sin embargo, nuestro desconocimiento le muestra al egoísta que *él* tiene el poder. Pensará que te ha vencido y que ahora posee la mano más alta. Cuando mires a alguien, míralo en realidad. ¡Obsérvalo! No temas mirar directamente a los ojos de un provocador, incluso en el trabajo. Pero si se trata del jefe, asegúrate de sonreír cuando lo hagas.

7. Tratar con los vampiros de energía

En el escenario de la vida con Carl Gustav Jung

Psique significa alma y el aspecto psicológico del desarrollo espiritual es primordial para nuestro *entendimiento sociológico y nuestra capacidad de actuar desde un punto de integridad.* Ser íntegro significa que somos capaces de aceptar y manejar las diversas contradicciones de nuestra naturaleza. Y hacerlo de tal manera, que los más potenciales provocadores no interfieran con nuestras vidas en contra de nuestra voluntad.

Si bien no puedo afirmar que soy algo más que un leído psicólogo, he tenido una rara conexión personal con uno de los fundadores de la visionaria psicología moderna. Desde 1995 hasta el año 2002 representé a Carl Gustav Jung y a otros veinte personajes en *Forever Jung*, un espectáculo autobiográfico basado en la vida del primer psicólogo suizo. Ofrecí más de doscientas cincuenta representaciones en teatros, universidades e iglesias en los E.U., Canadá y la Gran Bretaña. Dichas presentaciones solían ser organizadas por sociedades dedicadas a llevar el pensamiento Jungiano al público en general. Representar a Jung es como representar a Lincoln o a Jesús. Todos tienen una idea de cómo debería ser. Lo representé tal y como aparecía ante mí e incluso obtuve por mi interpretación un prestigioso reconocimiento como "mejor actor" en la ciudad de Nueva York. Una cosa sí puedo decir con certeza: No puedes caminar en los zapatos de alguien como él durante siete años y no impregnarte de él. ¡Aprendí cosas acerca de Carl Gustav Jung *convirtiéndome en él!*

La luz de la sombra

Una de las grandes contribuciones de Jung fue el reconocimiento de la *sombra* —el lado oscuro, reprimido e inconsciente de la naturaleza humana—. Al sufrir él mismo una grave crisis mental, Jung fue capaz de identificarse con y dibujar una imagen de su propia sombra —un pequeño hombre oscuro agazapado en el rincón de una habitación a cuadros—. Aceptando la responsabilidad de lo que podía ver y reconocer como su propio lado oscuro, fue capaz de reconciliarse con él y de integrarlo a su conciencia. Así, se liberó de la oscuridad de sus propias temibles proyecciones. De esto surgió su famosa afirmación: "Uno no se vuelve consciente al imaginar figuras de luz sino haciendo consciente a la oscuridad".

¿Pero cómo *nos* enfrentamos a la sombra cuando la encontramos en las personas con quienes debemos interactuar cada día? Una cosa es integrar nuestra propia sombra. En todo el mundo, sin embargo, *la sombra colectiva* de la raza humana no ha sido integrada y, por lo tanto, se encuentra a la deriva. De hecho, se ha vuelto tan poderosa, que ahora tiene la fuerza para destruir el planeta en que vivimos. Los individuos que están llenos de negatividad, cuya conversación gravita constantemente hacia cosas mórbidas y nos desgasta, pueden ser personas que se encuentran inconscientemente alineadas con y poseídas por la sombra colectiva. Quizás sean las personas más difíciles de tratar: ¡Podrían ser *vampiros de energía*!

Muchos de nosotros hemos vivido la experiencia de encontrarnos con alguien que se siente como un hoyo negro en el espacio. Este tipo de individuo emite poca o ninguna luz. Al pararnos frente a una persona así, sientes como si tu energía vital estuviera siendo absorbida por un vacío psicológico o emocional. Mientras hablas con esta persona, un sentimiento de inquietud recorre tu ser. ¡Te sientes poseído por la necesidad de alejarte antes de que él o ella te atrapen!

Estas son las señales y los síntomas que te indican que estás tratando con un vampiro de energía —alguien que se especializa en robar la energía vital de otras personas—. En ese caso, sigue tus instintos y aléjate de esa persona lo más pronto posible. Yo me he dado la media vuelta y he salido de la habitación, dejando a un vampiro de energía escupiendo palabras al aire. Y lo haría nuevamente. No estamos obligados a permitir que *nadie* nos absorba nuestra energía vital, especialmente aquellos que son adictos a crear deliberadamente las situaciones de las cuales poder alimentarse.

No todos los vampiros de energía son tan fácilmente reconocibles como los del tipo que acabo de describir. Existen menores y mayores grados de adicción y los diferentes tipos de vampiros utilizan diferentes maneras de seducirte para que renuncies voluntariamente a tu poder. Existen muchos tipos de ataque de vampiro que van desde los moderados a los severos. ¿Quizás trabajas con alguien que tiene una conversación negativa y que trata constantemente de enfrascarte en conversaciones debilitantes? ¿Qué pasa con el "tomador de rehenes" —aquel que te coloca contra un rincón verbal en donde no puedes encontrar las palabras de reposo y entonces te obliga a que escuches todo acerca de él o ella?

Quizás haya alguien en tu familia —un padre, un pariente político, un conocido, que parece complacido en ser una fuente de irritación y enojo. Estas personas poseen una cosa en común. Desean *ponerte* en pausa y obligarte a ponerles atención mientras te absorben la vida. Entonces, ya sea que el grado de absorción sea sutil o severo, cuando trates con un vampiro de energía recuerda que éste es alguien que adquiere la energía vital robándola de otras personas. ¡En este capítulo exploraremos las técnicas libres de ajo y de estacas para lograr que este tipo de vampiros dejen de ocuparse de nosotros!

Una experiencia gótica en el sur

En 1998, mientras viajaba a los E.U. con *Forever Jung*, estaba programado para hacer una representación en una Iglesia del Nuevo Pensamiento en el Sur. Como era mi costumbre cuando presentaba la obra en una iglesia, contrario a un teatro o una universidad, ofrecía un "avance" de tres minutos en el servicio dominical antes del evento. La iglesia contaba con un ambiente cálido y amigable y la pequeña escena donde Jung le propone matrimonio a Emma, la mujer que se convertiría en su esposa, transcurrió muy bien.

Después del servicio, mientras la gente salía al vestíbulo para comprar los boletos, la Rev. Lisa, la ministro, me invitó a almorzar con ella. De inmediato acepté, sin embargo ella me pidió si podía esperarla durante media hora ya que debía reunirse con un miembro de la iglesia. Accedí gustoso y Lisa entró a su oficina con una de sus feligresas, una mujer elegantemente vestida y que rondaba los cincuenta años. Nadie hubiese sospechado por la apariencia exterior de esta persona, que la Rev. Lisa estaría tratando con un vampiro de energía disfrazado de una "dama de iglesia".

Cuando ambas salieron de su reunión casi una hora después, el rostro de Lisa estaba pálido como las cenizas. Y noté que temblaba ligeramente. Salimos juntos de la iglesia y nos subimos a su auto. Pero en lugar de arrancar el motor, Lisa solamente se sentó mirando fijamente por la ventana a los árboles que se encontraban al margen del estacionamiento.

—¿Ocurre algo malo? —me aventuré a preguntar sin tratar de escudriñarla, pero teniendo la sensación de que necesitaba hablar.

—Lo siento —contestó, sonriendo ligeramente y moviendo la cabeza como si tratara de despejarla de un desagradable choque—. Es esa mujer. Sé que no debía haberla dejado atraparme, pero simplemente me absorbe la vida. Tiene un poder maligno y constantemente negativo. Siempre surge algún drama en la iglesia que ella ocasiona. Revuelve las cosas de forma deliberada y cuando todos se encuentran en el aire...

Lisa hizo una pausa, conteniendo las lágrimas.

—Bueno... es como si le gustara. Veo esta oscura mirada en su cara, como si obtuviese el poder siendo la instigadora de las fricciones entre las personas.

—¿La has exhortado a que deje de hacerlo? —le pregunté con tiento.

—No sé cómo manejarla —contestó Lisa—. Es muy astuta. Tiene una manera de negar su propia responsabilidad, que hace parecer como si el problema sólo existiera en *tu* cabeza y que ella no tiene nada qué ver. Y lo peor de todo es que siempre dice que el *amor* es la respuesta y que ella es una persona que se *enfoca en el corazón*.

Le dije a Lisa que tenía algunas herramientas y técnicas especiales que le podrían ayudar a sacar provecho de la situación. Durante el almuerzo compartí con ella algunas de las técnicas con las que yo trabajo. Pronto las iba a necesitar yo mismo. Estaba a punto de tener mi propio encuentro con la fuente de frustración de la Rev. Lisa.

El vampiro me ataca

Forever Jung fue representada el viernes por la noche y fue todo un éxito. A la mañana siguiente, ofrecí en el santuario una clase a la que yo le llamo Aikido Sociológico. Acudieron aproximadamente setenta personas y todo iba marchando bien hasta diez minutos ante de que finalizara. Para entonces, ya había explicado todos los principios incluidos, había trazado algunos diagramas que ilustraban el diferencial ojo-a-ojo y había formado parejas para llevar a cabo ejercicios experimentales. Entonces me percaté de una mano que se agitaba en el aire casi al fondo de la sala. Era la hora de las preguntas y las respuestas, de modo que admití la pregunta y fue la Némesis de la Rev.

Lisa quien se puso de pie. Tan pronto como vi de quién se trataba, de inmediato comencé a hacerme consciente de mis pies, mis brazos y mis piernas.

—Todo eso está muy bien —comenzó con un aire cansado y arrogante—. Pero aquí en nuestra iglesia nosotros creemos en el *amor*. Nosotros no vemos más que lo mejor de las personas. Así que no necesitamos su sistema de defensa espiritual.

Nótese la estructura de este ataque verbal: "Todo eso está muy bien", dicho en un tono de voz soberbio, implica que el contenido del taller en realidad *no* está bien del todo. Estaba diciendo que lo que se está presentando es, de hecho, de poca importancia *si* uno sabe lo que ella sabe. "Creemos en el amor" la coloca a ella y a su alter ego —la iglesia y sus miembros— como defensores de un patrón indiscutible de espiritualidad. Cómo puede uno discutir con el amor, el pináculo de la bondad. La palabra "nosotros" en la frase "Nosotros no vemos más que lo mejor de las personas" efectivamente me excluye a mí, mientras hace notar que yo carezco de amor. De modo que no requieren de mí ni de mi "sistema de defensa", muchas gracias.

Observé los rostros en la sala, los cuales se habían iluminado con apreciación e interés por lo que habían aprendido. Ahora me veían a mí con una mezcla de aprehensión y curiosidad. ¿Cómo manejaría esta situación de afrenta? ¿Podría poner en práctica lo que les había estado enseñando toda la mañana? Necesitaban saber si podía hacer lo que decía en relación con ella. Mientras percibía y sentía mis brazos y piernas, creé deliberadamente una atmósfera de prolongada expectación en la sala. Cuando el silencio estaba prácticamente gritando, dije:

El amor es sin duda la fuerza más poderosa del mundo. Sin embargo, muchos crímenes se han cometido en su nombre. Uno de los desafíos más grandes a los que nos enfrentamos como seres humanos es el no mentirnos a nosotros mismos acerca de nuestros motivos. Quizás nos deleitemos en crear imágenes de nosotros mismos como personas buenas, amables y amorosas. Sin embargo, también debemos ser capa-

ces de ver que nosotros mismos, como todo lo que ha sido creado, poseemos o estamos poseídos por un lado oscuro. A menos que aceptemos y tomemos la responsabilidad de esta sombra en nuestro interior, podríamos convertirnos en sus instrumentos inconscientes. Si no nos damos cuenta de lo que estamos haciendo, podríamos hacer sufrir a otras personas, mientras les imponemos las imágenes imaginarias de nuestra propia bondad.

—¿Qué hay de malo con la bondad? —me interrumpió de mala manera—. Yo soy una buena persona. Jesús nos ordenó ser perfectos, como nuestro padre celestial, y eso es lo que me interesa.

Al decir esto, toda la sala tembló. Algunas personas se observaron entre sí y la observaron a ella, como si quisieran formar una turba de linchamiento. Obviamente ya habían escuchado esto antes. Yo respondí:

Según recuerdo, cuando los discípulos alabaron a Dios por ser bueno y virtuoso, él dijo: "¿Por qué me consideran bueno? No existe nadie bueno excepto el Padre". Claro que eres una buena persona. Todos somos básicamente personas buenas. Pero si tú eres como yo, también tú posees inconsistencias humanas, juicios equivocados y no siempre tratas a los demás tan bien como quisiéramos. En cuanto a mí mismo, sé que bajo ciertas formas de provocación podría resentir ser provocado y comportarme de mala manera. Entonces, utilizo estas herramientas y estas técnicas para dominar mis reacciones, de modo que no pueda dañar a otras personas o a mí mismo. En vez de dejarme seducir por las imágenes creadas por mí y que muestran lo bueno y amoroso que creo ser, acepto la responsabilidad por los aspectos luminosos y oscuros de mi naturaleza humana. Entonces trato de ofrecerme a la Inteligencia Suprema como un instrumento razonablemente equilibrado para que Ésta haga fluir a través de mí una bondad total, si así Lo decide.

—Todo eso es muy poético —dijo, torciendo su boca y mirándome desde el otro extremo de la sala con intenso desagrado.

—Sí, supongo que sí —contesté—. La verdad posee cierto timbre poético.

Las personas en la sala estallaron en aplausos apreciativos. Aparentemente, mis palabras sonaron con la verdad ya que este comentario izó sus velas. Ella se sentó a meditar en eso, malhumorada. El sentimiento de aprehensión que otros habían estado sintiendo durante la fase inicial de la confrontación, se había disuelto y todos en la sala se encontraban relajados y me sonreían. No me había olvidado de ellos mientras me enfrentaba a mi antagonista. En realidad me había estado dirigiendo a *ellos* aun y cuando había estado enfocando mi atención en las palabras agresivas que provenían del atacante verbal al otro extremo de la sala.

Instruyendo de manera indirecta

Esta técnica podría ser categorizada como una *instrucción indirecta*: hacer un comentario que podría beneficiar a otros, mientras diriges tus palabras a alguien que podría, de hecho, ser una causa perdida. En una situación así, aquellos que son receptivos pueden captar algo útil al observar el intercambio. Tan pronto como mi "amorosa" retadora habló, supe por su lenguaje corporal y su tono de voz que no podría cambiar su rígida perspectiva. Pero sí fui capaz de utilizar el tiempo y la energía requeridos para responderle, para plantar semillas de pensamiento en las mentes más receptivas. Asimismo, al ilustrarme con una conciencia de mis brazos, piernas y cuerpo a lo largo de la circunstancia, pude crear en mi cuerpo una energía y enviar su sobreflujo a otros en la sala.

Un afectuoso final

Después que todos su hubieron retirado, la Rev. Lisa y yo estábamos cerrando la iglesia cuando volteó hacia mí y dijo:

—¿Sabes?, esto ha sido realmente útil para mí, especialmente al ver la manera en que *la* manejaste. Está obviamente atrapada en su cabeza como para poder ver más allá de su egoísmo. Sin embargo, creo que podré manejarla a partir de hoy, utilizando las herramientas que nos has entregado hoy.

—Lisa —contesté, viendo profundamente su ojo de la esencia—, sé que no sólo *puedes* hacerlo sino que lo *harás*. Una de las formas supremas de amor es saber lo suficiente para hacer lo que sea necesario para ayudar a otras personas, incluso si éstas no saben que necesitan de nuestra ayuda y que se resisten a nosotros de manera activa. Ella no es tu enemiga ni la mía. De manera extraña, es una aliada. Si no hubiese creado problemas y fricciones, no hubiésemos tenido que desviarnos del camino para buscar la oculta fortaleza dentro de nosotros.

—Quizás es por eso que Jesús nos pidió bendecir a todos aquellos que nos ofenden y hacer el bien a quien por desprecio nos utiliza —dijo Lisa de manera pensativa—. Quizás al hacerlo, nos estaremos bendiciendo a nosotros mismos.

—Eres fabulosa, Lisa —dije, mientras nos dábamos un abrazo de despedida—. Ahora lo has entendido realmente.

Nos habíamos beneficiado al conocernos y al sacar ventaja de nuestra neutralización sin ajos de la influencia destructora de un vampiro de energía.

La lista del vampiro de energía

No creo que alguien se levante una mañana y diga: "hoy seré un vampiro de energía y desangraré a todo aquel que me encuentre". Sin embargo, a través del lenguaje corporal, del tono de la voz, de una mirada en los ojos, incluso de una manera de caminar, algunas personas *pueden* sangrar a todos aquellos que se encuentran y que son susceptibles a su influencia negativa. Demos un vistazo más de cerca a los diferentes tipos de vampiro de energía. Con un poco de presciencia, podemos distinguir más fácilmente a aquellos que buscan un almuerzo gratuito y asegurarnos de no estar en el menú.

Existen dos principales tipos de vampiro de energía: El *pasivo* y el *activo*. Los vampiros de energía pasivos no disfrutan ni recurren, por lo general, a la actual confrontación. Se colocan a tu lado de una manera que no puedes atraparlos. Esto les funciona bien porque si los acusaras de tratar de sangrarte deliberadamente, ellos lo negarían y probablemente te acusarían de ser un paranoico. Este tipo de vampiro no posee un ego *evidente*. Es más probable que sufran de una baja autoestima, lo cual sigue siendo egoísmo y amor por sí mismo, pero de un modo negativo. Como le temen a la directa confrontación, estos individuos generalmente se apoyan en una aproximación *pasivo-agresiva*.

Características de un vampiro de energía pasivo

Ojos pesados que no hacen contacto
A menudo su voz tiene un tono quejumbroso
Le gusta hablar de los demás
Le encuentra faltas a todos y a todo
La mayoría de sus expresiones contienen una negación
Piensa que la vida es injusta
Posee una conciencia de víctima
Habla insistentemente de los pasados traumas
Se siente engañado por otros
Suspira pesadamente para que otros lo escuchen
Se queja todo el tiempo
Se deja caer pesadamente en un asiento
Camina de una manera inanimada
Es adicto a la tristeza

Características de un vampiro de energía activo

El segundo tipo de vampiro es más fácil de ser visto porque les *agrada y disfrutan* de la sensación de poder que surge al dominar las situaciones sociales. Los vampiros de energía activos pueden ser ruidosos, ofensivos y evidentes. Al mismo tiempo, se las pueden ingeniar para ser tan astutos y manipuladores como los del tipo pasivo-agresivo. En cualquier caso, su intención es controlar a los demás, de una u otra forma. Puedes reconocerlos cuando:

Toman una actitud agresiva al conocerte
Necesitan tener la última palabra
Quieren tener siempre la razón
Te dicen constantemente cómo hacer las cosas
Buscan los momentos en que te sientes inseguro y efectúan juegos de poder con esa incertidumbre
Tratan de meterte una zancadilla durante una conversación y de hacerte ver como un estúpido
Hacen bromas a costa tuya con un margen personal
Hacen comentarios sarcásticos y puntillosos
Cuentan historias sucias
Disfrutan haciéndote sentir incómodo
Les gusta ver a la gente retorcerse
Se sonríen como si fueses inferior
Hablan con otros en una habitación como si no estuvieses presente
Utilizan cualquier autoridad sobre ti en el trabajo para intimidarte
Hablan de sí mismos todo el tiempo
No responden al contacto con el ojo de la esencia
Consideran la amabilidad como un signo de debilidad

Los vampiros de energía se especializan en desconectar a las personas de su sentido de individualidad. Si nos sucede esto, es una catástrofe psicológica ya que la pérdida temporal de la identidad nos sangra mental, física y emocionalmente. Dado el paso apresurado de la vida moderna, ¿quién puede darse el lujo de estar lejos del asiento del conductor por más de unos segundos? Cuando estamos desposeídos de nosotros mismos, no hay nadie en casa para recibir el bien que la vida nos ofrece. Tener un corto circuito interno es encontrarse en un estado de caos. Cuando en nuestro interior surge el caos, el mundo que nos rodea comienza de inmediato a reflejarlo como una serie externa de eventos caóticos. Muchos de nosotros hemos sentido que la vida conspira contra nosotros o algunas veces en que parece que nada sale bien. Y mientras más reaccionamos y más perturbados nos sentimos internamente, más ridículos aparecemos ante nosotros mismos y ante los demás. Los vampiros de energía saben esto y se deleitan en colocarnos en un estado en que nuestro enojo, ocasionado por ellos, hace que nosotros nos veamos como unos tontos y a ellos los hace sentir temporalmente poderosos. El hecho de ser capaces de manipular nuestras reacciones y hacernos actuar a partir de la disfunción, resulta energizante para los vampiros de energía.

Un ego que se encuentra en el estado ilusorio de la desconexión del alma se deleita al colocar a las personas en el mismo estado de ilusión. El vampiro de energía *desea* desconectarte de la emoción que causa el poder, el ímpetu que surge al hacerte revelar tus debilidades humanas. Es como si él o ella estuviesen diciendo de manera muy sutil: "Mira... después de todo, tú no eres un alma. Sólo eres un pedazo de carne viva. Como yo tengo poder sobre ti, yo debo ser mejor o más importante que tú".

Al final, sin embargo, el karma que se origina al imponer en otros cualquier forma de comportamiento abusivo, exigirá un ajuste de cuentas.

El abuso de poder se devora al futuro

En la película clásica de Orson Welles, *A Touch of Evil*, el Capitán Quinlan, un cruel y sombrío detective policíaco (interpretado por Welles) acude a ver a una psíquica, interpretada por Marlene Dietrich.

—Dime mi destino —le pide Quinlan, mientras se deja caer pesadamente y agotado frente a ella.

La gitana baraja algunas cartas y dice:

—No tienes ninguno. Tu futuro ha sido consumido por completo.

Los vampiros de energía pueden parecer poderosos en el momento, cuando parece que tienen el control de la situación y llevan a cabo sus juegos. Sin embargo, el poder que utilizan es prestado. Con mayor exactitud, lo están robando de sí mismos. Cada vez que actúan de una manera desmedida, están realmente *consumiendo su futuro*. Trata de recordar esto cada vez que sientas que te estás debilitando frente a su negatividad. En realidad funciona repetir mentalmente: *"Esta persona es un vampiro de energía y los vampiros de energía consumen su futuro"*.

Cuando realmente observas la debilidad que se esconde detrás de su fachada de autoexaltación, de su falta de amor propio y de su sentido de vacío personal, este tipo de individuo no tendrá poder sobre ti. Si tu fuerza vital puede mantenerse fuerte ante ellos y tú logras mantenerte centrado, *sus almas se avergonzarán de ellos* y ellos te dejarán en paz.

No me deprimas

Para obtener la energía de ti, las personas que se encuentran abajo deben hacerte *a ti* bajar a su nivel de negatividad y confusión. Eso se debe a que para que exista una transferencia de energía, las partes implicadas *deben* estar en la misma frecuencia. Cuando tu equilibrio personal siente las fluctuaciones de la incertidumbre en relación con otro ser humano, estás siendo vulnerable al derramamiento de energía. Los vampiros de energía lo saben, si bien de manera inconsciente. Al iniciar una conversación negativa, hacen que las moléculas de *tus* emociones vibren en resonancia con el temor y la inseguridad. Su conciencia caerá hasta su nivel negativo de personalidad. Una vez que te encuentres vibrando en sincronía disfuncional con un vampiro de energía, lo que resta de tu fuerza vital positiva volará hacia él o ella. Esta repentina carencia causará que muchos de tus delicados circuitos de energía en tu cuerpo funcionen de manera desordenada.

En la kinesiología conductual, fundada por el Dr. John Diamond, autor de *Your Body Doesn´t Lie* y de *Life Energy*, este estado se conoce como estar "switcheado". Cuando nuestros circuitos son intercambiados, la fuerza vital que normalmente estaría fluyendo a través de los meridianos de acupuntura del cuerpo en sincronía con la naturaleza, de repente se enloquece. En vez de subir por la espalda, sobre la cabeza y bajar por el frente, puede hacerlo a la inversa, viajando por la parte frontal del cuerpo y bajando por la espalda. Además, se debilita de inmediato la actividad de la glándula timo. En la antigüedad se creía que la función de la glándula timo era conectar el alma con el cuerpo. Cuando la vida nos da un revés, a menudo nos sentimos como si hubiésemos sido expulsados del cuerpo y perdido contacto con la persona que somos en realidad. Nuestras almas y nuestra individualidad se habrán separado.

Tu Chi original o Fuerza Vital

El trabajo del Dr. Diamond tiene fuertes conexiones con las teorías de la acupuntura la cual traza meticulosamente en un diagrama el flujo natural de energía a través del cuerpo humano. Esto se vincula íntimamente con el Taoísmo, una filosofía que tiene sus raíces en la reconciliación de los opuestos. El Taoísmo observa las posibilidades de reconciliación entre el Yin y el Yang en el hombre y la mujer y entre el cielo y la tierra a través del hombre y de la mujer. Se ha cultivado por miles de años un extenso conocimiento acerca del flujo de energía en todas las formas de creación a lo largo del universo, incluso en el estudio de la fuerza vital en el acto de la concepción y en el embrión en desarrollo.

Los taoístas afirman que todas las personas poseen en su interior un almacén especial de energía vital conocido como el *Chi Original*. Ellos creen que este legado, concedido por nuestros padres durante el acto sexual, combina las fuerzas universales, personales y terrenales con el Yin y el Yang de la energía orgásmica. Estas fuerzas surgen con el esperma y el óvulo de nuestros padres mientras se unen y encienden. Al servir como instrumentos para un proceso cosmológicamente fundamentado, nuestros padres entregan también una porción de su energía vital para que tengamos vida.

He visto a algunas personas girar los ojos y sentir rechazo cuando escuchan esto porque tuvieron una mala relación con sus padres. Las cosas deben haber sido tan difíciles durante su infancia, que ni siquiera desean sentir ninguna conexión con aquellos que les ayudaron a tener vida. Sin embargo, la creación de un niño es un acto divino. No importa qué tan disfuncionales puedan ser los seres humanos a un nivel personal, la inteligencia en la semilla sexual existe a un nivel de conciencia más allá del plano humano.

El Chi Original está poderosamente almacenado en el cuerpo del niño en desarrollo en el área que se encuentra detrás del ombligo. Al madurar, podemos perder contacto con esta energía vital y nuestra evolución puede comenzar a desviarse de su potencial más alto. Cuando nos desconectamos de nuestro Chi prenatal, no sabemos quiénes somos. Nos sentimos fuera de contacto con nosotros mismos. Nuestras elecciones de conducta, nuestras habituales actitudes mentales y emocionales, el flujo y reflujo de los sucesos positivos y negativos en nuestras vidas, incluso los alimentos que comemos, consumen o aumentan nuestro legado original de energía vital. Sin embargo, casi al igual que una batería automotriz, el Chi Original puede ser recargado a través de técnicas como las que estás aprendiendo en este libro.

De manera recíproca, éste puede ser absorbido por aquellos que buscan recargar su propia batería descargada en la fuente externa que está más a la mano —¡tú y yo! Cuando las personas poseen un bajo nivel de sentido de conexión con su propio Chi Original, buscarán que los otros carezcan de él. Al desarrollar la conciencia del Yo Soy, automáticamente se recargará la batería de esta fuente prenatal de energía dentro de nosotros.

La crueldad se origina en la pérdida de la conexión con el Chi original

Existe generalmente un sentido de inocencia y de gozo infantil alrededor de las personas que logran estar bien conectadas con su Chi Original. Aquellos que han perdido contacto con esta preciosa parte de sí mismos, a través de pobres elecciones conductuales a menudo ridiculizarán a aquellos que aún tienen intacta esa conexión. Cuando nos encontramos con aquellos que habitualmente hacen comentarios crueles o que humillan y rebajan a los demás, podemos estar seguros de que esos individuos han perdido su inocencia y que tienen muy poca o ninguna conexión con su Chi Original. ¿Qué los motiva? El motivo que se esconde detrás del abuso de la inocencia es el celo. Es el coraje de que otro aún posea lo que el abusador ha tirado por descuido.

Mi madre sufría terribles ataques de este tipo cuando fue a trabajar en el Ministerio de Aviación en Gran Bretaña durante la Segunda Guerra Mundial. No sólo era hermosa, como lo demostraban las fotografías tomadas de ella en ese tiempo, sino que era como un inocente cordero enviado al matadero. Durante una guerra, la necesidad une a muchas personas con antecedentes desiguales. Mientras servía a su país, mi madre se veía rodeada diariamente por individuos crueles y vulgares que se deleitaban contando chistes crueles y narrando espeluznantes cuentos sexuales tan sólo para ofenderla. Ella nunca contestó de la misma manera y mantuvo su postura. Pero cuando estaba sola, derramaba amargas lágrimas por sentirse tan herida y desilusionada. Años después, aún dice: "No sabía que la gente fuera tan cruel". Cuando te enfrentas con personas que parecen desviarse del camino para romper tu sentido de conexión contigo mismo, puede resultar de gran utilidad el recordar que esos individuos quizás perdieron hace mucho tiempo la conexión con su energía prenatal (la inocencia). Quizás sientas compasión por ellos al darte cuenta de esto. Sin embargo, es probable que tu compasión no cambie su modo habitual de expresión negativa, ya que quizás ésta ya se ha impregnado demasiado. La compasión práctica significa que no sientes la necesidad de golpear a la otra persona con la intención de lastimarla o de herirla. Sin embargo, sentirás el deseo de actuar y de mostrar una respuesta adecuada a fin de evitar que te sangren.

La mayoría de los vampiros de energía verán al amor y a la compasión como una debilidad y querrán comerte vivo, tratando así de librarse, *en ti*, de aquello que rechazan de sí mismos, principalmente de *su necesidad de conectarse con otros de una manera amorosa*.

Si te sientes enojado, herido o resentido, ellos habrán ganado. Te habrán puesto en contra de ti mismo y te habrán separado de tu capacidad para sentir emociones positivas. Tu incomodidad personal bajo este tipo de provocación la verán como una evidencia de que estás tan sucio como ellos. Nuevamente, se sentirán poderosos porque fueron capaces de hacerte sentir débil.

Por qué perdemos energía con las personas negativas

Cuando somos atacados verbalmente y nuestra fuerza vital se intercambia de manera no natural dentro de nosotros mismos, la carga positiva que estamos consumiendo hasta el punto de la desconexión, de repente no tiene un punto de referencia. No existe un Yo Soy. La energía en el mundo molecular de las partículas subatómicas siempre busca alinearse alrededor de la fuente coherente más próxima. Así también la energía en un cuerpo humano no enfocado gravitará hacia la fuente externa de fuerza más cercana, *aun y cuando esa fuerza sea negativa*. Para los electrones y los protones, un negativo puede de repente convertirse en un positivo y un positivo en negativo. No conocen la diferencia y no emiten juicios. Simplemente hacen lo que la naturaleza les ha programado hacer. Sin embargo, no están conscientes de que lo están haciendo y, por lo tanto, no tienen elección. Los seres humanos poseen la elección en una esfera mayor de actividad. Tenemos la posibilidad de adquirir dominar nuestras acciones y podemos *elegir* ser positivos o negativos.

La persona negativa que está tratando de adquirir energía de ti, sabe por intuición que para obtenerla, él o ella deben hacerte enojar. Para no reaccionar, debemos saber cómo volvernos no reactivos cuando nos encontremos bajo presión. Podemos hacerlo enfocando toda nuestra atención en cada parte de nuestro ser físico de manera simultánea (manos, pies, brazos, piernas, torso, etc.), a partir del momento en que percibamos el olor de un problema. Este es un arte que requiere de alguna práctica, sin embargo se encuentra al alcance de cualquier persona porque la conciencia corporal es el estado natural de un ser humano *normal*.

Un bebé habita en cada célula de su cuerpo. Siente su conciencia en cada parte de sí mismo de manera simultánea. Si nuestros hijos hoy en día crecieran de manera normal y natural, conservarían esta conexión *percibida y sentida* consigo mismos. Desafortunadamente, la constante sobrecarga de información rápidamente seduce a nuestros jóvenes para que salgan de su cuerpo y los coloca dentro de su cabeza. Muchos adultos no tienen la capacidad de ser conscientes de sus pies, sus piernas, sus manos, su cabeza, su cuerpo y su torso de manera simultánea. Sin embargo, no fuimos diseñados para tener una cabeza que se sienta separada de su cuerpo. O para tener separaciones del frente y la espalda. Y tampoco fuimos diseñados para tener torsos supriores a los que les falta la conexión con nuestro poder sexual y con la mitad inferior de nuestro ser físico.

Estos estados no son naturales. Al hacer esfuerzos conscientes para revertir el sentido de desconexión, en realidad podemos sentir, a veces de manera instantánea, que estamos atrayendo la atención de la naturaleza. Tan pronto como damos pasos hacia la normalización de nosotros mismos, ésta se mueve para ajustar nuestros recursos naturales, de tal manera que su intención original —la plenitud para hombres y mujeres— comienza a manifestarse en nuestras células del cuerpo. Lejos de ser nuestra adversaria, la naturaleza desea que ganemos. Ser "normal" es estar en tono con la naturaleza al estar plenamente conectados con nosotros mismos. Esto nos coloca en una poderosa energía psicológica. Es la dimensión donde los opuestos pueden reconciliarse y manifestarse a través de nosotros de manera tan personal como la cualidad de la *totalidad*.

El hombre y la mujer son seres biológica y psicológicamente condicionados. Si queremos cambiar nuestras vidas, primero debemos cambiar nuestra psicología porque lo que vemos de manera externa está directamente relacionado con la salud de la mente. Afortunadamente, al reordenar nuestro mundo psicológico podemos reestructurarnos biológicamente y viceversa.

En el siguiente capítulo, daremos un vistazo a algunas poderosas herramientas para reordenar nuestra interfase psicológica y biológica. Si los frenos de nuestro automóvil fallan, las llantas deben ser alineadas, o si la transmisión está fallando, corremos el riesgo de arruinar nuestro medio de transporte, a menos que mantengamos todo en buen funcionamiento. Sin embargo, para componer nuestro auto, primero debemos estar conscientes de que *no* están funcionando adecuadamente y que necesitan repararse. De modo que les enseñaré cómo mejorar el vehículo corporal que estás conduciendo a través de la vida para obtener así una óptima capacidad de funcionamiento.

El conductor será el Yo del Yo Soy. Desafortunadamente, nuestra individualidad dormida se encuentra detrás del volante casi todo el tiempo y pareciera que nunca llegamos a nuestro destino en la vida. Además, nuestro motor no está trabajando adecuadamente debido a los malos hábitos y a las equivocadas concepciones de lo que significa ser un hombre o una mujer. Al llegar a este mundo, nadie te dio un manual del propietario que te enseñara a operar el cuerpo, la mente y las emociones y hacerlos trabajar en equipo. Estás a punto de aprender lo que debíamos haber sabido siempre. Conforme absorbas estas ideas, podrás tener un cambio perceptivo en tu vida. De pronto te verás detrás del volante, no de un viejo y golpeado Ford sino de un vehículo futurista de oro sólido. Sólo el hombre y la mujer del mañana, aquellos que se conocen a sí mismos por una experiencia directa con el Yo Soy, pueden conducir un automóvil así en el aquí y el ahora de hoy. De modo que si estás listo para llevar a cabo ese cambio, cambiemos los engranajes mentales y viajemos juntos hacia un mundo fascinante con posibilidades de un óptimo funcionamiento.

8. Cambiar la dinámica cerebro-cuerpo

El nuevo modelo de hombre y mujer

En medio del caótico choque de mundos en decadencia mientras los antiguos patrones de comportamiento humano se desintegran, una nueva especie de ser humano está comenzando a surgir. Los vehículos emocionales cuerpo-mente que habitan nuestras almas están siendo reconectados para soportar el voltaje de un tipo superior de conciencia. Pueden pasar siglos antes de que todos los modelos disfuncionales sean reemplazados de manera gradual, Sin embargo, puedes conducir ahora mismo la última versión de la máquina humana. ¡No sólo puedes conducirla sino que puedes *ser ella misma*, si estás dispuesto a participar completamente en el proceso de reconexión que te permitirá vivir ahora mismo con la energía de un futuro positivo!

Lo que compartiré contigo a continuación es tan profundo en su simplicidad que es sorprendentemente difícil que alguien pueda verlo.

El antiguo modelo de ser humano funciona con lo que yo llamo un *sistema de doble rasgo*. Las sensaciones, las acciones y los movimientos corporales son disparados por un continuo proceso de interacción entre el pensamiento y el sentimiento, o entre el sentimiento y el pensamiento. Este proceso se lleva a cabo en nuestro interior a lo largo del día, sin que sea percibido o revisado. Muy a menudo nos convertimos simplemente en este patrón de acción y reacción dual, dedicado continuamente a procesar nuestros pensamientos y nuestros sentimientos. ¡Al reaccionar a estos patrones momento a momento, hablamos por *ellos* como si en realidad *fuésemos* ellos, como si este "objeto" del momento, este aspecto microtemporal de nosotros mismos *es quien somos en realidad!* Y este temible proceso reactivo sucede siempre tan increíblemente rápido que ni siquiera nos damos cuenta.

Definición de una persona con un sistema de ingenio de doble rasgo

Designemos identidades numéricas dentro del sistema de doble rasgo.

Primero, llamaremos a la actividad del cerebro pensando, *función # 1*. Cuando una persona tiene un pensamiento, la función # 1 se encuentra activa.

Este pensamiento produce un sentimiento en algún lugar del cuerpo: una sensación de temor, de excitación, de ira o enojo quizás. Llamaremos a este segundo proceso *reactivo, función # 2*.

En la persona común, tal como se señaló anteriormente, sólo estas dos funciones se pueden operar la mayor parte del tiempo. Surge un pensamiento, función # 1. Esto activa un sentimiento, función # 2. A veces el proceso funciona a la inversa. Un sentimiento, función # 2, produce un pensamiento, función # 1. Esto sucede generalmente cuando ha ocurrido algo emotivo y la mente intenta entonces comprender qué es lo que está pasando.

Como repaso, el modelo antiguo de hombre y mujer funciona con un sistema de doble rasgo, alternando corrientes entre la función # 1 y la función # 2. La mente dispara la emoción o la emoción dispara la mente. En cualquiera de los casos, la *dualidad* se encuentra en operación y ahí donde sólo existen dos posibilidades, surge la tensión. Para encontrar la resolución, necesitamos un tercer elemento *neutralizador* para lograr que la tensión de la dualidad trabaje a nuestro favor convirtiéndola en un recurso energético positivo y utilizable.

El problema con la dualidad y cómo superarlo

Los filósofos de cada cultura descubrieron hace mucho tiempo que la *dualidad iguala al problema*. Así como la noche sigue al día, así el dolor le sigue al placer. El antiguo mundo del sueño es gobernado por opuestos que se encuentran continuamente combatiendo. La ecuanimidad ha sido galardonada por los estoicos, como el emperador romano Marco Aurelio y los sabios orientales como Lao Tse. Los profundamente pensadores yogis tratan de elevarse más allá de las alternadas corrientes eléctricas duales que existen en el cuerpo y en la mente. A través de la meditación, buscan neutralizar o cancelar las polaridades positivas y negativas de la conciencia ordinaria. ¡*Conciencia dual = engaño!* Un antiguo cántico de la India sirve como un llamado a Dios por parte del neófito espiritual al estar *más allá de toda dualidad*. Éste lleva implícito el mensaje de "líbranos del engaño". De nuevo, el "engaño" es el mundo del automatismo colectivo, el trance masivo de la conciencia reactiva que nos rodea, *el resultado directo de siglos de pensamiento y actividad duales.*

El desarrollo de la conciencia occidental se ha basado en la percepción de las personas que actúan con el sistema de doble rasgo de la función # 1 y de la función # 2. La *autopercepción dual* ha formado el mundo en que vivimos y se ha convertido, por default, en la condición colectiva de la inteligencia humana. En nuestra actual y crítica coyuntura de la evolución humana, muchas personas alrededor del mundo se están inclinando hacia una comprensión espiritual de ellos mismos y del mundo. El empuje evolutivo del desarrollo humano, junto con el campo de energía del planeta en que vivimos, se ha transformado. El deseo de una conciencia real es fuerte, como lo es la sensación de que hemos estado dormidos y ahora queremos despertar. Por esta razón puede surgir una nueva especie de ser humano. En lugar del antiguo sistema de doble rasgo de la función # 1 (el pensamiento) y de la función # 2 (reactividad emocional), cualquier persona sincera puede personificar los poderosos resultados que fluyen de manera natural al transformarse uno mismo en un modelo del nuevo hombre y la nueva mujer. Lo que se requiere para que esto suceda es que uno se convierta en una persona que pueda personificar no sólo dos sino *tres funciones al mismo tiempo*. Las funciones # 1 y # 2 se equilibran por la aplicación de una tercera y conciliadora fuerza, *la función # 3*.

Cómo funciona un sistema de ingenio de triple rasgo

En este nuevo paradigma, a la mente se le designa aún como la función # 1. Pero en lugar de preocuparse por el pensamiento automático, nuestro poder de pensamiento se enfoca y se dirige de manera consciente hacia la conciencia corporal global al percibir y sentir los brazos, las piernas, etc. La segunda respuesta, la función # 2, deja de ser una respuesta aleatoria del sentimiento a la mente. Ya no es el pensamiento y el sentimiento automático lo que se transforma en una reacción física psicoemotiva. La función # 2 se convierte ahora en una percepción y un sentimiento autocontrolado de todo el cuerpo como una sensación.

Esto da lugar a una percepción de nosotros mismos en el estómago y en el pecho con emociones equilibradas mientras la percepción y el sentimiento transforma de manera natural la energía de la operación mecánica y dual en la función # 3 —la tercera fuerza o actividad de conciliación—. Así como el neutrón equilibra la actividad del electrón y del protón, la casi constante dualidad de la común interacción de la función #1-#2, es transformada en una tríada, un estado de equilibrio entre los opuestos por la introducción de la función # 3 a la conciencia.

El efecto activo que sentimos como resultado de activar la función # 3 es la experiencia de provocar emociones positivas, tranquilidad personal, bienestar y una *sentida percepción* del Yo Soy de una manera natural. Existe la certeza de saber quién, o mejor dicho, *qué* es, completamente independiente de las situaciones externas. La mente y el cuerpo son así puestos al servicio de la salud y la felicidad emocional. Estos son los propósitos naturales y deseados por cualquier persona razonable.

De nuevo el flujo de atención

De modo que en este nuevo modelo, en vez de que la mente vaya directamente a la reactividad emocional, el orden del flujo de la autoconciencia cambia de la siguiente manera:

> Función # 1 = la mente examina cada parte del cuerpo de manera simultánea
> Función # 2, que solía ser una respuesta emocional directa hacia la mente, ahora se convierte en una conciencia simultáneamente percibida y sentida (brazos, piernas, manos, pies, cabeza, torso, etc.)
> Función # 3, el *resultado*, es conciencia de energía como presencia emanando desde, a través, dentro y alrededor de *todo el cuerpo en forma de conciencia*. Esto produce un incremento masivo en el nivel de individualidad propio. ¡Uno se vuelve consciente de la conciencia misma!

La razón por la que normalmente no sentimos el poder de la presencia y del ser es porque nuestra energía emocional está siendo consumida continuamente en inútiles y automáticas reacciones sentimentales. Los temores imaginarios, la autodesconfianza, la preocupación y la ansiedad, son ejemplos de disipadores estados internos que funcionan con la energía robada de nuestra función sentimental. Si bien las energías utilizadas normalmente para generar emociones positivas son sustancias muy sutiles, los estados emocionales negativos convierten o rebajan esa energía pura conforme la consumen. El resultado es que nos sentimos emocionalmente enfermos cuando nos encontramos en las garras de esos estados. Nos estaremos envenenando a sí mismos con nuestra propia energía desordenada. Este proceso puede ser eliminado considerablemente de nuestras vidas utilizando la mente para abrigar un estado conciencia de todo el cuerpo, liberando así a la función sentimental de la reactividad emocional mecánica, negativa y guiada por la mente.

Al hacer que la mente perciba y sienta el cuerpo, la acelerada energía de nuestros sentimientos se ve amortiguada por algunos segundos. Antes de que la reacción pueda aparecer, haciendo que el cuerpo tenga reacciones emocionales negativas y que actúe entonces en contra de nuestra voluntad, habremos tomado el control del cuerpo al *percibir su totalidad y sintiendo la presencia*. Este proceso de anclaje permite que nuestra función sentimental encuentre su lugar designado como una expresión *dentro* del cuerpo y no como algo que se posesiona de él y huye llevándose nuestra identidad personal.

Percibiendo y sintiendo: crear una autorreconexión

Convertirse uno mismo en un sistema de triple rasgo es un prerrequisito para establecer y mantener la conexión con la conciencia del Yo Soy y con la consiguiente presencia y energía de ese estado. Esto inicia percibiendo y sintiendo; dirigir nuestra atención de manera intencionada hacia la conciencia de los pies, las piernas, las manos, los brazos, la cabeza, el cuello y la garganta, el pecho, el abdomen y el área pélvica; en resumen, todo el cuerpo al mismo tiempo. Podemos aprender a hacer esto a voluntad, por medio de una orden y en cualquier situación social creando de inmediato una percepción de nuestra totalidad en un momento dado.

Como repaso, esta sencilla práctica desconcertará por sí misma y de manera efectiva las intenciones negativas hacia nosotros *¡porque los perpetradores surgen generalmente de su cabeza!* Una vez que nos decidimos a practicar de manera continua las técnicas de reconexión, los resultados aparecen automática e instantáneamente. Nuestros cuerpos reciben el mensaje subliminal de que estamos reclamando, de manera activa, nuestro derecho a estar en ellos. Las células de nuestro cuerpo agradecen nuestro apoyo y responden generando una inteligencia coherente y de alto voltaje, permitiendo que nos convirtamos en las personas que debimos ser y no en una falsa caricatura que hemos improvisado para disfrazar nuestra inseguridad. Nuestros cuerpos harán esto porque han sido creados para alojar y expresar la conciencia del Yo Soy. Éstos responden y viven por completo cuando son tocados por la autenticidad y no por nuestras tontas ideas de quienes creemos ser cuando nos encontramos hipnotizados por nuestras reacciones hacia el gran espejismo que se encuentra ahí afuera. Nuestros cuerpos saben cuando el Yo Soy se encuentra presente.

Mantenernos coherentes en todo momento dentro de nuestro propio campo de energía depende de nuestro deseo de desarrollar *una conexión continua y simultáneamente percibida y sentida con cada parte del cuerpo*. La mayoría de las personas no sólo no tienen conciencia separada o simultáneamente de sus pies, sus piernas, sus manos, sus brazos, su cabeza, su torso, etc.; nunca se les ocurriría pensar que este es un estado poco usual en el cual estar. La ventaja de esto para ti y para mí es que si vivimos con un *cuerpo percibido*, como estábamos destinados a vivir, podemos movernos por el mundo como gigantes y no como cabezas sin cuerpo.

Percibir y sentir es un arte que se ha perdido y que puede ser recuperado rápidamente poniendo diariamente en práctica la conciencia. Al principio quizás sólo seas capaz de percibir tus pies mientras conversas con otros. Mientras alguien te esté hablando, simplemente dirige tu atención hacia uno o tus dos pies y ellos responderán con una sensación de calor, hormigueo o pesadez. Sólo mantén tu mente en tus pies y observa qué tan bien puedes mantener la conexión con ellos mientras tu cabeza está hablando con alguien. Podrás progresar de manera gradual para sentir tus pies y tus piernas, tus manos y brazos, cabeza y torso, todo al mismo tiempo. Intenta concentrarte de este modo antes de entrar en una habitación y entrar en la *presencia*. Verás cómo las personas gravitan hacia ti y cómo responden de manera positiva.

Domina este sencillo arte y podrás vivir en nuestro alocado mundo en un estado de profunda seguridad. Nadie podrá meterse contigo, incluso los vampiros de energía. Como resultado de tu conciencia percibida y sentida de todo tu cuerpo, los demás se desconcertarán por el poder y la presencia que emana de ti. Esta presencia, la energía de tu propio ser, proviene del Yo Soy, el centro de tu ser. Cuando se encuentra activo, es como si en el interior se hubiese colocado un diapasón y vibraciones armónicas radiaran hacia todas direcciones de manera simultánea. Desde los huesos de la espina dorsal y de la cavidad torácica, estas emanaciones pasan a través de la piel como un campo de fuerza, extendiendo el radio de la influencia magnética hacia todos los que cruzan por tu camino.

Practicando el *Ser* y la *Presencia*

Este es un ejemplo de cómo puedo inducir en mí mismo un sentido de presencia e incrementar el sentido de mi propia vitalidad mientras realizo una tarea mundana. Aun cuando sea algo que en realidad sucedió en el pasado, cuando estaba escribiendo este libro, lo incluyo aquí en tiempo presente, de modo que puedas sentir la proximidad y ver cómo podría funcionar para ti.

Mientras estoy aquí sentado frente a mi computadora, escribiendo estas palabras, he dejado que mi mente se haga totalmente consciente de la posición de mi cuerpo, de la temperatura de mi piel, de los ruidos ambientales en la habitación y de aquellos que provienen de afuera. También soy consciente de mi cuerpo respirando y de mis manos moviéndose sobre el teclado. Esta relajada orientación de mi atención lejos del estado en mi cabeza en el que uno se mete fácilmente al estar trabajando, me ha dado una *autoconciencia* global y no delimitada. No tengo la sensación de estar *fuera* de mi cuerpo, como si estuviese en el techo observándome a mí mismo. Por el contrario, soy consciente de la energía que penetra a mis manos, mis brazos, mis piernas, mi cabeza, mi torso, mis pies, etc. Algo ha comenzado a emanar en, desde, alrededor y a través de mí. Es una atmósfera sutil y produce una energía específica que reconozco como *presencia*. Se manifiesta como una profunda sensación de calor que lo llena todo y que penetra mi carne, haciéndome sentir espiritual y personalmente seguro. Ahora que escribo al respecto, esta presencia aumenta aún más. Parece que florece y se multiplica al recibir la atención. Parece estar surgiendo mi sentido de conexión con mi ser personal y como un alma con forma humana. Me siento sólido y conectado de muchas maneras. Me estoy convirtiendo en un *sistema de triple rasgo*.

Además, mi *nivel de ser* parece estar aumentando. Yo estoy aquí, en este sitio en esta habitación, total y simultáneamente consciente de mí mismo y de la tarea que estoy realizando. En este estado sé lo que sé. Nadie podrá arrebatarme esa conciencia. No hay necesidad de discutir con nadie de nada. No necesito justificarme de ninguna manera. Sin embargo, al mismo tiempo, si se me pidiese hablar o actuar, lograr un resultado específico en una situación social, lo podría hacer con dignidad y poder. No se puede uno esconder de la vida en estas condiciones. Uno *se convierte* en la vida y qué es la vida sino el movimiento de fuerzas creativas en acción. De modo que, a partir de este estado, uno podría actuar cualquier papel que el momento requiera y disfrutarlo como una parte que a uno se le pide actuar en el improvisado teatro de la interacción social. ¡*Uno está creando un nuevo mundo de interacción personal ilustrada con uno mismo!*

Al dejar de escribir y quedarme quieto, surge la sensación de que esta presencia no sólo llena ahora la habitación, sino de que *contiene* a la habitación. La habitación se encuentra ahora fuera de mí. Me he convertido en la presencia y la habitación está contenida en la presencia que es el Yo Soy. Al levantar la vista y observar por la ventana a los árboles, el paisaje y el cielo, también ellos parecen estar hechos de esta sustancia. Ya sea que mi percepción haya sido expandida hacia el horizonte o haya sido enfocada hacia la tarea de escribir estas palabras, sucede lo mismo. Una atmósfera de presencia está emanando de mí y proviene del Yo Soy.

Reacción + Identificación = Pérdida de presencia

Ahora supongamos que suena el teléfono justo en el momento en que estoy escribiendo algo particularmente importante. Surge en mí la irritabilidad y la presencia se desvanece. Me olvido de percibir y de sentir y, mientras atravieso la habitación para contestar el teléfono, mi pie golpea la pata de la mesa. Una maldición se escapa de mi boca. Para cuando llego al teléfono, ciertamente no soy la misma persona que estaba sentada y escribiendo un momento antes, envuelto en el recuerdo de mí mismo y en la extradimensional conciencia penetrando mi forma tridimensional. Habiéndome *identificado con mi irritabilidad* y al haberme extraviado en el olvido de mí mismo, me he convertido en un idiota reactivo —ya no hay una percepción del Yo Soy, tan sólo queda una confusa y descompuesta máquina que creo ser yo. ¡Y un enojo en mí por ese motivo!

Esto es lo opuesto a acordarse de uno mismo. Me he convertido en una reacción mecánica en vez de un alma guiada por mí. Levantó el auricular y sólo escucho un tono de marcado. No hay nadie ahí. Ahora me doy cuenta de que me he comportado como un idiota. Mi reacción negativa convirtió una parte de mí en un vampiro de energía. Éste se devoró las sutiles sustancias energéticas que la conciencia requiere para que yo me sumerja en las sutiles emanaciones de mi propio ser —y *Yo* desaparecí. También desaparecieron la presencia y la conexión con el Yo Soy. Si mi antiguo jefe se materializara de pronto, tendría razón para agitar vagamente su mano en mi dirección y decir: "Hey, tú, el de allá... um... ¡Cosa!" y me lo tendría merecido.

En el momento en que reaccionamos de manera negativa a algo, nuestros propios vampiros internos pueden cobrar vida y alimentarse rápidamente de nuestra energía vital positiva. Mientras más alimentemos estas fuerzas con las respuestas negativas de queja y autojustificación, más crecerán. Así es el poder de la identificación reactiva con cualquier suceso, interno o externo. En segundos, podemos perder todo sentido de equilibrio y de normal identidad. Al identificarnos con nuestras reacciones, en realidad nos *convertimos* en la ira, la impaciencia, la irritabilidad, la crueldad, la desesperación o la depresión. ¿Cómo pueden las sutiles sensaciones de la presencia, que acompañan a la conciencia espiritual, permanecer en un ambiente interno que se encuentra en un estado de semejante cataclismo? Lo denso y lo sutil no pueden vivir juntos por mucho tiempo, ya sea dentro o fuera de nosotros. Es imposible, porque la densa vibración de uno oscurece la tenue cualidad del otro.

La constante práctica de permanecer intencionadamente consciente de todo el cuerpo, a través de la percepción y del sentimiento, es primordial si queremos permanecer conscientes. Como el Yo Soy sólo puede sentirse, debemos estar en casa dentro de nuestro cuerpo —nuestro "mecanismo sensible"— para sentirlo.

La poderosa sensación de nuestro propio ser, del Yo Soy, que se genera a través de la práctica de percibir y sentir, es nuestra más valiosa posesión y es un sistema de alerta. Cuando la reactividad personal se interpone, nuestro nivel de ser desaparecerá al instante. El percibir fácilmente esta sensación de pérdida de energía puede servir como un disparador que nos ayude a salir de nuestras reacciones y regresar a la autonomía personal de inmediato. Esto es primordial si evitamos ser seducidos por los vampiros de energía de adentro y de afuera. Con la práctica, podemos aprender a estar presentes *en* la presencia y a mantener en alto nuestro nivel de ser sobre una base casi permanente.

Encarnando al futuro para lograr el éxito ahora

En el nivel más práctico, los resultados del sistema de triple rasgo se traducen en un mayor sentido de seguridad personal y de autoconfianza al enfrentarnos a las manifestaciones de conducta desagradable de otra persona hacia nosotros. Estos beneficios suceden de manera natural mientras la función # 3, la percepción del cuerpo y la vitalidad sentida, se convierte en un estado más o menos permanente como resultado directo de colocar a las funciones # 1 y # 2 en el orden correcto.

Si los vampiros de energía comunes o la gente negativa no son más que un antiguo sistema de doble rasgo que se ha vuelto loco, no hay por qué temerles. Cuando puedas pasar, en el momento de peligro, de la debilidad reactiva a la encarnación poderosa del emergente hombre o mujer, te convertirás en la peor pesadilla de un provocador. ¡Ellos creían que podían convertirte en un ratón pero te has convertido en la futura persona en el aquí y el ahora!

Sin embargo, aquellos que se encuentran atrapados en los antiguos patrones negativos pero que poseen el potencial para escapar de ellos y transformarse, pueden experimentar un mayor cambio en la conciencia como resultado de la interacción contigo. Los *potenciales* sistemas de triple rasgo resonarán con, y se verán afectados por, tu campo de energía de triple rasgo. Al acordarte de ti mismo lograrás que ellos se acuerden de sí mismos. No podrán expresar con palabras lo que les está sucediendo, pero saldrán de su cabeza y experimentarán un grado de energía ilustrativa mientras se vuelven más presentes en sí mismos.

He perdido la cuenta del número de veces que esto ha sucedido frente a mis ojos. Sin embargo, percibo de inmediato el cambio atmosférico en las personas. Su ojo de la esencia brilla hacia mí con reconocimiento y gratitud y su respiración deja de ser monótona para convertirse en corporal expansiva. Algunas veces alguien me dice: "Siento hormigueo por todo mi cuerpo... ¿Qué es esto?" Y yo respondo simplemente: "Eres tú".

Sirviendo al mundo transformándote a ti mismo

A través de tu práctica concienzuda y de tu habilidad para generar presencia y lograr lo mismo en otros, podrás convertirte en alguien que está pagando por adelantado su futuro. Sin embargo, no sólo te estarás reestructurando a ti mismo. Estarás recreando la vida en un nuevo nivel y reconstruyendo el mundo. Y la vida te recompensará ahora mismo, en el momento presente, creando las circunstancias benéficas que mejorarán tu capacidad para generar cada vez más una presencia y la percepción del Yo Soy. ¿Por qué te respaldará la vida de esta manera? Porque has demostrado estar dispuesto a servir a algo superior que a ti mismo. Porque muestras una voluntad para funcionar en este mundo de la forma en que un verdadero hombre y una verdadera mujer han sido diseñados para funcionar. La vida podrá entonces seguir invirtiendo en tu bienestar y automáticamente creará las circunstancias que te enriquecerán como un medio para ampliar tu campo de influencia.

¿Quizás te habrás preguntado por qué algunas personas prosperan en el sueño humano mientras que otras parecen sufrir? Te demostraré que es posible acoplarnos a un constante flujo de sucesos benéficos y no a un aleatorio flujo de sucesos impredecibles. Existe la gran ley oculta del éxito material. Ésta puede formularse de la siguiente manera: *Tu nivel de existencia atrae tu vida.*

Incrementa tu nivel de existencia para tener éxito en la vida

Al cargar tu nivel de existencia, atraerás hacia ti, de manera natural, un flujo de circunstancias que potencializan la vida. Cambia tu nivel de existencia y el sueño de tu vida cambiará, ¡a veces de inmediato! Te convertirás en un imán de éxito que atraerá resultados favorables en las situaciones sociales porque de repente estarás altamente energizado. La actitud de las personas cambiará en el momento en que cambie la tuya. Éstas se volverán más cooperativas, dispuestas a escuchar, deseosas de ayudar. ¿Por qué? Porque tienen para ellas un campo de normalidad excesiva y el poder que emana de ti *¡está haciendo que dupliquen tu estado!* Se sienten temporalmente *normalizadas* porque las has sacado de los límites del antiguo y disfuncional sistema de doble rasgo y las has llevado a experimentar ser un sistema de triple rasgo. De algún modo, pueden percibir y sentir su propia presencia y su propia existencia. Quizás no sea una total percepción del Yo Soy, sin embargo, se manifiesta dentro, alrededor y a través de ellas en algún grado. Y, sin saber por qué, te aman por el don que les has concedido.

Este es el verdadero significado de ganancia contra ganancia. El Yo Soy en ti conoce al Yo Soy de alguien más y los opuestos son anulados por reconciliación a través del reconocimiento de algo en otro ser humano que es mejor que el trance de la gran ilusión. Le estás dando a aquellos que actuarían hostilmente hacia ti una oportunidad de redimirse, yendo más allá de quién, qué y cómo son normalmente. Tú y ellos convierten en una circunstancia de ganancia una situación que podría haberlos hecho perder. *¡Ahora tú y tu antagonista estarán obteniendo una ganancia!*

¿Puedes ver lo poderoso y verdaderamente amoroso que esto *te* hace aun y especialmente si tienes que pararte ante la gente, sisear o actuar para llevarlos hasta ahí? El poder de la redención es la mayor fuerza de la creación y puede fluir a través de ti cuando te encuentras conectado a eso que lo subraya todo, ¡el maravilloso Yo Soy! Éste puede expresar a través de ti un amor dogmático y no sentimental que elimina los opuestos y regresa la separación y la fragmentación a un estado de unidad. Trabajar con esa fuerza de la creación te coloca en el camino rápido de la evolución, así que abrocha tu cinturón.

Estamos rodeados por un engañoso estado de sueño en donde los átomos y las moléculas se disfrazan de una sustancia material. Maya, la ilusión cósmica, la suprema prestidigitación del creador, es un evocador truco detrás del cual se ocultan las riquezas del primordial gozo, entusiasmo y felicidad duradera. Nuestra tarea, como almas evolutivas, es descubrir el truco y capturar el tesoro de nosotros mismos. Y debemos aprender a hacerlo justo en el mercado de la vida, rodeado por el clamoroso alboroto de las personas que compran y venden sus almas a la ilusión. A través de las técnicas y los principios que estás aprendiendo aquí, pronto podrás también ser capaz de afirmar conmigo:

A cualquier lugar que vaya y cualquier cosa que haga, el Yo Soy en mí despertará del sueño que mantiene a otros en cautiverio por su propio consentimiento. Sin embargo, yo me niego a aceptar las limitaciones autoimpuestas de mi propio sueño o del de alguien más. Aquí mismo, en mitad de la vida, de cara a cualquier circunstancia, mi alma y yo generaremos el poder de la existencia y de la presencia. Vivimos en la conciencia del Yo Soy y, a partir de este estado, podremos decirle al mundo con absoluta autoridad: ¡Siempre obtenemos una ganancia!

La milagrosa ley de la atención dividida

La ganancia que obtenemos se genera al crear la conciencia del Yo Soy a partir de la energía de la turbulencia social que gira constantemente a nuestro alrededor. Para lograrlo, debemos desarrollar, enfocar y mantener alrededor de nosotros y en todo momento una presencia y una energía que posee una doble cualidad. Debemos aprender a mantener la suficiente conciencia en nosotros (el 50%) al encontrarnos ante las personas, los lugares o los objetos que nos rodean y que podemos ver, escuchar, oler, observar y tocar —el 50% de nuestra atención deberá estar enfocada en percibir y sentir nuestra propia existencia y el 50% en el fenómeno externo que es observado. Es a través de la exitosa aplicación de este sencillo principio de atención dividida que podemos aprender a *obtener siempre una ganancia*. La fórmula puede ser resumida de la siguiente manera: *Asegúrate de que en cualquier situación, la cantidad de energía que sale hacia un objeto o circunstancia sea igual a la cantidad de energía que mantenemos enfocada en nosotros mismos.*

Esta es la ley de la atención dividida. Cuando observamos fijamente algo externo y abandonamos toda conciencia de nuestra existencia como fuente de la experiencia, caeremos hipnotizados por aquello que estamos observando. Nosotros dejamos de existir. Extraviamos todo sentido de nosotros mismos en el objeto que observamos. Si observo un árbol y extravío la conciencia de aquello que está haciendo la observación —Yo mismo— no hay nada sobre lo que caiga la imagen de ese árbol. No hay nadie en casa que pueda recibir la entrega. Me habré ido a dormir.

Si observo el árbol y *estoy totalmente consciente de mí mismo*, percibiendo y sintiendo cada parte de mi cuerpo y toda su energía, mientras lo observo, entonces un poder activo —de nuevo, Yo mismo— estará participando en el proceso de la observación. Así, la sensación cambia del olvido hipnótico de uno mismo a un estado de autorreminiscencia. La experiencia de la observación se convierte en "Yo... en este lugar... observando el árbol".

Imagina a alguien observando el árbol; la punta de la flecha de la atención apunta lejos del observador, hacia el árbol. Este es un proceso de "dirección única". No hay ninguna atención puesta en el observador de modo que no existe un Yo que viva la experiencia de observar. El acto de observar ha devorado al individuo que ha dejado de existir.

Ahora, imagina una flecha de atención con dos puntas, una que apunta hacia el observador y la otra hacia el objeto observado *al mismo tiempo*. La mitad de la atención de la persona se encuentra enfocada en una conciencia percibida de su propia totalidad —pies, brazos, cabeza, torso, etcétera—, a través de la percepción y de la sensación; la otra mitad de la atención de la persona se dirige al árbol. Como resultado, el observador se ve rodeado por una presencia que se genera en, alrededor y a través de esa persona como resultado directo de esta atención dividida. No sólo habrá alguien en casa que observe sino que el observador estará *obteniendo una ganancia*. La energía estará entrando al observador desde el árbol.

Las personas que aplican esta observación de doble sentido estarán creando su fuerza vital e incrementando su poder personal al estar completamente presentes. ¡No sólo ante la situación sino *ante sí mismos*! Como resultado de esto, están recibiendo la imagen del árbol como un acto consciente. El hechizo de la dualidad y de la separación se habrá roto. Habrán hecho conexión con la unidad fundamental de todas las cosas.

Platón hablaba de observar "al objeto en sí mismo". ¿Qué es, por ejemplo, la "copicidad" de una copa, la "arbolicidad" de un árbol? ¿Qué son las cosas, dentro y para sí mismas, antes de que caigan sobre ellas nuestras percepciones socialmente condicionadas? Si observamos cualquier cosa del mundo externo de una manera inconsciente, automáticamente caemos hipnotizados por los objetos que reciben nuestra atención de dirección única. La flecha de la atención tiene una sola punta y nos aleja de nosotros mismos para llevarnos al mundo del sueño y ser hipnotizados por los objetos o las personas. Y, ciertamente, no queremos ser colocados en un dócil trance por alguien que está tratando de imponernos su agenda personal.

La atención dividida en situaciones sociales tensas

No importa lo que suceda durante una conversación, nuestra tarea es asegurarnos de mantenernos firmes y conectados a nosotros mismos a lo largo del intercambio. Al sentir la presencia de nuestro propio ser, no importa hacia dónde vaya o fluya la conversación, y a pesar del resultado, trataremos de enfocarnos en mantener una palpable conexión con nosotros mismos. Aun cuando inicialmente hayamos gastado 75% de nuestra energía enfrentando a la otra parte, si podemos conservar el 25%, aun durante los momentos difíciles, pronto la dinámica de la energía cambiará nuestro rumbo y nuestro 25% comenzará a incrementarse de manera dramática. Recuerda que se gasta más energía en ser negativo que en permanecer positivamente conectado consigo mismo. La meta a largo plazo, la que puede alcanzarse con la práctica diaria, es adquirir una atención dividida 50-50 en todo momento.

En las situaciones tensas, practica lo anterior mientras le ofreces a las otras personas una cuerda con qué atarse ellas mismas a las palabras y a los pensamientos mientras tú te plantas en la tierra a través de tu cuerpo. Conéctate con tus brazos, tus piernas y tu torso y siente cómo se forma la presencia. No trates de caer en respuestas verbales ni rechaces lo que otros digan, aunque y *especialmente* cuando están tratando de hacerte un mal. Espera y sólo escucha. Observa los ojos y practica la sensación y el sentimiento. Tu energía se incrementará y ellos se quedarán sin pilas. Cuando lo hagan, tendrás el poder y la autoridad. Entonces podrás utilizarlo con dignidad y sabiduría para exigir el respeto que te mereces.

Después que haya pasado el momento de tensión, notarás lo poderoso que te sientes. Tus brazos y tus piernas, incluso todo tu cuerpo, estará hormigueando y vibrando con energía. *¡Habrás obtenido una ganancia!* Si en el proceso has logrado que alguien tenga una perspectiva más alta, entonces tu ganancia en energía de presencia se duplicará. ¿Por qué? Porque la otra persona también se habrá beneficiado al interactuar con tu autocontrol de las reacciones a través de la atención dividida. Quizás hayan sido transportadas del aislamiento al flujo contigo, como en nuestra metáfora del árbol. Será como liberar a Dios de las celdas de la autolimitación que muchas personas erigen a su alrededor.

El recuerdo de sí mismo y el Tú esencial

Si estás dispuesto a practicar estas técnicas sobre una base progresiva, reavivarás la durmiente, primordial y directa capacidad perceptiva con la que has nacido. Podrás reclamar la extraviada percepción de conocerte a ti mismo como el Yo Soy que a veces experimentaste siendo niño y la expresarás *ahora*, de una manera responsable, a través del adulto maduro que eres. Nuestro poder infantil que todo lo sabe es llevado al pasado, entre las edades de cinco y siete años. Tal es así, que nos veremos obligados a ajustarnos al mundo de sueño que nos rodea y aprender a participar en el sueño tal y como la mayoría de las personas lo sueña. A través de estas técnicas, podrás restablecer de manera consciente una poderosa conexión con el ser primordial que fuiste durante la primera infancia. Al cultivar esta conexión como una actual fuerza madura y llevándola a tus interacciones sociales, originarás un poder que es más grande que la confusión de la locura que nos rodea. ¡Comenzarás a estar despierto en un mundo de máquinas durmientes! Serás más fuerte que esas personas durmientes que inconscientemente drenarían la radiante energía que representa la profundidad y la sustancia de tu alma.

Lo contrario a ser sangrado es ser alimentado. La energía vital puede muy bien ser "nuestro pan de cada día". Sin la cantidad suficiente de éste, difícilmente nos sentimos vivos. Todas las prácticas en este libro incrementan natural y fácilmente nuestra energía vital. Paradójicamente, al implementar las estrategias clave que evitan que nuestra fuerza vital se derrame, en realidad la estaremos incrementando dentro de nosotros mismos porque *estamos recordando quiénes y lo que en realidad somos.* Perder la conexión con nosotros mismos al enfrentarnos con personas y situaciones difíciles, es entrar en un estado de *olvido de uno mismo.* Para revertir ese proceso de modo que nos conectemos con nuestra propia esencia al ser presionados requiere de acordarnos de nosotros mismos.

Respondemos a la antigua pregunta de "¿quién soy?" acordándonos de nosotros mismos dentro de la experiencia del Yo Soy. Es sólo a través de las prácticas que llevan al recuerdo de uno mismo que siempre podremos saber quiénes somos en realidad y darnos la vida exitosa que deseamos vivir. Más adelante exploraremos las técnicas esenciales para evocar el firme poder y la presencia del Yo Soy que yace en lo más profundo de las limitaciones de quienes y lo que normalmente creemos ser. Si bien la fricción interpersonal nos ofrece el material catalítico para convertirla en conciencia, enfoquemos nuestra atención ahora en un área de la vida donde la posibilidad de una confrontación explosiva aparece por debajo de la superficie de nuestros sueños de felicidad. A ésta se le ha llamado "la guerra de los sexos" y, más exactamente, el juego de los opuestos buscando la reconciliación a través de la energía conciliadora. Mientras no comprendamos el baile del Yin y del Yang y las fuerzas primordiales que se dejan a la deriva cuando nos enamoramos de alguien, nuestros corazones nunca conocerán la paz y la felicidad en nuestras relaciones íntimas.

Carl Jung tenía una excelente visión con respecto a la naturaleza dual de los seres humanos. Dentro de cada hombre se encuentra una mujer. Dentro de cada mujer se encuentra un hombre. En cada relación hay en realidad cuatro personas: El hombre externo y su mujer interior y la mujer externa y su hombre interior. De tal manera que si deseas dejar de luchar contra los aspectos duales de tu amante, tu esposa, tu esposo, tu pareja o de cualquier persona que te encuentres en situaciones sociales, acompáñame al siguiente baile, el cuadrángulo ilustrado hombre-mujer, mujer-hombre.

9. Ilustrando la dinámica de la relación

La pareja combativa y sus antagonistas internos

Muchos de nosotros hemos experimentado la sensación de poder y reposo con relación a la vida que fluye a través de nosotros cuando las cosas marchan bien con la persona que nos interesa. También conocemos el dolor y la opresión personal que puede poseernos cuando somos arrojados en el torbellino de los combatientes egos. La ruptura emocional que surge al salir de armonía con alguien que normalmente nos brinda amor y compañía puede ser devastadora. No sólo sufre nuestra salud emocional y física. Al no estar completamente presentes para nosotros mismos porque nos sentimos emocionalmente desposeídos, quizás no estemos disponibles para aprovechar las bondades que la vida nos ofrece.

Ellie y Steve estaban muy enamorados pero no se llevaban bien. Ambos eran brillantes, atractivos e inteligentes. Steve era alto y con una poderosa constitución; Ellie era diminuta y poseía una mente más veloz que la de su pareja. Cuando comenzaron a hablarme de sus dificultades, los ojos de Ellie se llenaron de lágrimas que, al caer, suavizaban la tensión en su rostro. Ella me dijo que no podía entender por qué peleaban constantemente si se amaban tanto. Ambos estaban fastidiados y cansados de lastimarse mutuamente, pero no parecían salir de un ciclo de ataques verbales. Cuando Ellie terminó de hablar, miré a Steve y observé que parecía ahora muy pequeño, encerrado en sí mismo. Las lágrimas de Ellie lo lastimaban y estiró la mano para tomar la de ella.

—No deseo herirla —dijo con calma, casi con una voz femenina.

—Sin embargo, lo haces todo el tiempo —dijo Ellie con brusquedad, sus facciones endureciéndose una vez más por la tensión mientras el dolor volvía.

Steve tembló visiblemente, luchando por contener sus sentimientos mientras la actitud de ella se volvía severa.

—Simplemente no sé qué hacer para complacerla —me dijo en un tono de queja—. Parece que todo lo que hago está mal y la irrita.

—Ahí vas de nuevo, tomando el papel de la víctima —dijo Ellie bruscamente—. Siempre hace esto para obtener la simpatía de la gente.

—¿Se dan cuenta de que en esas dos últimas frases ambos se atacaron verbalmente? —sugerí con cautela—. El comentario de Steve contenía un mensaje de culpa hacia ti, Ellie, que era pasivo-agresivo. Tu respuesta tomó la forma de un ataque directo.

—¡Bueno, *deberías* tratar de vivir con el chico! —dijo Ellie bruscamente, mirándome con una brusca energía que me llegó como un golpe en el pecho—. ¡Es totalmente irresponsable! Siempre tenemos deudas y yo siempre tengo qué buscar cómo sacarnos de eso.

Miré fijamente a Ellie con asombro. Su personalidad femenina se había desvanecido por completo y había sido reemplazada por la de un *hombre* agresivo, acusador y desafiante. Su lado masculino se había soltado. Volví a mirar a Steve, esperando verlo todavía encerrado en su lado femenino. Pero en vez de eso, ahora se encontraba henchido y con su orgullo masculino herido. En realidad se levantó y miró hacia abajo a Ellie de una manera intimidante.

—Siempre estamos con deudas porque nos llevas de un excéntrico negocio a otro —gritó Steve con el rostro enrojecido y los ojos desorbitados. Entonces me miró, lívido por la ira—. Es la reina fracasada del mercado del multinivel de todos los tiempos. Me lleva arrastrando a estas reuniones donde nos vemos comprometidos a vender purificadores de agua, máquinas para limpiar el aire, algas verdes y Dios sabe qué más. Se entusiasma y saturamos nuestras tarjetas de crédito para comenzar el negocio y éste siempre termina de la misma manera: no hay suficientes ventas como para recuperar nuestra inversión. Estoy harto de eso.

Mientras Steve volvía a sentarse con el aire enloquecido de un hombre que pensaba que se había reivindicado a sí mismo a través de este salvaje y emotivo arranque, miré a Ellie y observé que lo miraba con asombrada pasividad. Parecía una niña de diecisiete años. No había señales por *ningún lado* de su lado masculino. Mientras ella extendía su mano y tomaba suavemente la mano de Steve, apenas podía contener mi asombro.

¿Qué estaba sucediendo aquí? Primero, Ellie grita y Steve se suaviza. El lado femenino de Steve domina y expresa compasión por ella. Tan pronto como Ellie observa esto, su lado masculino surge pavoneándose y lo riñe por ser débil. ¡Esto enciende a Steve, se pone de pie y le grita a Ellie, actuando como la caricatura de un hombre rudo! Entonces Ellie vuelve a su pasividad.

Liberándose de las garras del Ánima y del Ánimo

Cuando un hombre comienza a soplar con furia, a gritar y a hacer afirmaciones salvajemente emotivas e irracionales, puedes estar seguro de que se encuentra en las garras de los aspectos dementes de su no integrada personalidad femenina, lo que Jung llamó el *ánima*. En un momento así, la mujer en su vida puede sentir mucho miedo. No de él y de su resoplido sino de las consecuencias de haber unido su destino al de semejante mentecato. ¿Qué fue del maravilloso hombre del que se enamoró cuando la cortejaba? ¿Dónde quedó la promesa de fortaleza y confianza en la cual creía poder apoyarse? Cuando su hombre se encuentra poseído por el comportamiento displicente y farisaico del ánima, la mujer sabe intuitivamente que no puede amarlo en ese momento y su lado empático se reprime. Su lado masculino (llamado *Ánimus* por Jung) surge para manejar una situación que ha resultado ser demasiado para que el hombre en su vida pueda enfrentarla. Es como si su ánimo estuviera diciendo: "Si él no puede manejarlo, Yo puedo y *lo haré*". Y a menudo lo hace de una esa manera tan brutal. Para que una mujer sienta amor por un hombre, debe saber que está segura para que *su* lado masculino interior se relaje alrededor de su hombre externo. Sólo a través de esto podrá alguna vez sentir realmente todos sus sentimientos. Al sentir que las mujeres tienen el poder de acobardarlos siempre que lo deseen, los hombres han utilizado tradicionalmente la intimidación y la opresión para mantener a raya a las mujeres. Sin embargo, las mujeres desean en su vida a hombres que se dominen a sí mismos y no a ellas. Y un hombre puede aprender a dominar la tendencia de su ánima a sentirse heridos por una mujer. Cuando lo haga, no reaccionará emocionalmente ni se comportará de una manera histérica cuando sea confrontado por el ánimo. Si el ánimo de la mujer no puede llevar al ánima del hombre a los dramas arquetípicos, él se ganará rápidamente el respeto de la mujer y su amor.

Cuando la pasada influencia de los padres dirige el presente

Siguiendo los hilos de mi asombro acerca de cómo podía Ellie volverse tan pasiva cuando Steve estallaba, sólo podía suponer que quizás su padre se había comportado casi de la misma manera, pues ahora que él le había gritado, ella parecía una niñita, dócil y obediente. Al observar esto, Steve se derritió. Las lágrimas inundaron nuevamente sus ojos y, por un momento, algo que se parecía al amor surgió entre ellos.

—Lo siento, cariño. No quise gritar así —dijo con gentileza.

Casi como el viento retira las nubes de la faz del sol, el brillo desapareció nuevamente y de repente del rostro de Ellie. La niñita en la que se había convertido momentáneamente desapareció, mientras apretaba sus labios con una expresión mordaz y disgustada. Ahí frente a mis ojos, el frío y duro rostro del ánimo regresó para mirar desdeñosamente a Steve. Lo miré y observé que ahora *él* se veía como una niñita. Y el ánimo de Ellie procedió a desollarlo a él y a su ánima vivos. Toda la ira enfrascada de su frustración masculina interna al tener que tratar con hombres a través de una forma femenina salió disparada como lava hirviendo. Mientras la vertía, Steve se volvió a hundir en su silla, casi al punto de la invisibilidad. Ellie volvía a ser su madre, diciendo: "Eres un chico malo. Me has fallado y me has decepcionado y te quitaré mi amor. Ahora verás lo que se siente ser herida y decepcionada por los hombres!"

El ánimo de Ellie pronto consumió su furia y no pasó mucho tiempo antes de que Steve se pusiera a la defensiva, estallando mientras Ellie retrocedía y lloraba de nuevo. Este era el patrón de sus vidas. Es sorprendente cómo no se mataron mutuamente hace mucho tiempo. En lo más recóndito de mi mente, algún lado oscuro de mí mismo quiso alcanzar una estampilla en la cual anotar sobre su caso la palabra "¡inútil!"

Sin embargo, a un nivel superior, sabía que debía encontrar la manera de hacerlos salir de su cabeza y ayudarlos a reconocer al ánima y al ánimo en acción. Al mismo tiempo, ellos debían aprender a percibir y a sentir a fin de ir más allá de los patrones de personalidad mecánica para conectarse mutuamente a un nivel de la esencia. De algún modo, debía convertir estas psicológicas antigüedades románticamente emparejadas y con un sistema de doble rasgo en encarnaciones con un sistema de triple rasgo del emergente hombre y de la emergente mujer.

Un trastorno obsesivo-compulsivo hecho para dos

—Ambos están atrapados en una curva de retroalimentación negativa de un trastorno mixto obsesivo-compulsivo —les dije, mientras ambos me veían como cachorritos a través de sus ojos húmedos por las lágrimas—. Ciertos mecanismos en su cerebro están siendo disparados constantemente y de manera automática por cada uno de ustedes y sus pensamientos, sus emociones y sus respuestas físicas corren a su lado. Cuando se enamoraron eran felices, ¿no es así?

Ambos asintieron al unísono y se dirigieron tímidas miradas. En algún lado, enterrado por debajo de la frustración y la decepción personal de cada uno, percibí que el amor que había iniciado su viaje, aún estaba vivo.

—Y quizás vivieron muchos momentos en los que pensaron y sintieron una increíble sensación de unicidad.

De nuevo, ambos se suavizaron conforme se revolvía el recuerdo de su mutuo idealismo.

—En esos primeros días, cuando pensaban y sentían como uno solo, es muy probable que experimentaran solamente un ímpetu positivo de energía y amor que les confirmaba la existencia. Ahora, aún piensan y actúan como uno solo, sin embargo comparten principalmente una negatividad. Sus cerebros aún se encuentran en sincronía. Sin embargo, se encuentran fuera de sincronía con su bienestar mayor porque en realidad no hay sólo dos personas, Steve y Ellie, en esta relación. Hay cuatro personas: Steve y su ánima y Ellie y su ánimo.

—Comprendo que todos somos criaturas de hábito y que nuestra infancia se aparece en el presente —dijo Steve con cierta sospecha—, ¿pero qué es eso de cuatro personas? ¿Quieres decir que tenemos personalidades separadas o algo así?

—Sí, de algún modo sí —me apresuré a añadir tranquilizadoramente—. No se alarmen, todos las tenemos. Dentro de cada hombre existe una mujer y dentro de cada mujer existe un hombre. Estos son componentes naturales de nuestro psicológico mundo interior y podemos aprender mucho de ellos. Pero algunas veces toman el asiento del conductor y actúan a través de nosotros. Y pueden causar un cataclismo en una relación. Los he estado observando entrar y salir a través de ustedes dos durante la última media hora.

—Hey, espera un minuto —interpuso Steve incómodamente, como si la idea que él tenía de sí mismo como hombre luchara contra la idea de que también podía ser femenino—. ¿Estás diciendo que he estado actuando como una mujer? No estoy seguro de que me agrade hacia dónde está yendo esto.

—¿Y qué hay de mí —dijo Ellie violentamente, su ánimo dándome ahora la mirada analítica que generalmente reservaba para Steve—. Soy toda una mujer, así que no intentes decirme que actúo como un hombre.

—Me hace sentir como si fuese una "loca" o algo —añadió Steve, moviéndose inquietamente en su silla.

—En lo más mínimo. Esto no tiene nada qué ver con las preferencias sexuales sino con ver si esta relación sobrevivirá o no. ¿Puedo suponer que eso es lo que ambos desean o no habrían venido a verme?

Ambos asintieron, nuevamente en sincronía. Como era mi costumbre, grabé esta sesión en una cinta. Los obstáculos que no podemos escuchar en la voz de alguien pueden hacerse fácilmente evidentes a través de las señales visuales del lenguaje corporal, las cuales pueden observarse fácilmente al reproducir la cinta.

—Veremos juntos la cinta de nuestra sesión. Veremos si podemos seguir la dinámica de sus *compañeros invisibles* a través del lenguaje corporal y del tono en la conversación durante su sesión.

—¿A qué te refieres con 'compañeros invisibles'? ¿Estamos poseídos o algo? —preguntó Ellie, mientras colocaba el monitor de video para que todos pudiésemos verlo.

—Es un término inventado por John Sanford, un cura episcopal y analista jungiano. Escribió un *best seller* titulado *Los compañeros invisibles: cómo afecta nuestra relación lo masculino y femenino en cada uno de nosotros*. Lo recomiendo ampliamente como la más lúcida y práctica visión general de la naturaleza psicológica dual del hombre y de la mujer.

Les ofrecí una rápida visión general del ánima y del ánimo. Después vimos la cinta, poniendo los tres especial atención al momento en que Steve cayó bajo la influencia de su ánima y Ellie en la de su ánimo.

La estimulante emoción del autorreconocimiento

Se dice que una imagen vale más que mil palabras. ¿Qué precio podemos darle a un arroyo de imágenes que les revelan a dos personas básicamente buenas que su relación está siendo arruinada por los aspectos inconscientes de ellos mismos y que nunca supieron que existían? Steve vio claramente cómo se contrajo en un estado pasivo parecido al de un niñito regañado cuando el ánimo de Ellie lo atacó. Entonces observó cómo, en un intento por reafirmar su autoridad masculina, estalló de un modo salvaje y emotivo, todo bajo la influencia del ánima. Y Ellie pudo ver cómo su belleza y su natural poder femenino había sido usurpado cuando su ánimo se colocó en el asiento del conductor.

Se sintió aterrorizada por la malhumorada y severa mirada en su rostro mientras sus ojos salían de sus órbitas.

—¡Me veo como una lunática! —gritó, palmeando sus manos contra sus mejillas en señal de sobresalto.

—Yo también —convino Steve—. No puedo creerlo.

La tensión se rompió y todos reímos mientras apagaba la videograbadora.

—Lo que me preocupa es que estos aspectos de nosotros mismos puedan surgir también con otras personas. ¿Crees que actúo así algunas veces en el trabajo? —agregó Steve.

—Oh, ciertamente —dije—. Todos somos inconscientes. Así que entramos y salimos de la necesidad de afirmarnos nosotros mismos y ser más abiertos, relativos y receptivos a las necesidades de los demás.

—¿Entonces qué podemos hacer al respecto? —preguntó Ellie—. Puedo ver que estos aspectos inconscientes están arruinando nuestra relación.

Salvados por la percepción y el sentimiento

Lo que les dije a Steve y a Ellie fue que para no ser barridos por los impulsos inconscientes, como las manifestaciones ánima-ánimo, debemos ser capaces de separarnos de nuestras reacciones.

—El primer truco está en detener la mente que se conecta directamente con las emociones, utilizando la mente para enfocarnos en los pies, los brazos y las piernas, la zona neutral del cuerpo.

Ambos parecieron dispuestos a intentarlo, de modo que realizamos juntos el ejercicio de la percepción y el sentimiento. En cuestión de minutos, dijeron tener una sensación de hormigueo en sus cuerpos. Observé que tan pronto como habían establecido la conexión con los pies, las manos, los brazos y las piernas, sus rostros se relajaron de una manera considerable.

Mientras los tres seguíamos practicando, señalé que la energía mental debe ser utilizada para apoyar nuestros sentimientos positivos acerca de nosotros mismos. De lo contrario, esta energía se vería desperdiciada por nuestros cerebros excesivamente activos y por nuestros cuerpos excesivamente reactivos. Las interacciones estresantes con otras personas nos colocan en estados de combate o de vuelo y esto consume nuestros recursos físicos y emocionales naturales. Los argumentos encienden nuestro cuerpo de inmediato. Cuando nuestra mente y nuestros mecanismos del lenguaje se unen de una manera destructiva, lanzamos a nuestra pareja afirmaciones ridículas, negativamente cargadas y altamente emotivas. Les pregunté a Steve y a Ellie si alguna vez quisieron dejar de decirse cosas hirientes mientras que se sentían impotentes para evitar que de su boca saliera la cáustica efusión.

Ellie asintió y Steve la miró tímidamente.

—Lo que yo hago —proseguí— es que siempre que percibo la primera señal de conflicto interpersonal me conecto con mis brazos y mis piernas y caigo mentalmente en el interior de mi cuerpo. Les sorprendería ver lo fácil que es hacer esto cuando te encuentras bajo presión. Tremendas fuerzas de energía son generadas en el cuerpo humano siempre que ocurre el estrés. Es un mecanismo de compensación natural que nos ayuda a superar el trauma. Pero si tratamos de descargar nuestras emociones sobre otra persona y comenzamos a decir cosas desagradables e hirientes, entonces nos convertimos en algo parecido a un reactor nuclear en sobrecarga; toda nuestra fuerza vital se escapa inútilmente hacia la atmósfera circunstante. Sin embargo, en el preciso segundo que comenzamos a enfocarnos en percibir y sentir y cambiamos de la reactividad a la productividad, podemos "comernos" la carga de energía adicional que el cuerpo está generando.

—Es un concepto sobrenatural —intervino Steve—. Comer tu propia energía.

—¿Acaso nunca has visto el antiguo símbolo de una víbora comiéndose su propia cola? —le pregunté—. ¿O las estatuas del Señor Buddha con una víbora enrollada alrededor de su cuello?

—Y las estatuas egipcias con la cabeza de víbora saliendo de entre las cejas —sugirió Ellie.

—Yo siempre pensé que la víbora tenía algo qué ver con el sexo —dijo Steve con una mueca—. Ya sabes, Adán y Eva, la caída y todo eso.

Era sorprendente lo rápido que se habían vuelto creativos y se habían implicado en el proceso de autorrenovación. Ahora que se encontraban fuera de su cabeza y que estaban conectados con sus cuerpos, en realidad estaban pensando más claramente.

—Ambos tienen razón —afirmé—. La víbora representa la energía creativa que se encuentra en la mitad inferior del cuerpo humano. La espina dorsal es el Árbol de la Vida y el cerebro representa las ramas que están conectadas al estrellado mundo sobre nuestra cabeza y las maravillosas fuerzas creativas del mundo. Al encontrarnos relajados y en contacto con nosotros mismos, esa energía creativa, la víbora si así lo prefieren, puede subir fácilmente hasta el cerebro y dar lugar a grandes pensamientos, ideas e inspiración. Pero cuando nos sentimos enojados o contrariados, esa energía es absorbida y el veneno de la víbora sale por nuestros ojos, nuestras bocas, y sí, a veces incluso por nuestras manos en forma de violencia física.

—Eso es lo que se siente cuando estoy lastimando a Ellie —dijo Steve—. Como si estuviese inyectándole veneno a ella y a mí al mismo tiempo.

Asentí en conformidad y comprensión.

—De modo que al estar conscientes de nuestros brazos y piernas nos ayuda a desviar nuestra atención hacia algo más —interrumpió Ellie—. ¿Pero qué hacemos después de eso? No podemos tan sólo sentarnos a sentir nuestros brazos y piernas cuando tenemos cosas qué enfrentar.

Ella tenía un buen punto, de modo que detallé:

—Por supuesto que no. Pero si intentas ocuparte de esas cosas cuando estás al rojo vivo, ambos se quemarán. Con la práctica, sólo les tomará cinco segundos conectarse a través de la percepción y del sentimiento. Si ambos están de acuerdo en hacerlo como cosa natural, el fuego disminuirá casi instantáneamente hasta un nivel manejable.

—Pero supongamos que estoy tratando de hacerlo y Ellie se ha olvidado y dice cosas que comienzan a oprimir mis botones. ¿Qué pasa entonces? —Steve parecía preocupado al pensarlo—. No sé cuánto tiempo podría hacer esto de los brazos y las piernas sin querer desquitarme verbalmente.

—Enonces necesitas realizar un pequeño ejercicio mental al mismo tiempo que percibes y sientes los brazos y las piernas —contesté.

—¿Un ejercicio mental? —interrogó Steve—. Creí que debíamos estar fuera de nuestra cabeza.

Contando con estar consciente

—Algunas veces descubrimos que aunque estemos llevando a cabo el ejercicio de percibir y sentir, la persona que nos confronta sabe exactamente cómo oprimir nuestros botones mentales. Esto es especialmente peligroso si ese individuo nos conoce bien. En tal caso, el deseo de desenfrenarse y de reprimir puede ser más fuerte que nuestra disposición a mantenernos no reactivos. Lo que estamos implementando es algo que mantenga ocupados nuestros procesos mentales de modo que no nos acerquemos a la orilla. Hacemos un ejercicio de conteo.

—¿Quieres decir como cuando estamos haciendo el amor y yo estoy tratando de no eyacular demasiado pronto y cuento anotaciones de beisbol? —sugirió Steve.

—Bueno, esa es una manera de verlo, supongo.

Tuve que sonreír, no sólo por lo que Steve acababa de decir sino por lo relajado y dispuesto a ser vulnerable y gracioso se estaba permitiendo ser.

—Es un principio similar. El cuerpo desea tener una reacción espasmódica y tú estás tratando de controlarla. Toda sensación reside en el cerebro. Al alcanzar el orgasmo, los puntos clave como las glándulas pituitaria y pineal nos activan y nos cambian a un modo en donde la intención consciente se ve superada por la inclinación natural. Contar anotaciones en el beisbol es un proceso lineal de pensamiento que mantiene en espera a las funciones intuitivas del cerebro. Podríamos decir que las reacciones emocionales negativas, el lenguaje violento y el mal comportamiento también son intuitivos. Más correctamente, son respuestas corporales instintivas disparadas por colisiones mentales y emocionales dentro de la psique, hasta el punto en que la razón ya no puede prevalecer para mantener en observación a la reactividad. Así que entonces lo que hacemos para combatir esto es contar mentalmente una serie específica de números. Como estos...

Tomé una libreta y con números grandes escribí la siguiente secuencia numérica: uno-dos-tres... dos-tres-cuatro... tres-cuatro-cinco... cuatro-cinco-seis... cinco-seis-siete... seis-siete-ocho... siete-ocho-nueve.

—Y así sucesivamente —añadí, sosteniendo la libreta y mostrando a Steve y a Ellie lo que había anotado.

Entonces les pregunté qué observaban en la secuencia.

—Estás contando en secuencias de tres —dijo Ellie—, y cada nueva secuencia comienza con el número medio de la anterior secuencia.

—Exactamente —contesté—, y lo que me gustaría que ambos hicieran es contar esas series de números mentalmente mientras tejo una madeja verbal negativa y la aviento sobre ustedes dos. Pero primero salgamos de nuestra cabeza, vayamos mentalmente hacia nuestros pies y después percibamos y sintamos los brazos y las piernas.

Nos tomó algunos minutos hacer esto juntos. Entonces sugerí que aunque contaran mentalmente, quería que intentaran hacerlo como si el conteo se estuviese haciendo sobre su torso. Para facilitar esto, les hice que colocaran una mano sobre el plexo solar y la otra sobre el ombligo. Entonces les pedí que comenzaran a contar mentalmente y que así continuaran, sin importar lo que yo decía.

—Bueno, cualquiera puede ver que el mundo se está yendo al demonio en un basurero —me quejé, poniendo una expresión triste—. Observen la situación en Egipto. ¿Pueden ver alguna salida? ¿Y qué tal el calentamiento global? Me he sentido tan deprimido, que comienzo a pensar que quizás los cristianos fundamentalistas tienen razón y estos son los tiempos finales. Fui al dentista el otro día y mientras trabajaba en una carie, el efecto de la anestesia pasó y, hombre, tenía tanto dolor. Era una agonía. Pensé: "¡así ha de ser el eterno infierno: atado a un sillón de dentista sin anestesia mientras el demonio se ejercita por toda la eternidad!"

En este punto, Steve y Ellie rompieron en carcajadas.

—¿Qué? —pregunté suplicante—. ¿No me creen?

—No. Digo, sí... Te creo, si es lo que quieres. ¡Pero en lo personal, en verdad me importa un bledo! —dijo Ellie, retirando ahora de su rostro las lágrimas de risa—. Escuché todo lo que decías, pero era como estar escuchando a un idiota. Podía ver que sólo eran tus cosas.

—Y no lo iban a aceptar, ¿verdad? —interpuse.
—Exactamente. Era como si estuvieses hipnotizado por tu propia agenda y nada de eso tuviese algo qué ver con mi vida. Era inmune.
—¿Pero sí escucharon lo que estaba diciendo? —miré interrogativamente a Steve.
—Y probablemente podrían haberme contestado si les hubiese hecho alguna pregunta en cualquier momento, ¿verdad?
—Oh, claro —contestó Steve—. Pero no me hubiera afectado. Era como observar a una computadora imprimiendo nuestro texto. Sólo la observaría de manera impersonal.

Contando con contar uno con el otro

Después hice que Steve y Ellie trataran de contar mientras se hablaban mutuamente. Los hice sentarse uno frente al otro. Después le pedí a Steve que percibiera y sintiera y que contara mentalmente mientras Ellie le hablaba sobre cosas que le habían estado molestando. Steve sólo se sentó ahí y escuchó de manera activa. Me sentí orgulloso de él. No había la más mínima señal del ánima queriendo poseerlo cuando Ellie dijo algo que hizo que una de las pasadas acciones o actitudes de Steve parecieran malas. Él sólo se veía sólido, enfocado y totalmente concentrado. Cuando Ellie terminó, observé que ella parecía muy tranquila y que lo miraba a él con admiración. Entonces fue el turno de Steve.

Rápidamente ayudé a Ellie a entrar en un estado de percepción y sentimiento. Después comenzó a contar mentalmente mientras Steve sacó a la superficie las cosas que lo habían estado molestando. También Ellie permaneció totalmente no reactiva todo el tiempo. Sólo se sentó a escuchar y parecía estar envuelta por una paz. Cuando Steve hubo terminado, les pregunté a ambos cómo se sentían.

—Calmado —dijo Steve.

—Tranquila... concentrada —dijo Ellie—. Me siento como yo misma.
—¿Y escucharon lo que se dijeron mutuamente? ¿No fue como si se desintonizaran entre sí?
—No del todo —Ellie miraba a Steve con gran calidez—. En realidad me sentía más cerca de él cuando estaba hablando porque no reaccionaba. Antes, solía tomar su reacción como un impulso. Era como si tuviese poder sobre él durante un segundo. Pero cuando se queda así, tranquilo, no deseo tener el poder sobre él.
—¿Qué es lo que quieres entonces? —le pregunté con gentileza.
—Sólo quiero amarlo —dijo Ellie, sus ojos resplandeciendo—. Y le quiero hacer el amor.
—Vayamos a casa, cariño —dijo Steve, tomando sus manos mientras se ponían de pie.
—Antes de que se vayan, sólo hay algo más —aún no terminaba con ellos—. ¿Cuál de sus ojos están observando mutuamente en este momento?
—Estoy observando el ojo izquierdo de Steve —contestó Ellie.
—Y yo estoy observando el ojo izquierdo de Ellie —dijo Steve.
—¿Qué es lo que ven? —pregunté.
El amor que surgía de Steve era increíble mientras decía:
—Veo a la persona... no, más que eso... veo al *ser* del que me enamoré por primera vez.
—¿Y tú, Ellie? ¿A quién ves?
—Veo al hombre con el que me casé —Ellie resplandecía mientras miraba el rostro de Steve—. Estoy viendo a Steve. Él es mi esposo y no hay ninguna barrera entre nosotros. Se siente como si estuviésemos en casa.
—Siempre que haya algún movimiento, tan sólo observen entre sí su ojo izquierdo. Les explicaré eso en su próxima sesión. Ahora creo que necesito dejarlos ir.
Y se fueron. Les tomaría diariamente mucho trabajo consciente por su parte para hacer permanente el progreso que habían experimentado ese día. Pero estaban en camino.

El Ánima y el Ánimo deambulando por el mundo

La sospecha mutua e incluso la franca hostilidad entre los sexos nos rodean por completo. A través del espectro social, en las relaciones personales, en el lugar de trabajo e incluso en los encuentros casuales con personas extrañas, las manifestaciones de un desequilibrio de géneros alteran el equilibrio social. Lo que he adoptado de la psicología jungiana me ha ayudado a equilibrar el Yin y el Yang, lo masculino y lo femenino dentro de mí.

Un antiguo concepto taoísta llamado "la sonrisa interior" me ha ayudado a transformar la energía emocional negativa en una útil fuerza positiva. La percepción adquirida a partir de esta fuente me ayuda a neutralizar además la fricción potencial con la que me encuentro diariamente.

Al crear un estado de energía altamente cargado en mis órganos internos puedo renovarme constantemente sin que nadie sepa lo que estoy haciendo. Compartiré contigo esta técnica mientras aprendemos a transformar la energía emocional negativa en oro sólido.

10. Transformar las emociones negativas con el Tao

Tratando con la ira: la tuya y la de otros

El crecimiento personal es precedido, a menudo, por un cambio en la percepción —un cambio de actitud que permite el surgimiento de un nuevo punto de vista. Si podemos mantenernos mentalmente flexibles, podemos adaptar nuestra perspectiva para tratar con las siempre cambiantes situaciones con las que nos enfrentamos cada día. Para lograr esto, necesitamos respuestas prácticas a uno de los acertijos más interesantes de la vida: cómo manejar las emociones negativas y convertir su energía potencialmente destructiva en una fuerza positiva para el bien del mundo. Es imposible sentir y experimentar cualquier aspecto de la conciencia del Yo Soy cuando permitimos que nos posea la ira, el temor o cualquier otra emoción negativa. Toda nuestra estructura física se altera. Si hacemos que la energía negativa corra a través de nuestro sistema, se desperdician las finas sustancias que el cuerpo produce, de modo que pueda vibrar en sincronía con la inteligencia superior.

Según los taoístas, al enfadarnos, la energía vital o Chi que se encuentra en nuestro hígado se habrá vuelto demasiado Yang y demasiado furioso. Nuestra ira actúa como un veneno para este órgano, el cual se encuentra directamente relacionado con el flujo de nuestra sangre. Nos autointoxicamos aun y cuando tratemos de descargar nuestro desperdicio tóxico en alguien más. Es ilegal recibir la basura y los materiales de desperdicio de una ciudad o estado y descargarlos en otro. Pero por lo general no pensamos en descargar nuestros estados negativos en otros. Al expresar a gritos la ira, ya sea con alaridos o comentarios desagradables, con insultos y observaciones cáusticas, no es sólo un acto de abuso verbal hacia otros. Como nos envenena a nosotros tanto como a aquéllos a quienes va dirigida nuestra ira, es en realidad una forma de autoabuso y de vómito verbal. De repente llegamos a un punto donde no podemos soportar más la sobrecarga tóxica que nuestros pensamientos negativos y nuestro cataclismo emocional han producido en nuestros cuerpos. A veces descargamos esto a través de arranques violentos en los cuales entregamos el dominio de nosotros mismos a un proceso involuntario de expresión mental, emocional y físico.

Algunas disciplinas terapéuticas coinciden con la opinión de que resulta sano y hasta necesario liberar la ira reprimida golpeando una almohada o gritándole a tus padres mientras te imaginas que están de pie frente a ti. Lo que se estará llevando a cabo con esos métodos es un proceso de descarga, una liberación de energía tóxica interior que no puede ser convertida en un poder positivo utilizable. Esto puede resultar de ayuda en casos crónicos donde alguien se encuentra atrapado, particularmente si se lleva a cabo en un ambiente seguro y guiado por un terapeuta. Pero sólo en muy pocos casos es posible lograr una cura permanente, ya que se trata de *descarga* y no de *transformación*.

Otro punto de vista nos alienta a expresar nuestra ira, siempre que lo sentimos, con alguien que nos molesta. Esto se considera una forma de autenticidad personal, un derecho válido y natural. ¿Pero qué sucede con la energía que se encuentra *detrás* de la violenta expresión externa? ¿Hacia dónde se dirige cuando es liberada? Al lanzar nuestro tóxico desperdicio emocional sobre otros, nos volvemos responsables de que éstos se enfermen. Hacer que otros se enfermen por el mal manejo de nuestra propia disfunción es un crimen no sólo contra la sociedad sino contra nosotros mismos. Tarde o temprano regresará a nosotros.

Un padre tirano obtiene su merecido

En 1841, Ralph Waldo Emerson escribió un ensayo, "Compensación", el cual era su manera de hablar acerca de la ley del karma. Este principio de causa y efecto, llevado a la cultura occidental en los años sesenta, es ahora un tema de conversación común. Cuando el tema de John Lennon, "Instant Karma", alcanzó las listas de popularidad en ambos lados del Atlántico, programó una corriente de pensamiento que reformaba la idea bíblica de que recogemos lo que cosechamos. Isaac Newton también lo anotó: Por cada acción hay una reacción igual y opuesta. Cuando algunas veces vemos que la gente se sale con la suya en la vida, nos preguntamos si el Policía del Karma se queda dormido en el trabajo. No siempre, sin embargo. Algunas veces, el principio de "lo que va viene" toma formas poderosas.

En una ocasión fui huésped en una maravillosa casa palaciega propiedad de una encantadora mujer que estaba viviendo la buena vida como si fuese un mandato. Me dijo que llevaba casada casi treinta años con un hombre que era un total tirano. Siempre enojado, no soportaba ver que alguien no lo estuviera. Cada cena se arruinaba por el hostigamiento hacia su mujer y sus hijos. Si llegaba a casa y encontraba a su familia de buen humor, de inmediato hacía llorar a sus hijos y destruía la armonía en la casa. Un día fue a trabajar y nunca regresó. Este hombre trabajaba en el área de la construcción y cayó de cabeza desde lo alto de un edificio. Lo que resta de su vida ahora lo pasará en un estado comatoso y vegetativo. El dinero de la fianza que su esposa y su familia recibieron les ha brindado un estilo de vida materialmente próspero que pocas personas podrían imaginarse. Libres de la tiranía, al fin son una familia feliz.

Un mecánico que trabajaba en mi auto insistió en contarme cómo disfrutaba golpeando a las personas. Aparentemente, había participado en cientos de peleas y describió con detalle varios de sus combates. Con vindicación autojustificada y lenguaje soez dibujaba imágenes de él dándole su merecido a quien se atrevía a ofenderlo. Cuando lo presioné para que me dijera la razón por la que se metía en estos líos, dijo que le gustaba lastimar a las personas. También me dijo que era propenso a los accidentes y que había estado en muchos accidentes automovilísticos. Su cuerpo siempre estaba siendo abollado y lastimado, apaleado y amoratado por circunstancias que "surgían de la nada" para causar estragos sobre él. Comencé por sugerir que quizás se estaba operando en su vida una especie de proceso retributivo de causa y efecto. Pero una mirada en sus ojos mostró que el insistir en una idea semejante, podría convertirme en su siguiente víctima, de modo que desistí de manera prudente.

Somos personalmente responsables de nuestras emociones negativas y de cómo dejamos que éstas afecten a otras personas. Sin embargo, es extraño el poder que ofrece la energía negativa por un rato. El pietaje fílmico de las reuniones Nazi que Hitler dirigió previo a la Segunda Guerra Mundial muestra masas de gente encendidas por el entusiasmo de un lunático. Con las caras sonrientes y los ojos encendidos por la luz de la inspiración, sus seguidores se encuentran obviamente experimentando un tremendo ánimo positivo. Detrás de ellos se encuentra el poder de una mente negativa manifestando un justificada autoconfirmación. ¿Quién no ha experimentado una justificada indignación en algún momento? Pero cuidado con expresarla. La energía negativa que estás arrojando en el camino de alguien, puede devolver el fuego y volver a ti con redoblada fuerza.

La estrella de cine y la pandilla de seis

El actor de películas de horror, Vincent Price, relató una historia que en realidad le sucedió a él cuando se encontraba una vez en Italia. Caminaba por las calles de regreso a su hotel tras haber cenado con algunos amigos, cuando dos jóvenes punk chocaron contra él. Mientras corrían, de manera instintiva buscó su cartera y vio que faltaba. Instantáneamente irritado, Price persiguió a los ladrones. Al final de la calle, se metieron por un callejón y, ciego por la ira, el actor corrió tras ellos. Ahí, en la oscuridad, los dos ladrones lo enfrentaron. Pero no estaban solos. La pandilla a la cual pertenecían había estado acechando por el callejón y ahora los dos ladrones se habían convertido en seis. Price sufrió un instantáneo cambio de actitud. Después de haber actuado como un gigante de justificada ferocidad, se convirtió en un completo ratón, dio la vuelta y salió huyendo, sin su cartera.

Don Quijote y los molinos de la mente

Hablando de manera general, si uno debe atacar, es mucho mejor hacerlo de manera indirecta. El loco y anciano caballero, Don Quijote, arremetió directamente contra los molinos, pensando que eran gigantes. Su lanza se atoró en sus aspas. Fue derribado de su caballo y giró y giró en los batientes brazos de su "adversario". Finalmente, fue arrojado al piso con un estruendo de huesos y armadura. Los molinos tenían la ventaja de estar afianzados en el suelo, en el mundo *real*. Las agitadas aspas se encontraban *frente* a Don Quijote en el momento en que los embistió en una directa confrontación. Si se hubiese aproximado a los molinos *de manera indirecta*, por la espalda o por un costado, no hubiese sido desmontado.

Los "gigantes" eran simplemente producto de una acalorada imaginación. Cuando, en una situación social, nos enfadamos como Don Quijote, también nosotros podemos comenzar a proyectar en otras personas gigantes y duendes, brujas y demonios. Si atacamos furiosamente a estas fantasmagóricas creaciones externas de nuestra propia mente, nuestra demencia temporal se vuelve fácilmente evidente ante los demás. Quizás se sientan momentáneamente asustados por la horrible energía que estamos transmitiendo, sin embargo, no nos respetarán. Y también nosotros podemos vernos tirados del caballo y arrojados al piso para confrontar la realidad por medio de las distorsiones perceptivas de nuestra irracionalidad. Recuerda también que tu ira puede alimentar a otras personas. Podría convertir a alguien que normalmente es un ratón, en un poderoso león. ¡Y ese león podría comerte a ti!

No supresión sino transmutación

La supresión de las emociones negativas puede ser extremadamente dañina para nuestro bienestar. Necesitamos encontrar formas seguras de *transmutar* la ira, el temor, la angustia, la tristeza y la depresión en combustible útil para la vida. Afortunadamente, las emociones negativas pueden fácilmente ser convertidas en energía positiva y utilizable. Casi todas las técnicas que has estado aprendiendo en este libro pueden resultar de ayuda para hacerlo. Como le dan al cerebro algo qué hacer que solamente girar libremente, desactivan nuestras respuestas automáticas físicas y emocionales. Por lo tanto, son preactivas. Nos colocan en el asiento del conductor de la autodeterminación en una autopista en donde los otros conductores se encuentran en piloto automático.

Si bien estas técnicas necesitan ser implementadas de manera repetida en nuestra vida diaria, también pueden implementarse y convertirse en una segunda naturaleza, los puntos clave que toleran la repetición. Cada vez que enfocamos nuestra atención en nuestros brazos y piernas, pies, manos, etcétera, percibiendo y sintiendo, nos estaremos habilitando para provocar una sensación de profunda calma en nuestros cuerpos. Esto tiene un profundo efecto en nuestros cinco principales órganos internos —pulmones, riñones, hígado, corazón y bazo—. Los taoístas nos dicen que estos órganos son los instrumentos que generan la energía vital de nuestras emociones. Se encuentran conectados directamente con la manera en que sentimos momento a momento a lo largo del día. Cada órgano está diseñado para trabajar directamente con un tipo de energía vital (Chi) en particular, y la cualidad natural de la energía es siempre *positiva*. Cuando nos encontramos en las garras de las emociones negativas, nos encontramos en un estado *artificial*. Nuestros órganos trabajan con un combustible para el que no fueron diseñados.

Cada día, durante los últimos veinte años, los sencillos ejercicios taoístas me han permitido desechar fácilmente de mi cuerpo la energía emocional negativa. Quiero compartir contigo algunas de estas probadas técnicas, ya que te facilitarán un cambio perceptivo acerca de lo que las emociones negativas son en realidad. También te permitirán transformar la energía emocional desordenada en una carga positiva en cuestión de segundos. Comencemos por ver una tabla que muestra la relación que existe entre lo que sentimos emocionalmente y nuestros principales órganos internos.

La energía emocional de los órganos internos

Estados de energía positiva	Estados de energía negativa
Pulmones	
Valor y fortaleza	Tristeza, pesar, depresión
Riñones	
Dulzura, deseos de superarse	Temor
Hígado	
Amabilidad, amor propio	Ira, agresión
Corazón	
Amor, gozo, felicidad, sinceridad, honor	Arrogancia, crueldad, impaciencia, violencia
Bazo	
Equilibrio, justicia, compasión	Desequilibrio, preocupación

Transformando las emociones negativas

Este es un ejemplo de cómo la energía emocional negativa puede sujetarnos y derrochar nuestra fuerza vital. Supongamos que estás conduciendo tu auto con un ánimo positivo cuando, de pronto, alguien se atraviesa en tu camino de manera peligrosa. Haces sonar la bocina de manera involuntaria y el otro conductor te hace una señal obscena con el dedo. La angustia y el resentimiento se encienden en el interior y tú te ves poseído por un impulso de perseguir a esa persona y desquitarte. Pisas el acelerador y sales en su persecución. Pero, mientras te acercas al otro vehículo en una intersección, la luz cambia y el auto sigue su marcha mientras tú te ves obligado, por la luz roja, a detenerte. Todo lo que puedes hacer es quedarte ahí sentado y exhalar. Tu hígado está al rojo vivo, literalmente hirviendo con encendida, incisiva y furiosa energía Yang. Esto afecta a tu corazón, que rápidamente se llena de un arrogante sentido de autojustificación. Te imaginas a la persona que te ha ofendido quemándose eternamente en la escuela de manejo del infierno.

El agresor está ajeno a tu rabieta interior; ni siquiera sabe que existes. Tú, por otro lado, te sientas detrás del volante intoxicándote a ti mismo. Piensa que tus células sanguíneas fluyen constantemente a través de tu hígado mientras tu circulación las hace girar y girar en tu cuerpo. Las células sanguíneas se convierten en tejido blando, la mera sustancia de la que están hechos nuestros cuerpos. Cuando estas células pasan a través del hígado y recogen nuestra ira, se impregnan de ella. Sigue enojado y estarán formando tejido corporal con una carga de ira incluida. Algunas veces conocemos personas cuya postura y características faciales reflejan la toxicidad interior de los órganos internos que funcionan mal. Estas personas viven en cuerpos enojados que, al final, se rebelarán con una salud gravemente deteriorada por tener que tolerar semejante abuso.

Los taoístas cuentan con varias técnicas poderosas para descargar este tipo de energía de absorción antes de que pueda causar demasiados daños. Naturalmente, para lograr cualquier cambio, debemos estar dispuestos a reconocer que nos *encontramos* en un estado negativo y que deseamos realmente hacer algo al respecto. Si nos encontramos en negación y preferimos culpar a otros por nuestra incomodidad, no puede haber transmutación. Al hacernos responsables de nuestros propios sentimientos, negativos o positivos, nos colocamos en una posición de poder sobre nuestro propio automatismo. Reaccionar de una manera emocional y descontrolada, significa que somos dirigidos por nuestra programación. Al poner en práctica una técnica para la transmutación cuando vemos que nos hemos vuelto disfuncionales, podremos restablecer rápidamente la "fábrica de energía" de nuestro cuerpo a los óptimos niveles de producción. Evitamos el paro emocional y mental. Nuestro centro nuclear permanece enfocado y estable en el centro y no contaminamos el ambiente social descargando nuestros desperdicios tóxicos dentro de la atmósfera.

La técnica de la Sonrisa hacia abajo, *versión uno*

Esta es una excelente herramienta para mantener trabajando a los pulmones, a los riñones, al hígado, al corazón y al bazo con cualidades positivas de energía emocional. Se basa en la antigua técnica taoísta de "la sonrisa interior". Aunque existen tres métodos de práctica, los principios básicos son los mismos para los tres y pueden ser aplicados en cada situación.

El primer método consiste en practicar en privado, cada día, como parte de un momento de silencio o de un periodo regular de meditación. Si aún no te has formado el hábito de sentarte por las mañanas, te sugiero que lo hagas lo más pronto posible. En la vida diaria, nadie desea sobregirarse en el banco y que éste comience a rebotar nuestros cheques. De manera similar, necesitamos asegurarnos de que nuestros "bancos de energía" de paz interna permanezcan llenos y vitales a lo largo del día. De otro modo, podemos quedarnos sin capital a la mitad del día. De modo que adquiere el hábito de pasar por lo menos diez minutos en silenciosa comunión con tus propios pensamientos cada mañana, antes de comenzar el día.

Sentándote en una posición cómoda, yo en lo personal utilizo una silla que me permite sentarme de manera erguida con mi espalda lejos del respaldo. Las manos pueden descansar cómodamente sobre el regazo y los pies deben estar firmes sobre el piso, para lograr una buena conexión "de tierra" con el suelo. Esto no significa que tienes que estar en la planta baja de un edificio o afuera. Uno puede apoyarse firmemente en una gran altura e incluso en un avión. Es más una cuestión de intencionalidad y si las plantas de los pies apuntan hacia el suelo, ciertamente será de gran ayuda.

Cierra los ojos y relájate. Respira normalmente y observa la respiración durante unos cuantos minutos para interiorizar la mente. A continuación, coloca una ligera sonrisa en tu rostro. Si no te sientes con ganas de sonreír, "aprópiate de una virtud, si es que tú no la tienes", y sonríe de todos modos. Siente el ánimo positivo que produce este acto de sonreír intencionalmente, como una cálida sensación de comodidad en la piel de tu rostro. Ahora permite que la energía de la sonrisa llene tu cabeza por completo. Siéntela en tu boca y en tus mejillas, en tu lengua y alrededor de tus dientes. Permite que entre en tu cerebro y permite que tu cerebro se empape de la energía de la sonrisa.

Sonriéndole a la garganta y a los pulmones

Después de disfrutar en tu cabeza la sensación de una feliz energía sonriente durante unos minutos, permite que tus ojos cerrados la dirijan hacia tu garganta. Siente cómo se llena tu garganta con la energía de la sonrisa. Permite que tu glándula tiroides y tus cuerdas vocales se bañen en la calidez de tu sonrisa. Toda el área de la garganta parece relajarse y abrirse.

Ahora, sigue sonriendo desde la garganta y baja hacia los pulmones. Sonríe con un sentido de gratitud hacia tus pulmones por todo el trabajo que realizan al respirar por ti. Se encuentran ocupados cada momento de nuestra vida, trabajando para nosotros, generalmente ignorados y poco apreciados. Siente cómo se relajan y se expanden mientras recibes la energía de la sonrisa. Cada célula y poro de los pulmones beben fácilmente al reconocer que te encuentras en comunión con ellos. Los pulmones parecen llenarse con una sensación de valor y fortaleza. Este es el estado normal de unos pulmones saludables.

Permite que tus pulmones se regocijen en la energía de la sonrisa. Quédate ahí el tiempo que quieras e intenta sentir cómo la sonrisa está llenando tus pulmones con una sensación de fortaleza, ánimo personal y valor para alcanzar las metas de la vida. Después proyecta hacia tu corazón la energía de la sonrisa que has reunido en tu cabeza, tu garganta y tus pulmones.

Debes permanecer inmerso de 30 a 60 segundos en la profunda atención en cada órgano mientras sonríes hacia abajo. Trata de no impacientarte ni de pasar al siguiente órgano hasta que hayas logrado una total conexión con el órgano anterior. En nuestro actual mundo de apresuramiento y pánico, estamos habituados a pasar precipitadamente de un compromiso, de una cena, de una tarea a la siguiente. Tómate tu tiempo.

Curando al corazón

Nuestros corazones laten día tras día para darnos vida, la cual es percibida por nosotros debido a sus constantes esfuerzos. Ahora, mientras permitimos que nuestros ojos cerrados se enfoquen en el corazón, sonreímos con profundo agradecimiento hacia el interior del corazón. Observa al corazón abrirse como una rosa roja al recibir tu amoroso y sonriente reconocimiento. Conforme tu atención se instala en tu corazón, permite que en su interior se creen los sentimientos de amor y felicidad. Sonríele a tu corazón y siente como te regresa con una sonrisa el amor y la felicidad.

Al establecer esta conexión, tendrás una sensación de gozo en tu corazón que recorrerá todo tu cuerpo. Permanece el tiempo que quieras en tu corazón y después muévete hacia el hígado.

Amando al hígado

Este gran órgano se encuentra localizado por debajo de la cavidad inferior de las costillas en el costado derecho del cuerpo. Toma la energía de la sonrisa que has reunido en tu cabeza, tu garganta, tus pulmones y tu corazón, y sonríele al hígado.

Los ojos poseen capacidades directivas interna y externa. Aquélla ayuda a sentir que tus ojos cerrados están prácticamente recorriendo tu cuerpo hacia el interior del hígado. Permite que tu atención se enfoque en el área del hígado y báñala con la curativa energía de la sonrisa. El estado negativo en el hígado sucede cuando genera o mantiene el enojo en su interior. Apliquemos ahora el remedio para revertir esta tendencia generando mentalmente el antídoto, un sentimiento de *bondad* en el hígado. Mientras sonríes de esta manera en el interior del hígado, asegúrate antes que nada de sentir bondad hacia ti mismo. Después extiéndela hacia los demás, una agradable sensación de tener bondad y buena voluntad hacia los demás.

Los riñones

Desde el hígado, dirige el flujo de la energía sonriente hacia tu espalda y enfócala en tus dos riñones. La cualidad positiva de los riñones es la *dulzura*. Llena tus riñones con la energía sonriente de esta virtud, mientras permites que tu atención sonriente se extienda desde tu cabeza y todos los órganos que ya hemos tratado hasta aquí, para incluir a tus riñones. Un riñón es Yang y el otro Yin, masculino y femenino, podríamos decir. El sonreír dulcemente en el interior de los riñones ayudará a que ambos se relajen y se equilibren mutuamente. La práctica diaria de este acto de equilibrio persiste en nuestra vida personal. Los hombres y las mujeres actúan de una manera más normal al expresarse socialmente, en vez de que los hombres a veces actúen de manera afeminada o que las mujeres se comporten como hombres.

Ahora ya han sido tratados cuatro de los cinco principales órganos y se les ha concedido un nutritivo banquete de energía interior de la sonrisa. Al hacernos conscientes del bazo, que es el órgano del equilibrio, habremos completado la versión uno del proceso de Sonreír hacia Abajo,

El bazo

Éste se encuentra localizado por debajo de la parte frontal izquierda de la cavidad de las costillas, a través del cuerpo desde el hígado.

Mientras diriges tu atención desde los riñones y todos los lugares del cuerpo a los que les has sonreído hasta ahora, intenta sentir que todos se conectan y se relacionan con el bazo. No importa que no sepas exactamente cuál es la apariencia de cualquiera de estos órganos. Lo más importante es que cuando dirijas tu atención hacia cualquier área del cuerpo, visualices la energía de la sonrisa en esa área del cuerpo como la cualidad de energía para la que fue diseñado ese órgano en especial. Con el bazo estaremos proyectando una energía de equilibrio en el área general del bazo. Mientras llevas mentalmente "el equilibrio" al interior del bazo, nota cómo todos los órganos a los que les has sonreído se sienten ahora *en equilibrio mutuo*. Sentirás que estás en equilibrio contigo mismo.

Sonriendo hacia abajo, versión dos

Esta variación de la técnica funciona mejor después de que hayas aprendido a sanar tu relación con los órganos internos utilizando la versión Uno de la sonrisa hacia abajo, descrita anteriormente. Aquí también te sentarás en silencio. Pero en vez de concentrarte principalmente en los cinco órganos principales, una vez que la energía de la sonrisa ha sido generada en la cabeza, sonríele a todo el cuerpo hasta los pies. Estarás transmitiendo una ola de energía amorosa a través de la garganta y del cuello hacia el interior de los hombros, hacia abajo a través del torso superior, del plexo solar, del estómago, del abdomen, de la base de la pelvis y las piernas hacia el piso. Sientes cómo se mueve también a través de los pulmones y del corazón, del hígado, de los riñones y del bazo. Sin embargo, también estás consciente de llevar la energía de la sonrisa a través de las capas de la piel, del torrente sanguíneo y de todos los tejidos. Para cuando llegues a los pies, cada célula de tu cuerpo estará hormigueando con energía positiva y vital.

También es muy importante incluir a tus órganos sexuales en este flujo de atención. Los bloqueos o la negación a conectarse con este muy poderoso aspecto de nosotros mismos, puede ocasionar múltiples problemas físicos, mentales y emocionales. De modo que deberás asegurarte de sonreírle a tus genitales. Las mujeres deberían sonreírle a sus ovarios. Si los ovarios han sido removidos, es importante sonreírles de cualquier modo, como si aún estuviesen ahí.

Las personas que han sufrido alguna amputación dicen que, años después de que les ha removido una extremidad, aún pueden sentir el brazo o la pierna faltantes. Este efecto de extremidad fantasma sucede porque el cuerpo físico posee una contraparte energética, un doble que algunas veces es considerado como el cuerpo "astral" o "emocional". Los ejercicios, tales como la sonrisa hacia abajo o el de percibir y sentir, despiertan nuestra percepción mental de este cuerpo de energía y puede crear una armonía mental casi táctil con él. La práctica diaria de sonreír a través de todo órgano y tejido físico produce de manera gradual una continua conciencia del segundo cuerpo en forma de una presencia energética. La conciencia en la mayoría de las personas se encuentra atrapada y limitada al cuerpo físico que ven y sienten con sus sentidos. Esta es una visión de la realidad con una percepción extremadamente limitada. Aquellos que se aferran a ella no tienen idea de que sus percepciones sensoriales se encuentran limitadas porque no cuentan con una experiencia comparativa sobre algo más.

Cultivando la conciencia en el jardín del Chi

El individuo que cultiva una conciencia sensorial de un cuerpo físico y *de un segundo cuerpo formado por la energía que vivifica al primero*, tiene una ventaja superior sobe la tipo unidimensional. La persona que se encuentra conectada a la energía detrás de la creación material es más apta para mantenerse en sincronía con una vida que se encuentra más cerca de las fuerzas ocultas que crean al mundo que nos rodea. Las circunstancias en la vida de un individuo así comienzan a desenvolverse con una cualidad casi milagrosa. La percepción de la realidad no está limitada a un mundo de causa y efecto material. La "realidad" del mundo material se subordina entonces a la voluntad y a la percepción que han rebasado los "hechos" de la vida. Conforme subimos la escalera de la evolución, nos liberamos de las leyes a las que nos habíamos esclavizado previamente. Y nosotros mismos nos convertimos en el mismo gobierno del cual acabamos de escapar. De modo que, para tener libertad y poder, debemos expandirnos... o atrofiarnos.

No importa qué limitaciones físicas nos hayan impuesto las situaciones pasadas, podemos avanzar hacia la libertad y la renovación si sonreímos hacia abajo. Por ejemplo, si uno tiene artritis, uno le puede sonreír al área afectada. Esto es lo opuesto a lo que sucede comúnmente cuando nos encontramos físicamente enfermos. Nuestra primera reacción es odiar el dolor y tratar de alejarnos de él. Sin embargo, en el acto de sonreírle *al* dolor, algo acerca de la aceptación o de la noción de que éste existe, puede producir la cura y, en una ocasión, la instantánea liberación.

En una ocasión me encontraba en la silla del dentista cuando los efectos de la anestesia comenzaron a desaparecer en mitad de una prolongada perforación. No queriendo sufrir una segunda inyección con sus efectos secundarios de adormecimiento mental, decidí sonreírle al dolor. Me enfoque con total precisión en el punto donde el taladro tocaba el nervio —y *comencé a sentir gozo*. Aún podía sentir el dolor, sin embargo, éste se encontraba en contacto con una fuerza de energía que era superior y que parecía tener un efecto de aislamiento del dolor causado por el taladro. El gozo se hizo tan intenso que una amplia sonrisa comenzó a dibujarse en mi rostro. Conforme se hacía más amplia, el dentista, pensando que el dolor estaba haciendo que mi rostro se pusiera rígido, me pidió que relajara mi boca. Poco sabía él que una "sonrisa interior" estaba creando un estado alterado de conciencia mientras él realizaba el procedimiento de inducción de dolor; de ahí la sonrisa exterior.

Sigue al precedente de que es nuestro mayor interés el desarrollar una conciencia sensorial de los resultados energéticos producidos por el acto de sonreír interiormente. El combinar esto con la percepción y el sentimiento y con el recuerdo de uno mismo nos permite manifestar un tremendo poder personal. Todas las herramientas y las técnicas en este libro se encuentran interconectadas e interrelacionadas. Practicar una mejora la habilidad para practicar las otras y viceversa. No hay razón para que uno no pueda efectuar algún aspecto de estos procedimientos todo el tiempo, suponiendo, por supuesto, que uno desea estar consciente y no caminar por la vida como un autómata.

Sonreír hacia abajo, versión tres

La versión tres es para las situaciones sociales. Por ejemplo, mientras alguien nos está hablando, podemos estar sonriendo hacia abajo mientras escuchamos. Esto nos coloca en un modo de recarga de modo que estaremos reuniendo energía en el interior, mientras nos mantenemos atentos en la otra persona. Normalmente, cuando alguien nos habla, nuestras mentes se asocian libremente basándose en nuestra comprensión ilativa de la situación y de lo que la persona nos está diciendo. Asimismo podemos experimentar una variedad de sentimientos subjetivos —positivos, negativos o confusos. Existe a menudo también un deseo de saltar y atrapar el balón conversacional tan pronto como la otra persona deja de hablar. Todo esto consume energía. Pero si sonreímos hacia abajo mientras escuchamos, nos mantenemos relajados y dispuestos a escuchar, observando y esperando nuestro turno para hablar. Cuando decimos algo, no lo hacemos de una manera agitada sino con cierta gracia y enfoque.

Yo sonrío hacia abajo todo el tiempo. (Incluso mientras escribo estas palabras, estoy sonriendo hacia adentro.) Existen algunas situaciones y circunstancias que no se beneficiarán de este procedimiento. Naturalmente, si uno ha sufrido una pérdida genuina o está experimentando un importante dolor emocional, esto requiere de ser conocido o quizás tratado de manera terapéutica. Cuando el proceso natural de recuperación da comienzo, un regreso a la genuina y sincera sonrisa hacia abajo, nos ayudará a regresar rápidamente a la normalidad.

Existen muchas circunstancias en el transcurso del día en las que podemos practicar estas técnicas no conocidas por cualquiera. Ya sea esperando a que la luz cambie o haciendo fila en el supermercado, uno siempre puede estar "adquiriendo una ganancia" a partir del resplandor producido en nuestro mundo interior por medio de esta sencilla práctica.

Sonriendo hacia abajo y *el recuerdo de uno mismo*

Para desarrollar la conciencia del Yo Soy, debemos desarrollar el arte de saber quiénes y qué somos en todo momento a través del recuerdo de uno mismo. De nuevo debo subrayar que esto se refiere principalmente a mantenerse conectado consigo mismo a un nivel espiritual. Quién y qué eres en las situaciones sociales, aunque es importante, resulta algo secundario. Si puedes mantenerte conectado contigo mismo en todo momento, tu individualidad social encontrará su justa expresión como una consecuencia natural.

Acordándose de uno mismo en los aeropuertos

Los ambientes atestados de gente pueden ser muy útiles para practicar la desarrollada autoconciencia. Los aeropuertos son particularmente útiles porque, cuando viajamos, la mente subconsciente se desenvuelve de manera natural. El torrente de impresiones frescas inunda nuestros patrones de pensamiento y de reacción asociados con nuestras vidas regulares.

Hoy en día, los viajes se encuentran amenazados por el espectro del terrorismo internacional y prácticamente debemos desvestirnos para abordar un avión. La posibilidad de enfadarnos en un aeropuerto es alta frente al embravecido choque de cuerpos arrastrando equipajes y luchando por abrirse paso hacia el área de registro, la posible actitud agresiva de los individuos que examinan nuestros boletos y hacen preguntas insustanciales de dudosa necesidad ("¿Empacó usted mismo sus maletas?" No, contraté a Bag Packers Unlimited"), y finalmente la posición de brazos extendidos hacia fuera y con los pies descalzos a modo de crucifixión mientras uno es barrido con una especie de falo electrónico que realiza un sondeo para ver si nuestro cuerpo está conectado a una bomba.

Cada vez que un agente de seguridad me pide extender mis brazos en imitación de Cristo, si estoy percibiendo y sintiendo, soy más capaz de resistir a la tentación de decir, "Padre, perdónalos porque no saben lo que hacen".

Siempre trato de practicar el recuerdo de mí mismo tan pronto como ingreso a un aeropuerto. Al colocarme en un estado de neutralidad reactiva, permito que la intensidad de la energía generada por la heterogénea actividad en la Terminal, entre en mi *esencia* y no en mi *personalidad*. Los aeropuertos son lugares de fusión y de constante cambio —las personas se mueven por la vida, se dirigen a varios lugares. Al percibir y sentir mis brazos y mis piernas, pareciera como si recibiera la corriente fundamental de la energía transicional que se encuentra en un aeropuerto a un nivel superior a donde existen potenciales disgustos. En otras palabras, puedo "comerme" la energía del lugar aun cuando me encuentre sujeto a mayores o menores disgustos.

He descubierto varias veces que si practico lo anterior en cualquier lugar bullicioso que se encuentre lleno de energía frenética, me envuelve una enorme fuerza de calma y certidumbre. Es como si la carga positiva de energía en el ambiente, el cual está siendo oscurecido por el caos, se restableciera durante mi práctica y volara hacia mí como laminillas de metal hacia un imán. Esta fuerza desea habilitarme. Todo lo que tengo que hacer es volverme disponible; primero, haciendo un contacto de tierra con el cuerpo, después fundiendo mi conciencia humana con la presencia de una autoridad superior dentro de mí: El Yo del Yo Soy. Más adelante te daré una técnica muy especial para invocar en conformidad la presencia del Yo Soy.

Evita la charla negativa mientras comes

Ahora, exploremos un curioso fenómeno que a veces ocurre cuando las personas comen en compañía de otros. Si acostumbran hablar mientras comen, conforme avanza la comida, la calidad de su tema de conversación puede volverse negativa.

Al igual que tomamos aire para hacer que nuestra maquinaria física comience a funcionar de nuevo, así el acto de ingerir alimento debe ser una acción natural que confirma la vida. Desafortunadamente, las enormes presiones y tensiones de la vida contemporánea nos hacen tener la tendencia a vomitar nuestros alimentos de una manera inconsciente. Si somos alérgicos a nuestro propio cuerpo, como lo es mucha gente, el acto de comer se vuelve un proceso de doble conexión. Sabemos que necesitamos comer para seguir adelante. ¿Pero en realidad queremos estar aquí? ¿Nos agrada quiénes somos? ¿Estamos complacidos y emocionados por nuestro futuro o acaso el mañana parece amenazante, incierto y temible? Pero lo más importante, ¿acaso el comer remueve las células de nuestros cuerpos con un vigor de autoconfirmación? O acaso éste activa la memoria celular negativa y los estados inconscientes de alergia hacia lo que uno ha hecho de sí mismo en la vida.

Ninguna tensión con mi curry, por favor

Durante una gira de conferencias, fui llevado a un restaurante hindú por dos caballeros que iban en el grupo que patrocinaba mi presentación. Nos servimos nosotros mismos en un buffet y regresamos a nuestra mesa con platos suntuosamente servidos. Apenas nos disponíamos a disfrutar del banquete, cuando la conversación a la mesa tomó repentinamente un giro negativo. De la nada, el caballero sentado a mi derecha comenzó a hablar acerca de los horrores de la masacre de My Lai durante la Guerra de Vietnam.

Ahora se me escapa el motivo que disparó este tema de conversación. Sin embargo, recuerdo el inquietante sentimiento que reemplazó a la agradable compañía que había prevalecido previamente a este cambio. Bajé mi tenedor y mi cuchillo y observé al orador. Ahora que se encontraba en esta extraña dirección, mi opinión sobre él se hizo más aguda. Pude ver claramente que era casi del tipo neurótico, un factor que no había reconocido antes porque había estado observando principalmente su ojo de la esencia. Cuando vio que lo observaba, la efusión negativa se detuvo.

—La cena que se encuentra frente a nosotros es maravillosa —dije—. ¿Podría pedirle que evite hablar de los horrores de la guerra y de otras cosas negativas mientras comemos?

Se detuvo de inmediato y se veía mortificado.
—Oh, lo siento —se disculpó—. No sé qué me sucedió.
—No es necesario que se disculpe —contesté—. Eso sucede. Pero la conversación negativa elimina el valor que nuestras células corporales pueden recibir del proceso de comer.

Llegando a lo positivo

Observa cómo abordé directamente el problema en el restaurante hindú. No me anduve por las ramas sino que fui directo al punto. Lejos de nuestro deseo de no lastimar los sentimientos de otras personas, a menudo bailamos tanto verbalmente dando vueltas, que terminan no sabiendo en qué queríamos exactamente que pusieran su atención. Esto no significa que debamos irnos hacia el otro extremo y comenzar una sugerencia correctiva con una frase como: "Fred, seré brutalmente honesto contigo..." Lo más tácticamente posible, di la verdad tal y como a ti te parece. Y en una situación como la descrita anteriormente, no te expongas. Estás en todo tu derecho de pedir que las personas se comporten de una manera positiva a tu alrededor. Cuando nos encontramos con un ánimo positivo y podemos mantenerlo de cara a las actitudes negativas, abrimos una avenida por la que los demás pueden salir de su engaño. Los invitamos a ser más de lo que creen ser. Esta es una serie de elementos clave que te ayudarán a lograrlo:

Saca lo mejor de los demás

Comienza por aceptar a las personas como son. Dice el viejo dicho: "¿Acaso no sería maravilloso si el mundo fuese más como el tú y yo". Tratar de cambiar a los demás intimidándolos, humillándolos, reprimiéndolos, dirigiéndolos y/o criticándolos, es un total desperdicio de tiempo. Al decir "tú", enviando un mensaje que les dice a otros que ellos están equivocados y tú tienes razón, es igualmente inútil. Esto no significa que está mal querer que otra gente cambie su actitud en relación con nosotros, especialmente si ésta resulta ser perjudicial para nuestro bienestar. Este libro habla mucho acerca de hacer que otros cambien en relación con nosotros, ¡pero *hacerlo cambiando nosotros mismos en relación con ellos!*

Cuando te acoplas conscientemente a tu cuerpo, a tu mente y a tus emociones a través de los métodos que estás aprendiendo aquí, los demás cambiarán automáticamente sus acciones y sus respuestas hacia ti. Al mantener el campo de coherencia dentro y alrededor de ti, eliminarás el deseo impulsivo de hacer que los demás piensen igual que tú. Tu objetivo principal será mantenerte enfocado y autocentrado, *no importa qué suceda.* De esta manera, sutilmente invitarás a los demás a moverse más allá del conflicto guiado por el ego y acoplarse a su bondad innata, una cualidad que quizás hayan extraviado temporalmente.

Ofrece cumplidos, pero no adules

A todos nos gusta sentir que nuestras mejores cualidades son reconocidas por otros. Un cumplido a tiempo y bien situado, a menudo le ayudará a las personas a tener armonía contigo. La crítica y el señalamiento de faltas, por otro lado, tienden a dividir a las personas. A nadie le gusta un detective del carácter, alguien que siempre está husmeando en busca de las debilidades humanas. Sin embargo, conforme te haces más consciente a través de estas prácticas, verás lo bueno, lo malo y lo feo del comportamiento humano de una manera muy clara. Verlo es una cosa. "Decirlo como es", que es una frase de escaqueo por ser un obstinado idiota, es otra. Cuando puedes ver claramente los puntos ciegos y las debilidades de otras personas como hechos simples y objetivos y no sientes la necesidad de "permitirles que los tengan", habrás ganado un tremendo poder.

La siguiente etapa del juego se vuelve aún más sutil. Desde una base de poder, quizás puedas satisfacer el ego de alguien sin inflarlo. La adulación se basa a menudo en el reconocimiento de una imperfección de carácter en alguien a quien el comunicante trata de ignorar haciendo que el que la recibe esté ciego a sus propios defectos. Los cumplidos *verdaderos*, sin embargo, son el genuino reconocimiento del mérito *real* de un individuo. Sirven para reforzar la natural confianza en sí mismo y no para inflar un ego.

Recuerda que el interés propio es un principal motivador

Hablando en términos generales, estamos motivados por nuestro deseo a producir resultados que creemos mejorarán nuestras vidas. Sabiendo esto, por lo general es una buena idea enfocarse en lo que las otras personas quieren. Así, puedes utilizar *su* interés propio para influenciarlos a que vayan a donde tú quieres que *vayan* para servir a tu propio interés. Este principio opera de manera muy parecida al Aikido. Toma en cuenta el impulso de la energía en otra persona y la reorienta sutilmente para obtener una mutua ventaja de ambas partes. El interés propio de la otra persona se ve conscientemente integrado a la dinámica humana por ti, el guardián de estos principios. Es muy probable que obtengas lo que deseas. Y tú recibirás un influjo de energía para acordarte de ti mismo, como resultado de mantenerte fuera de tu cabeza, percibiendo, sintiendo y practicando la atención dividida durante la dinámica social.

Trata de descubrir lo que las demás personas quieren realmente. Si impones lo que *tú* crees que quieren, se sentirán frustradas. Muchas personas no saben realmente lo que quieren y hablan para descubrir por sí mismas lo que están pensando, sintiendo y buscando. Esto es verdad especialmente con las mujeres. Esfuérzate por ver y escuchar el subtexto primordial de cualquier conversación y así percibir las motivaciones fundamentales. El deseo es un principal motivador. Si puedes ayudarle a las personas a obtener lo que quieren, estarán dispuestas a ayudarte de manera natural.

Sé un buen oyente

Escucha a las personas con total atención. Mientras hablan, no pienses en lo que vas a decir cuando se callen. Lleva a cabo la conciencia de percibir y de sentir o de plantarte en el suelo. Pero no dejes que las personas hablen y hablen sin parar y no permitas que los egoístas de la atención te tomen como rehén. Muchos de nosotros estamos enamorados del sonido de nuestra propia voz y una vez que el "motor-boca" se enciende es a veces difícil aceptar una palabra de sesgo. Trata de no interrumpir, sin embargo, busca el momento en que la conversación te ofrezca una oportunidad para tomar el balón de manera natural. Después atrápalo, corre con él y sigue avanzando hasta que te encuentres lejos del tema que les fascina. Una vez en tu propia cancha, podrás hacer los tiros.

Aférrate al autodominio

Todas las personas anhelan tener un autodominio y una sensación de que no se encuentran a merced de los demás. Cuando hacemos que las personas se sientan inadecuadas, querrán evitarnos porque las estamos privando de un sentido de poder personal. Sin embargo, podemos ayudarlas si, de manera subliminal, les dejemos saber lo siguiente:

No pueden controlarnos
No deseamos controlarlas

Juntos, los dos, podremos entrar a un espacio en donde los dos estemos en control de sí mismos.

Tu autodominio adquirido a través de la no reactividad, es un excelente obsequio para los demás ya que eleva y unifica a aquéllos con los que te encuentras. Ellos pueden, al conocerte, alinearse momentáneamente con *su* innato aunque olvidado potencial para el autodominio. Hasta cierto punto, les estarás brindando una experiencia temporal de seguridad emocional. La falta de confianza en sí mismo genera temor y una pérdida adicional de esa misma confianza. Cuando tu autodominio le ayuda a las personas a sentirse más seguras emocionalmente, su incrementada confianza en sí mismas aumenta *tu* sensación de bienestar emocional. Quizás el universo trabaja sobre un principio de recíproco mantenimiento o de mutua alimentación y nosotros, los seres humanos, alimentamos los mutuos pensamientos, sentimientos y estados de energía. Si te mantienes en estados coherentes de autoconexión de alta calidad, garantizarás que cuando en el menú de la cadena alimenticia cósmica se te devuelva lo que tú has estado dando, será un platillo que puedas comer gustosamente.

Cultiva la dignidad

Esto aumentará el respeto por ti mismo y ganará el respeto de los demás. Nueve de diez veces, ellos se reflejarán en ti. Aunque alguien trate de socavar tu dignidad, consérvala en todo momento. Recuerdo claramente al excelente actor galés, Richard Burton, manteniendo la calma de una manera brillante en *El Show de Dick Cavett* en la televisora PBS a finales de los años 70. Cavett tuvo como invitado a Burton durante cinco días seguidos. Era obvio que una vida tan disipada y de excesiva bebida hacía mucho había privado al invitado del gran vigor que había animado sus primeros años de éxito. Sin embargo, era fascinante escuchar a Burton declamando con su magnífica voz excelentes torrentes de poesía y recordando anécdotas divertidas y espantosas de su vida como actor.

En algún momento, Burton comenzó a hablar de los peligros del alcoholismo. Él provenía de una familia de mineros de carbón del Sur de Gales. Beber era un acto siempre común en los mineros. Eliminaba el carbón de sus gargantas y mitigaba los estragos de la vida que vivían, enterrados debajo de la tierra. Burton platicó de muchos buenos tiempos que pasó en la taberna local. Pero entonces, mientras se adentraba más en el tema de la botella, el poeta galés que había en él surgió y acremente dijo algo con respecto al lado oscuro de la bebida.

Cuando la noche es larga y miserable y te encuentras atrapado en un motel en mitad de la nada, en tu embriagado estupor surge el pasado para atormentarte. Miras la lluvia fijamente a través de la ventana y ves los rostros de todos aquéllos que has lastimado por el descuido o la indiferencia hacia su humanidad. Te acechan como el fantasma de César aproximándose a Brutus antes de la Batalla de Filipo y sientes que eres la persona más infeliz que existe sobre la faz de la Tierra.

Se detuvo por un momento y alguien de la audiencia en el estudio se rió audiblemente con desprecio y definitivamente a propósito. Estoy seguro de que Burton lo escuchó. Sin embargo, ni siquiera pestañeó. Simplemente siguió diciendo lo que quería decir. Cuando terminó, cerró con estas últimas palabras acerca del alcoholismo, las cuales recuerdo claramente: "Y les aseguro, en nombre de cualquiera que alguna vez haya sufrido de esta terrible enfermedad... no es un tema de risa".

En ese momento pensé, y aún lo hago, que Burton manejó esto con sorprendente dignidad.

Ahí estaba una persona maleducada e insignificante en la audiencia, acechando la oportunidad de convertirse en una figura pública. Fuese cual fuese el fracaso personal que Richard Burton haya tenido como ser humano, era un excelente talento. Y ciertamente había vivido. ¿Podríamos decir lo mismo de ese individuo en la audiencia que se rió despreciativamente? ¿Qué clase de persona es tan impotente que todo lo que puede hacer es arrojar lodo al carruaje de un rey mientras pasa? Todos somos realezas y hasta un rey caído debe ser merecedor de nuestro respeto.

Recordando este incidente, siempre he tratado de conservar mi propia dignidad de cara a la mínima provocación. Existe un dicho: "Si un tonto me llama tonto, no soy el peor por eso, mientras que él seguirá siendo lo que siempre fue".

Trata de mantener la calma en todo momento y ten en mente que no lograrás que todos los que conozcas imiten tu emergente estado de conciencia del Yo Soy. Cristo no pudo hacerlo, ni Gandhi, que fue asesinado por un lunático. Jesús perdonó a aquellos que lo ejecutaron y Gandhi perdonó a su asesino, haciendo una reverencia al Dios que vio en su interior mientras caía al suelo. Cuando nos encontremos con aquellos que pueden extirpar nuestra alegría y matar nuestra conciencia con crueldad, observaciones negativas y comportamiento desagradable, aún podemos ver a Dios en ellos. Aun si tuvieras que darle a alguien una patada metafórica en su trasero metafísico, hazlo con perdón y con el recuerdo de ti mismo. Y conserva tu dignidad.

11. Despertar a la identidad en el mundo del sueño

Cambia tú y cambia el sueño

El mundo que tocamos y vemos es esencialmente una ilusión. ¿De qué otra manera podemos nombrar a las superficies aparentemente sólidas de mesas y sillas, cuando en realidad sabemos que están hechas de átomos y moléculas? En cierto sentido, nuestras vidas tienen lugar en un holograma de percepciones que no tienen más sustancia que la de un sueño. Extrañamente, sin embargo, el sueño parece modificable según lo entendamos. Si nuestras percepciones *interiores* de lo que la vida significa son densas y obscenas, la vida que experimentamos *exteriormente* reflejará la pesadez de nuestro discernimiento. Pero si contamos con una refinada sensibilidad de propósito que desarrolla una conciencia de nosotros mismos como almas *a través del esfuerzo propio*, lo que experimentamos dentro del holograma lo reflejará. El orden natural de la sustancia holográfica de la materia que nos rodea —la "realidad"— parece ser variable de acuerdo con nuestra percepción de ella. La vida cambia la manera en que ésta nos responde de manera material, de acuerdo con nuestro nivel de conciencia al hacer interfase con ella.

En varias ocasiones, en estados alterados de conciencia (como cuando fui "apaleado" por Mataji), he visto claramente por propia experiencia que en realidad nadie está "haciendo" nada. Todo lo que se tiene lugar dentro, alrededor y a través de nosotros, mientras viajamos por la vida, simplemente sucede. Y sucede de la misma manera en que el sol sale, las estrellas brillan, el viento sopla y la lluvia cae. El holograma de la "realidad" es un sistema de respuesta automática. Cuando estamos dormidos en nuestra propia potencialidad como vehículos para expandir la conciencia y vivir como autómatas, el mundo que nos rodea parece rígido, difícil y limitado. Al abrirnos a las ideas espirituales, nuestras percepciones cambian y el mundo, tal como lo hemos conocido, comienza a cambiar. Se vuelve líquido, fluyente y maleable. Esto nos muestra que la materia es una manifestación del espíritu sin forma disfrazado de forma y, como tal, posee el poder de la infinita adaptabilidad.

Cuando adquirimos esto, no sólo como una idea sino como una directa y conscientemente experimentada percepción, la "realidad", la acción que se está llevando a cabo a través de nosotros, y que vemos como nuestra vida diaria, sucede a un nuevo nivel de coherencia y significado. Para reiterar, conforme cambiamos, la calidad de lo que se puede hacer en el mundo —*dentro, a través y alrededor de nosotros*— comienza a reflejar el cambio en nosotros. La vida se descubre de maneras nuevas y sorprendentes.

Percibiendo y sintiendo al mundo como la extensión de ti mismo

Una vez que hemos comenzado a sentir nuestro propio cuerpo como una presencia energética, progresamos para percibir y sentir lo mismo en los árboles, los animales, los automóviles, las mesas y las sillas, las paredes de las habitaciones en las que nos encontramos y en otras personas, como algo que se encuentra vivo con el esencial y fundamental resplandor de la vida misma. *¡Esa vida es quienes somos y lo que somos!* Al conectarnos directamente con la energía *transpersonal* de donde surge el mundo *personal* de nuestras relaciones cotidianas, llevamos una *energía ilustrativa* a nuestras relaciones con otras personas. No importa si están o no personalmente conscientes de ello en el momento. Cuando nos encontramos en un estado de recuerdo de uno mismo, estamos transmitiendo al mundo y a los demás variados aspectos del *poder de la conciencia del Yo Soy*.

Tan sólo observar a alguien mientras "conservamos el campo" de poder y de presencia, hará que sus almas se despierten por un momento y vuelvan a verte *a través de ellos*. Se estará llevando a cabo la *interacción personal ilustrada*, aun cuando sus individualidades programadas y guiadas por el hábito duerman en el trance colectivo que vi cómo atrapaba en sus garras a mi madre y a mi hermana hace años cuando Mataji me despertó.

Algunas veces puedes ver la individualidad superior de una persona mirando a través de la individualidad dormida y a ti, observando mientras la personalidad dormida sigue hablando y moviéndose con los mismos patrones de comportamiento de antes. Aunque esto suceda solamente por un segundo, habrás cambiado el sueño. La interacción personal ilustrada habrá aparecido momentáneamente. El Yo Soy en ti habrá visto al Yo Soy de esa persona. El individuo que se encuentra frente a ti ha comenzado a experimentar el recuerdo de sí mismo. Si su individualidad personal ha estado comportándose equivocadamente justo antes del momento de despertarse, ésta se habrá consumido. Si él o ella estuviesen ridiculizando tu interés en la espiritualidad, los argumentos de repente sonarían huecos y disparatados. La persona pasaría de un estado de egoísmo y separación a un estado de conciencia de la unidad de la vida. Esta experiencia puede significar, para esa persona, la explosión más breve de la verdadera conciencia.

Despertando al mundo

Cuando la conciencia explota en las células del cerebro humano, aun durante un microsegundo, tarde o temprano el estado adormecido de ese individuo cambiará. Así es como el mundo será reconstruido, una persona a la vez, experimentando una realidad superior. A través de la manifestación real en lo irreal, el holograma finalmente se volverá más coherente. La calidad de lo que se puede hacer dentro, a través y alrededor de nosotros, transformará de manera colectiva nuestro desencanto por la vida en esperanza. El mundo siempre será un mundo de sueños. Pero al entrar en la conciencia superior, la realidad celestial de nuestro propio ser, ese Yo Soy que somos, *damos acceso al poder para cambiar el sueño*. Sabemos lo que es real y a partir de esa noción sabemos cómo, al cambiar nuestra existencia humana a voluntad y por extensión, *el mundo cambia*.

La primera etapa del despertar

Cuando primero comenzamos a despertar, nuestras experiencias personales comienzan a reflejar ese cambio. Conocemos personas con mentalidad parecida. Somos llevados a los libros que nos exhiben aún más. Comenzamos a vivir experiencias de liberación personal de la materia y comenzamos a conocer la materia y a nosotros mismos de manera directa como formas diferentes de energía.

Sin embargo, el leer libros y verse inspirado por las ideas espirituales es simplemente la *primera etapa* del despertar. Ciertamente existen, en esta etapa, un arrebato de energía y una sensación de liberación y renovación y esto es algo natural y es bueno. ¿Acaso no sentimos regocijo cuando vemos que los barrotes de la prisión que apresan a la raza humana existen sólo en las mentes que no pueden ver directamente la ilusoria naturaleza de la ilusión? A causa de esto, al principio solemos decirles a todos los que conocemos que todo es una ilusión. Sé que yo lo hice después de mi primer despertar.

La segunda etapa del despertar

Después de que ha pasado el primer arrebato, aquellos que están cambiando exitosamente a una conciencia superior, entran a la segunda fase. En la primera etapa ha habido una enorme descarga de información acerca de la conciencia y de las mayores posibilidades. La elevación que surgió al atrapar mentalmente las posibilidades visionarias creó un ascenso que es similar a poder ver el Monte Everest desde el valle e imaginar que uno ya estaba en la cima simplemente por haber podido ver el pico. En realidad, para subir se requiere de herramientas y de técnicas que reconectarán nuestro cuerpo, nuestra mente y nuestra naturaleza emocional. Debemos pasar por estos cambios a fin de soportar el enorme voltaje que requieren los tres niveles del despertar espiritual. Las técnicas en este libro nos habilitan para pasar, de manera exitosa, a través de las primeras tres etapas del despertar. Éstas desarrollan la voluntad necesaria para tener el autocontrol del cuerpo, la mente y las emociones que la conciencia superior necesita para expresarse a través de nosotros.

Si permanecemos en el primer nivel, finalmente el regocijo de la lluvia de información en los libros y por parte de diversos maestros se termina y comenzamos a sentirnos vacíos nuevamente. Pero al establecer conscientemente una rutina diaria de inducción a la autoconciencia como el percibir y sentir, el recuerdo de uno mismo, etc., la energía de la primera etapa pasa a la *segunda etapa*. Nos volvemos capaces entonces de generar una alta corriente de energía para nosotros mismos y recibimos una transmisión de poder espiritual del mundo que nos rodea. La materia comienza a abrirse y a revelar su esencia interior en forma de energía. Conforme nos volvemos conscientes de esta fundamental realidad a través de la *experiencia directamente percibida* (observando al mundo y a la vida formados por una sustancia espiritual), nuestra capacidad para considerar a la materia como un atributo de conciencia se adentra en nuestras células corporales, las cuales están también hechas de materia. Ellas y nosotros nos volvemos más "energizados" por la vida.

Mientras más vemos a Dios en todas las cosas, más "deiformes" nos volvemos. Por eso es que las personas espirituales a menudo parecen más sensibles que la multitud que dice que "la materia es sólo materia", que se queda donde está, incapaz de entrar mentalmente a la percepción de las posibilidades más altas. Las vidas de aquéllos que *han hecho* la transición se vuelven cada vez más incomprensibles para aquellos que no pueden cambiar. Al subir la escalera de la conciencia en etapas sucesivas, escapamos de las limitaciones de las leyes que rigen el reino que se encuentra debajo de nosotros. En la segunda etapa, estaremos aprendiendo a tomar el control de nosotros mismos y a contar con todos nuestros instrumentos corporales de una manera consciente. Somos conscientes de nosotros mismos casi todo el tiempo, sin embargo, a veces podríamos caer nuevamente en la ilusión.

La tercera etapa del despertar

Después de pasar algunas semanas o meses conectándonos con nosotros mismos, podríamos comenzar a volvernos *conscientes de la conciencia misma*. Un animal no sabe que es consciente. Existe, pero no puede pararse a un lado, observarse a sí mismo y decir: "este soy yo, existo". Un ser humano *sí* puede hacerlo. Somos capaces de ser conscientes de que estamos conscientes. *Podemos* decir: "este soy yo, existo". Pero cuando somos conscientes de la conciencia misma, nos encontramos más allá de las palabras y de la autoconceptualización. Este es el reino del sentimiento puro en el cual experimentamos nuestra esencia sin forma como una presencia. Percibimos y sentimos una energía primordial que penetra no sólo nuestro propio cuerpo sino el de los demás e incluso el de los objetos que se encuentran a nuestro alrededor "ahí afuera" en el mundo. Vemos *directa-*

mente que Maya, la gran ilusión, no está hecha *más que* de conciencia. ¡La "realidad" que le damos a los diversos aspectos de la ilusión que al parecer estamos viendo a nuestro alrededor está en nuestra cabeza! Al colocar nuestra mano sobre una mesa y sentir su superficie sólida, estamos en contacto con la última parada de un proceso creativo que surge de la conciencia sin forma detrás de la creación. Al tocar la materia, estamos tocando la conciencia pura congelada para darle forma dentro de una *eterna mente viviente*. Volvernos conscientes de la atmósfera de la conciencia omnipresente que todo lo penetra manifestándose como nosotros mismos y en una creación ilusoria a nuestro alrededor es la *tercera etapa del despertar*. Este tipo de visión no sucede toda al mismo tiempo ni cuando comienza a manifestarse por primera vez aunque haya estado ahí todo el tiempo. Recibimos visitas de ella y *la* visitamos cuando nos encontramos en la segunda etapa. Ésta se hace más frecuente, más duradera y se puede volver más o menos permanente mientras más conscientes nos hacemos. Cuatro cosas pueden obstaculizarnos en este viaje:

- Dar paso a la energía emocional negativa y ser poseídos por ella
- Identificarnos con nuestras reacciones hacia las cosas que la gente nos arroja desde su confusión personal bajo la influencia de Maya
- A través de la preocupación y de la frustración, perdiendo innecesariamente la energía que toma para mantenerse en los estados más altos por largos periodos de tiempo
- Incapacidad para sostener y conservar un sentido de identidad personal al enfrentarnos con la autohipnosis de la conciencia limitada que esclaviza a millones de personas y mantiene al mundo en el engaño

Los principios y las técnicas en este libro te permitirán permanecer firme bajo las muchas presiones internas y externas.

Podrás aprender a deambular por la locura del mundo como un gigante del autodominio, a través de un liderazgo directivo de todas tus facultades corporales, mentales y emocionales. Todo lo que se requiere es tu determinación a trabajar y a ir más allá de este libro y de todos los libros hasta el siguiente nivel, que es...

La cuarta etapa del despertar: ver la verdad de manera directa

En la primera etapa, los libros y los maestros juegan un papel extremadamente importante. Éstos despiertan el interés en los asuntos espirituales, le hablan directamente a nuestras almas que despiertan y colocan nuestros pies en el camino correcto. Nos impulsan hacia delante y si tenemos éxito en el viaje, pasamos las siguientes dos etapas y entramos a la cuarta, estas primeras herramientas habrán servido a su propósito y ayudado a que llegásemos a una "visión" de lo que está más allá de las palabras. Al no depender ya de los libros y de las palabras para conocer la verdad de todo, podremos verla directamente por nosotros mismos.

Hubo un tiempo en que no teníamos palabras en nuestra cabeza. Como bebés, veíamos la esencia de los colores, las flores, las nubes, el cielo y de los rostros de la gente con una percepción sin limitaciones. Experimentábamos lo que Platón decía de "ver al objeto en sí" sin sobreponerle nuestras proyecciones basadas en pasadas asociaciones derivadas de objetos y situaciones similares.

Para cuando alcancemos la *cuarta etapa del despertar* habremos aprendido a mirar cualquier cosa que veamos y a no entrar en nuestra cabeza. Podremos *ver sin palabras* y dejar de etiquetar, codificar, comparar, clasificar, archivar y almacenar, rectificar, formar juicios, rechazar, aceptar y todas las otras cosas que hacen nuestros idiotas mentales internos para separarnos de la vida.

G.I. Gurdjieff, maestro grecoarmenio y notorio rabelaisiano perturbador de la complacencia humana, en una ocasión se abalanzó sobre uno de sus discípulos y dijo de manera enérgica: "¡Todo el tiempo estás pensando, pensando! Yo estoy mirando".

Visión directa

¿Acaso puedes imaginarte tan sólo viendo a las cosas y verlas sin que tu cerebro emita un comentario verbal? Las palabras son tan sólo las etiquetas que utilizamos para describir a los objetos. Éstos no son "los objetos en sí mismos" y, aun así, se han posesionado de nuestras vidas. Un individuo que *ve de manera directa* no está poseído por las palabras. La verdad no se percibe con mente pensando en las palabras sino con los átomos. Cuando conoces algo a nivel celular, te encuentras en sincronía con la verdad inherente en los átomos de los objetos de tu percepción. Ya sea que se trate de un árbol, de una flor, de una pared de ladrillos o de una persona, de repente lo que estás viendo se encuentra vivo con la energía que fundamenta toda creación. Estás *viendo* a la verdad de manera directa porque tú estás vibrando con ella en ti mismo y, por lo tanto, la ves en todas partes.

Esta "visión de la verdad" puede surgir cuando hablas con una persona y existe alguna confusión en la dinámica. De pronto, sin razonar de la misma manera, ves y conoces exactamente la verdad de la situación. Y eres capaz de hablar desde esa verdad con un sentido de firme certidumbre que desvanece la confusión en todos los que se encuentran involucrados.

Tu claridad personal actúa como un poder que inicia la reintegración momentánea de la totalidad en las personas que se encuentran confundidas. La confusión surge al olvidar que el Yo Soy se ha convertido en nosotros mismos. El recuerdo de uno mismo nos reintegra a la memoria del Yo Soy como una experiencia consciente, en mayor o menor grado, dependiendo de nuestra habilidad para invocarlo a través de la práctica.

Al conectarnos con él, cesa la confusión de la identidad personal. La baja autoestima y la verdad que surge de la experiencia directa de uno mismo como un ser divino, no pueden coexistir. El poder superior (la visión verdadera) elimina la negación del poder inferior (las percepciones de la vida basadas en las ilusiones) y por medio de su silente presencia reintegra a las personas a quienes son: el Yo Soy manifestándose como personas con todas las mejores cualidades que nosotros, los seres humanos, debemos encarnar como hermanos y hermanas.

Acción directa

Ser capaces de entrar en este estado de conciencia dual, es decir, ser totalmente humanos mientras nos comunicamos con una energía y presencia superiores al tratar con las personas, puede inspirar a otros a experimentarlo también. Este proceso trabaja a través de la inducción. Una bobina magnética carga a otra con la misma corriente, hasta que ambas se encuentran vibrando a un nivel más alto. Cuando entramos en un estado de conciencia del Yo Soy de cara a la dificultad interpersonal, ese estado causa que otros individuos *copien nuestro estado*. En cierto grado, sienten el poder y la presencia del Yo Soy en ellos mismos y pueden ocurrir los cambios en la conducta.

Esta es la esencia de la verdadera relación. Nos ilustramos a través de la interacción personal con su individualidad dormida identificada con la personalidad, mientras cargamos su bobina mortal con un grado de presencia. A veces debemos conservar este campo de conciencia superior mientras transmitimos un "choque de alerta" a alguien que se está comportando de manera inadecuada con nosotros. Esto no significa que nosotros mismos nos debemos volver verbalmente abusivos. Pero sí significa *no tener miedo de expresarnos, cuando sea necesario, de una manera directa, poderosa y hasta enérgica que no admita oposición*. El doble impacto de la conciencia y el lenguaje dirigido a hacer una observación es extremadamente poderoso. No es necesario que levantes tu voz ni que grites. A menudo resulta más efectivo hablar por *debajo* de alguien que se encuentra encolerizado. Ellos levantan su voz y tú bajas la tuya en tono y volumen, mientras hablas con una mortal calma y seguridad en ti mismo. Pero si alguna vez tienes que gritar, asegúrate de practicar el percibir y el sentir, la atención dividida y el recuerdo de uno mismo. Entonces, simplemente estaremos jugando un papel, actuando para lograr un resultado sin que exista malicia, deseo de venganza ni la intención de herir.

El poder mágico de la tercera fuerza

No necesitamos vernos atrapados emocionalmente en el sueño, la desilusión o los enfados de otra persona. Podemos seducirlas con un poder superior. Supongamos que alguien está enfadado contigo y que hace ante ti un gesto de apoplejía. Aún así puedes sentir la realidad de lo que esa persona es, como presencia, detrás del ridículo comportamiento. Y en vez de dejarte manipular para que recibas el embate total de su negatividad, puedes mantenerte firme ("brazos", y "piernas"). Cuando la tormenta haya pasado sin haberte alterado, existirá la posibilidad de que esa persona vuelva en sí.

Los mejores resultados que podemos lograr con las personas, suceden porque la *tercera fuerza* —la función # 3, el poder conciliador— se encuentra presente. ¿Recuerdas al electrón y al protón? Dos fuerzas mutuamente contradictorias son armonizadas por un tercer elemento neutralizador, el neutrón. Sucede igual con las personas. Se enfadan mutuamente con puntos de vista opuestos y entonces, de repente, sucede la reconciliación. Mientras más practiques las técnicas que has estado aprendiendo y te llenes de presencia, más capaz serás de encarnar al poder conciliador. Al equilibrar las cargas positiva y negativa del electromagnetismo en tu cuerpo, se creará la tercera fuerza dentro y alrededor de ti. Al final, el resultado percibido de esta conciencia del Yo Soy puede volverse tan fuerte que, dondequiera que vayas, tu campo de energía equilibrado cambiará automáticamente los mecanismos humanos confundidos que te encuentres en un mayor equilibrio y armonía. Estarás creando un nuevo mundo porque tú mismo lo estás demostrando.

Mientras más encarnada se encuentre esta *visión* del mundo a través de la conciencia del Yo Soy, más podrá tocar y despertar la naturaleza esencial de cualquiera que se vea atrapado por el extraordinario sueño cósmico de Maya, receptiva a las influencias del despertar. Cuando esta verdad se manifiesta a través de nosotros, puede ordenar la confusión social y transformar con una mirada el comportamiento egoísta e ignorante. Esta *visión real* sólo puede manifestarse dentro de nuestra conciencia *cuando nos encontramos en un estado de presencia.*

Para reiterar, las técnicas del percibir y sentir y de la atención dividida nos mueven hacia la cuarta etapa del despertar porque utilizan la mente para examinar el cuerpo. Actúan sobre la mente como un koan Zen. Obligada a dejar de ser "lógica" —pensando con patrones establecidos— la mente se desvía hacia un modo diferente y produce una conciencia pura (pensamiento sin palabras) que llena al cuerpo de presencia. Las personas que han llegado a la cuarta etapa del despertar pueden hacer esto a voluntad, en cualquier momento y en cualquier lugar, incluso en mitad de una intensa presión social. Su sentido de sí mismos se basa principalmente en mantenerse en este estado y no en los sistemas externos de apoyo a la identidad. Por lo tanto, no pueden ser fácilmente sacudidos por otros. Saben *quiénes* son porque pueden experimentar *lo* que son.

Soy, luego existo... ¿pero quién creo ser?

El famoso aforismo de René Descartes: "Pienso, luego existo", es una reversión con una percepción más profunda. Podemos razonar sólo porque *somos*. Por lo tanto, es más exacto decir: "Soy, luego pienso". Desafortunadamente, conforme desarrollamos una autoidentidad social mientras crecemos, un ingrediente necesario para pasar por la vida, llegamos a estar tan identificados u obsesionados con *quien creemos ser*, que al final comenzamos a creer que *somos* quien creemos ser. ¿Recuerdas mi definición de un ególatra? (Él cree ser quien cree que es.) Sin embargo, si podemos desarrollar de manera consciente una posición de observación, desde un nivel espiritual, de la estructura de nuestra personalidad, podremos disfrutar de jugar nuestro papel en el mundo sin ser devorados por él. Podremos moldear nuestras personalidades para ser cualquier cosa que queramos que ellos sean, casi de igual manera en que un actor moldea un personaje para hacerlo interesante a la audiencia.

¡Nadie en el mundo puede en realidad actuar tu papel más que *tú* mismo! Por qué no ir tras ese papel y ofrecer una galardonada actuación de ti mismo actuando conscientemente el papel de quien eres y de lo que quieres mostrar al mundo. *Sólo recuerda, es sólo una parte que estás actuando y detrás de la máscara del actor (el personaje) se encuentra el verdadero tú –el Yo Soy–. No te pierdas en el papel a través de la sobreidentificación y diviértete haciéndolo.*

Es hora de jugar... (redoble de tambores) el juego de "¿Qué hay en un nombre?"

Cary Grant fue nombrado recientemente la estrella de cine más popular de todos los tiempos. ¿Pero de dónde proviene su sorprendentemente suave personalidad? Grant cobró vida como Archibald Leach y modeló al personaje que reconocemos por imitar al actor británico y personalidad del escenario, Jack Hulbert. Cuando Michael Caine estaba a punto de realizar su primer gran papel en el cine, se dio cuenta de que el nombre Maurice Micklewhite no cabría en la marquesina. Ya se había decidido por Michael como primer nombre. Al pasar por un teatro que presentaba *The Caine Mutiny*, se le ocurrió la idea y adoptó su segundo nombre de ahí.

Siendo un fan de Cary Grant desde hacía mucho tiempo (siendo ambos Cockneys), Caine finalmente llegó a conocer a su héroe en Londres, mientras él mismo rodaba una película ahí. La compañía estaba filmando en un hotel y cuando Caine caminaba por un pasillo hacia el set, se topó ni más ni menos que con Cary Grant en dirección opuesta. Conforme Caine se acercaba a Grant, señaló con el dedo y dijo: "¡Tú eres Cary Grant!"

—Sí —contestó el actor (imagina la voz)—. Lo sé.

Lo cual es una perfecta línea de Cary Grant. Curiosamente, cuando se le preguntó, durante una entrevista en televisión, "¿Quién es Cary Grant?", el actor tan sólo pudo contestar: "Ojalá lo supiera".

Nuevamente, la cuestión de la verdadera autoidentidad probó ser ilusoria. Grant se creó a sí mismo basándose en otro actor que admiraba. De algún modo, su estilo personal mundialmente conocido, surgió a partir de esto pero en realidad se basaba en una fachada que él había creado. Durante sus últimos años, tomó LSD más de sesenta veces en un intento por descubrir quién era en realidad. Siendo capaz de mantenerse atrás y observar la estructura de su personalidad como si fuese alguien más, despertó la esencia de Grant. Se vio más auténticamente conectado e identificado con su "personalidad interior" (esencia). Finalmente, fue capaz de fusionar su esencia con su personalidad adquirida y hacerla altamente auténtica. ¡Para cuando Cary Grant había muerto, se había convertido en el Cary Grant que siempre quiso ser!

Jack Nicholson dijo que él aprendió a besar observando cómo lo hacían las personas en el cine. John Wayne, también conocido como Marion Morrison, aprendió a moverse como un vaquero observando a *su* ídolo, la estrella de la pantalla occidental, Harry Carey, y fue dirigido en su modo de caminar por el actor Paul Fix. Trabajar con el veterano doble de cine y director de escena, Yakima Cannutt, le ayudó a desarrollar el estilo

Wayne, al igual que ser moldeado para la pantalla por el gran director John Ford.

Quizás no conozcamos personalmente a las personas que admiramos y cuya imagen ha formado nuestras vidas. Pero en el mejor de los sentidos, pueden representar un ideal que apoya el desarrollo de nuestra personalidad mientras encontramos nuestros pies sociales. Este tipo de "préstamo" entra en los terrenos de ser mentor por sustitución. Tampoco el hecho de que ninguno de nosotros sepamos quiénes somos debe impedir que disfrutemos al representar nuestro papel como el personaje social en el que más tarde nos convertiremos, cualesquiera que sean las fuentes de influencia. No hay nada malo en esto. Todos aprendemos de todos y un toque de *imitación consciente* puede ser mejor que la simple *réplica inconsciente de las personas inconscientes*. Sin embargo, debemos asegurarnos de que, al final, volvamos a ser nosotros mismos con una personalidad social poderosa y válida, un sentido del *mí* y del *Yo* que no es presa de demonios accidentales y que se encuentra bajo nuestra propia jurisdicción y control. A partir de esto surgirá nuestra imagen "real". En vez de ser regidos por la *falsa personalidad* y sus concurrentes inseguridades, debemos expresar la *verdadera personalidad* como un reflejo natural del alma.

La imagen puede ser importante cuando ya no necesita serlo

Lo extraño es que mientras menos dependamos de nuestra imagen, más podremos sentirnos libres para expresar y disfrutar de cualquier imagen que elijamos exhibir en un momento dado. Estar atados y ser dependientes de las impresiones externas que creamos, resulta demasiado limitante. Tener una profunda conexión con el núcleo de nuestro ser y disfrutar de la expresión de *una* variedad de atributos personales a nuestra disposición, puede resultar inmensamente satisfactorio. Pero primero debemos ser capaces de reconocer qué partes de nosotros pertenecen al alma y qué aspectos son transitorios.

Identidad personal: ¿Quién es Yo y quién es mí?

¿Cuál es la secuencia de percepción que nos hace conscientes de nuestra propia existencia?

Primero, somos conscientes de nuestro cuerpo físico a través de las sensaciones y de las acciones. En conjunto, experimentamos las emociones a través del funcionamiento de nuestro sentir. La mente, que observa estos procesos, intenta de darles un sentido a ellos y al mundo que nos rodea. Sin embargo, cada uno de nosotros intuimos "algo" en el interior y que es más fundamental que nuestros instrumentos de expresión.

Es el Yo percibido en nuestra existencia, la realidad fundamental de nuestro propio ser. Si nos preguntamos a nosotros mismos cuál es la naturaleza de este Yo, éste simplemente nos responderá: "Yo Soy Ese que Soy" —el "Éste" existe a un nivel impersonal y por ello *nosotros* existimos a un nivel personal como una extensión humana de nuestras propias profundidades desconocidas. La causa principal de nuestra existencia es, por lo tanto, podríamos decir, esta *individualidad de nosotros mismos*. Pocos de nosotros tenemos acceso directo al poder de este Yo, aun cuando fundamenta al resto de nuestra conciencia.

El recuerdo de uno mismo hace que el Yo se manifieste a través de nosotros, de modo que podamos vivir desde un lugar de gran poder y de seguridad personal. Al lograr esto, se habrá llevado a cabo un matrimonio entre aquel que reside en el núcleo de nuestro ser —el Yo del Yo Soy— y aquel que surge de la expresión de la personalidad humana que conocemos como el *mí*.

Cuando nos conectamos primeramente con el Yo y en segundo lugar con nuestro sentido del *mí*, los diferentes aspectos de nuestra individualidad se vuelven naturalmente más enfocados, coherentes, creativos y estables. Cuando tratamos de vivir *sin* un sentido de conexión con el *Yo*, es difícil disfrutar de manera consistente siendo el *mí*. En un estado así, los muy distintos aspectos de nuestra complejidad humana no tendrán ningún punto de referencia que se rija por sí mismo. Nuestra estabilidad personal depende entonces de qué parte de nosotros predomina psicológicamente en un momento dado.

A muchos de nosotros nos gustaría coincidir con otros en nuestra propia expresión. Asimismo, nos gustaría sentir que somos capaces de dar y recibir de nosotros mismos de una manera dependiente. Muy a menudo, nuestra inconsistencia conductual interfiere con nuestra capacidad para ser quien realmente queremos ser en las situaciones sociales. No siempre podemos generar los diversos aspectos de la individualidad o del *mí* con una integridad dependiente. ¿Siempre te congelabas cuando te tomaban una fotografía?

Pero cuando el aspecto personal *mí* se ve gobernado y apoyado por el poder externado del *Yo* residente, la alquimia de nuestro carisma personal florece de manera natural. Por lo tanto, nuestra inseguridad e inconsistencia humanas se vuelven minimizadas y manejables. Esta no es una acción despreciable en nuestra aterradora época.

Encontrando la belleza del Mí

Creo que a lo que nos referimos con el *mí*, nuestro ser personal, es una rica expresión de individualidad única. La persona ideal matizaría con encantadoras e inteligentes variaciones sobre quién y qué es en el gran drama humano. Las personas así tendrían un fácil acceso a cualquier parte de sí mismas en cualquier momento dado. Pero cuando las incontrolables expresiones del *yo* escapan con nuestras mejores intenciones, nos dejan personalmente pasmados. Al carecer de un norte verdadero, un centro de gravedad conductor dentro de nosotros mismos, nos podemos desasociar emocional y psicológicamente.

Al desconectarnos del núcleo, los aspectos del *mí* en nosotros mismos pueden decir y hacer cosas que el *Yo* nunca hubiera soñado. Es por eso que a menudo los criminales protestan ser inocentes afirmando constantemente: "¡Yo no lo hice!" Y quizás tengan razón. No fue el *Yo* quien lo hizo sino algún pequeño aspecto de predisposición personal que habita los suburbios del instinto conductual que se llamó momentáneamente "Yo". Este impostor se colocó en el asiento del conductor y actuó a través de la total personalidad con una momentánea voz de autoridad, usurpando la gobernabilidad del *Yo* del *Yo Soy*.

Los crímenes mutuos son cometidos por los choques de nuestra psicología personal que no podemos controlar. Pueden poseernos de manera temporal. Nos *convertimos* en ellos y, más tarde, todas las demás partes de nosotros tienen que pagar por las indiscreciones de los tontos aspectos de nosotros mismos.

El *Yo* representa el alma, los valores espirituales y la estabilidad interior. No es de sorprenderse que suframos de una baja autoestima cuando el *mí* nos traiciona y no actúa frente a los demás de una manera que coincida con el concepto ideal que tenemos de nosotros mismos. El *mí* es como un caleidoscopio que contiene millones de fragmentos de personalidad que la vida tuerce y hace girar segundo a segundo para formar nuevos patrones y formas. Resulta imposible tratar de mantener estable a la personalidad "fijando" en nuestra conciencia esos aspectos del *mí* mismo que nos gustaría y preferiríamos manifestar todo el tiempo ante los demás. Vivir con un sentido del *mí* separado del *Yo*, nos anima a *convertirnos* en realidad y temporalmente en cualquiera de los patrones caleidoscópicos aleatorios del pensamiento, el sentimiento y la reacción que ocurren mientras la vida gira el volante de las circunstancias. Por otro lado, estar centrado en el *Yo* es como sostener el caleidoscopio con ambas manos. Entonces podemos sostenerlo con firmeza y mirar a través de él para observar de manera objetiva lo bueno, lo malo y lo feo en nosotros mismos.

Esto nos brinda el *espacio interior* psicológico para observar y ser conscientemente selectivos sobre cuáles aspectos de nuestro caleidoscopio de la personalidad deseamos expresar ante los demás. Con la práctica, podemos aprender a externar principalmente los verdaderos aspectos nobles de nosotros mismos y compartir esta riqueza con otros. Cuando aprendamos a vivir, a movernos y a tener nuestro ser enfocado en el *Yo*, seremos *nosotros mismos* quienes giraremos el volante y crearemos el espectro de la personalidad del *mí* que ofrecemos al mundo. El resultado se refleja en espontaneidad, carisma, pensamiento acertado, acción acertada, encanto, gracia, inteligencia, valor, soltura, franca y adecuada expresión de uno mismo, un sentido de lo invencible, armonía personal y tranquilidad.

El tesoro secreto del éxito espiritual

La joya de la corona del desarrollo espiritual podría muy bien ser la restauración de nuestra preciada, íntima y humana individualidad: la elevación del aspecto *mí* a un perfecto funcionamiento. Al fusionar la estructura de la personalidad con la energía de la conciencia superior, del Yo Soy, nos recreamos a nosotros mismos con lo que teníamos cuando éramos bebés y que perdimos a lo largo del camino: la absoluta belleza del aspecto *mí* elevada a la madurez espiritual en un estado de matrimonio con el alma.

Cuando podamos entrar a un estado así, ya sea a través de la gracia o por una autoinducción conscientemente dirigida, seremos habilitados de manera natural por un gran sentido de *bienestar personal*. La inteligencia que le ha dado forma al universo influenciará directamente nuestras acciones. Debemos movernos por la vida como si fuésemos guiados por invisibles destellos de radar hacia el mejor resultado para nuestro bien sobre una base consistente. Esta misma fuerza también *redirige* las acciones de aquellos individuos que impedirían nuestro progreso evolutivo y mezclarían cualquier torpeza que puedan exhibir hacia nosotros. ¡Vivir en la conciencia del Yo Soy es la mayor protección porque nos enfoca en un estado que está *más allá de la dualidad* cuando casi todas las personas que conocemos viven *en ella*!

Las personas se alinean a sí mismas con confusos resultados en la vida por motivos egocéntricos. La base de su acción no es pura. Aquellos que piensan y actúan desde un estado de conciencia tal, *se confundirán frente a nosotros mientras que nosotros estaremos alineados con la conciencia del Yo Soy*. Las consecuencias de tales acciones mal dirigidas por parte de otros, a menudo toman una forma humorística. Déjame contarte cuando era yo un "idiota aldeano" y el universo me defendió del ridículo.

Los tres mordaces granjeros

Yo vivía en Anglesey, una hermosa isla lejos de la costa al Norte de Gales, donde pasé gran parte de mi infancia. En 1972 regresé a su gloriosa vista, aire limpio y ambiente tranquilo. Deseaba intentar y hacer una supercargaza entrada espiritual a la conciencia superior a través de la meditación y el ayuno. Muchos maravillosos estados vinieron a mí mientras luchaba por salir de los patrones autolimitantes del pasado.

Los granjeros de la localidad, como muchas personas que viven cerca de la región, tenían buen olfato para cualquier cosa o cualquier persona que pareciera salir un poco de lo ordinario. Pronto me di cuenta que era objeto de murmuraciones y burlas por parte de tres hombres que trabajaban las tierras de labranza donde yo vivía en una casa móvil. Cuando pasaba junto a ellos de camino a las tiendas locales, a menudo en un estado de expandida conciencia, intercambiaban miradas y "se codeaban, se codeaban, se guiñaban el ojo, se guiñaban el ojo" entre sí. Tan sólo podía escuchar su acento galés diciendo:

—Mira, chico, aquí viene otra vez.

—Cruelmente peculiar, si me preguntas.
—Elegante como un pastel de frutas.

Normalmente, los ignoraría simplemente y seguiría caminando como si no estuvieran ahí, mientras trataba de conservar mi dignidad. Ya había hecho algunas prácticas concentrándome en estos tres. En una ocasión me habían atrapado realizando un ritual de sanación mientras me abrazaba a un árbol. Esto no había ayudado para confirmarles mi buen juicio. (Toda persona espiritual en evolución sabe que abrazar un árbol para ser sanado forma parte del curso, ¿cierto?) Tampoco ha de haber servido el verme balanceando mi cabeza de lado a lado mientras dibujaba una imaginaria línea negra a través del cielo con una brocha atada a mi nariz y parpadeando hacia el sol. (Me encontraba los ejercicios Bates de reeducación de los ojos... ¿cuál es el gran problema?) En todo condado británico (por lo menos en las novelas) existe por lo general un idiota del pueblo. Pues bien, estos granjeros galeses me tenían en su lista como el candidato número uno para la oficina local.

Una mañana, dejé mi tráiler y me dirigí a la granja por algo de leche. Sin embargo, este no era un día común ya que estaba experimentando un estado alterado. Era una variación a la experiencia que tuve cuando fui despertado por Sri Mataji y vi a todos dormidos. Experiencias como estas comenzaban a surgir por sí mismas y ésta produjo una sensación de estar extendido en la conciencia sobre una vasta área en todas direcciones. Mientras caminaba, parecía moverme sobre la periferia de mi propio ser expandido como la conciencia del Yo Soy. Los árboles, el cielo, el océano azul y las distantes montañas eran todos yo mismo, al igual que las vacas, los borregos y hasta los tres mordaces granjeros. Al cruzar por un campo, los vi realizando alguna tarea en el camino que se encontraba adelante. Estaban a punto de afianzar un poste de madera en la tierra, justo en medio de la pequeña abertura que llevaba de un campo al siguiente. Como esta era la única salida, tendría que pasar justo en medio de ellos mientras seguían trabajando y se reían de mí entre ellos.

No lejos de mí, uno de los hombres se encontraba de rodillas sosteniendo el poste, otro estaba de pie sosteniéndolo un poco más elevado. El tercero estaba preparándose a balancear un gran mazo para martillar la parte superior del poste y enterrarlo en la tierra. Mientras me aproximaba, el hombre que se encontraba de rodillas me vio e hizo un inteligente comentario al otro hombre que sostenía el poste. Vio hacia mí con una sonrisa burlona. Pero al hacerlo, su distracción hizo que el poste se desviara del centro mientras el tercer hombre balanceaba su mazo hacia éste con ambas manos. El mazo hizo una curva en el aire con toda la fuerza que el hombre podía reunir. Pero en vez de aterrizar sobre la parte superior del poste, tocó la orilla y golpeó el brazo del hombre que se encontraba de pie para sostenerlo. Lanzó una maldición y soltó el poste, el cual se ladeo, llevándose con él al hombre que se encontraba de rodillas. Al mismo tiempo, el que tenía el mazo perdió el equilibrio y cayó de bruces sobre sus compañeros. Mientras el poste caía en tierra, los tres hombres lo siguieron, desparramados en un grotesco cuadro de contorsionantes miembros y maldiciones. Mientras tanto, aun deleitado por mi copita, atravesé esta pelotera como si fuese guiado por un invisible radar de inteligencia cósmica y entré ileso en el siguiente campo.

No tuve que defenderme personalmente. La armonía con las fuerzas superiores me hizo cruzar en medio de su intencionada burla. Se desataron y se convirtieron en los idiotas de la aldea en una escena que podía haber sido recogida de Los Tres Mordaces. A partir de esta experiencia aprendí que existe un nivel de armonía en el cual no necesitamos defendernos nosotros mismos en un sentido convencional. Cuando nos encontramos en armonía con las leyes superiores, aquellos que nos contradicen simplemente se alinean con leyes más densas. La densidad de su comportamiento no puede tocarnos, ya que adquieren para sí mismos una lección por parte de un universo que refleja su propia densidad de percepción.

La unión entre el Mí y el Yo

Puedes observar a partir de esta verdadera historia que la mayor seguridad que podemos tener, de cara al antagonismo y de las complejidades internas y externas de la vida, es estar conscientemente conectados con un firme sentido de la individualidad que se encuentra en el núcleo de nuestro ser. Imagina una columna central de poder magnético dentro de tu psique, alrededor del cual el torbellino de los siempre cambiantes pensamientos, estados de ánimo, sentimientos y expresiones pueden revolverse. ¿Acaso no puede servirnos semejante identidad interior como una brújula magnética para las alocadas rotaciones del punto de alcance de la confusión y la inseguridad que plagan el ego humano?

¿Quién no desea liberarse de cualquier imposición automática sobre nuestro sentido de la libertad y de la autodeterminación por parte de nuestras habituales respuestas hacia la vida? ¿Y quién no desea sentirse seguro y efectivo en un mundo en donde la inseguridad personal y nacional tan sólo puede aproximarse a nosotros cuando podemos enfocar nuestra atención, a voluntad, sobre un sentido real y permanente del Yo dentro de nosotros mismos? Para reiterar, podríamos describir al Yo como nuestro sentido *transpersonal* de la individualidad y al *mí* como la individualidad personal, la expresión humana que nos hace reconocibles ante el mundo, si no siempre ante nosotros mismos.

Todo lo que has estado aprendiendo en este libro nos ayuda a unir al Yo y al Mí en un todo unificado. Percibir y sentir, la atención dividida y el recuerdo de uno mismo son prácticas que, de manera natural, nos mueven hacia una fusión de lo personal y lo transpersonal. En vez de que el alma y el ego estén a la deriva, se crea un matrimonio entre nuestra individualidad espiritual y nuestra individualidad humana. Cada una sirve a la otra en una mezcla de cooperación mutuamente benéfica. En un mundo donde los contenciosos aspectos de la naturaleza humana parecen volverse locos, el poder que surge al unir al *mí* con el Yo acelera nuestra posibilidad evolutiva.

La espina dorsal y el cerebro forman El Árbol de la Vida

Para llevar a cabo el matrimonio entre el *mí* y el *Yo*, debemos conectarnos *primero* con este último. Entonces nuestra personalidad se reestructurará alrededor de nuestra percepción de una inconfundible energía interior que reconocemos como el Yo Soy, la fuente fundamental de nuestro ser mismo.

Este poder palpita continuamente dentro y alrededor de la columna central de la espina, la cual actúa como una varilla de alumbrado mientras transmite la energía de nuestra sexualidad hacia el cerebro y de regreso. De acuerdo con los taoístas, todo el sistema cerebroespinal está diseñado para recibir y transmitir la energía de la tierra y del universo a través de todo el cuerpo y radiarla al mundo. Desde esa perspectiva, el organismo humano cuerpo-mente puede ser considerado como un aparato creado para la recepción, la generación y el procesamiento de ciertas sustancias energéticas que sirven a propósitos cosmológicos.

Los individuos que realmente comprenden esto, no como un concepto mental sino que sienten la verdad de éste en las células de su cuerpo, no pueden ser egoístas. Saben que sus deseos y ambiciones, tan válidas como parecen ser, palidecen hasta hacerse insignificantes cada vez que se permiten, de manera consciente, convertirse en estaciones de transmisión móviles para el Espíritu Santo. Ellos saben que el Yo Soy es el hacedor de todas las acciones y colocan al flujo de la energía divina a través de sí mismos como la principal prioridad en sus vidas.

12. El Yo Soy y el recuerdo de sí mismo

¡Entonces, de regreso; cuando Dios hablaba en Zen!

El nombre de Dios, tal y como fue expresado a la civilización occidental a través de nuestra herencia judeo-cristiana, es: Yo soy Ese Yo soy. ¿Qué puede un mundo que ha "vendido su alma por una masa de hechos desconectados", por citar nuevamente a Carl Gustav Jung, hacer con una afirmación tan ambigua? Obviamente, se encuentra en nuestra cabeza repleta de información. En su libro *La Historia de Dios*, Karen Armstrong afirma de una manera algo cómica que cuando Moisés habló con Dios en el Monte Sinaí, le preguntó Su nombre y obtuvo como respuesta "Yo soy Ese Yo soy", le estaban diciendo que se ocupara de sus asuntos. Si es así, era un Dios extraño que guiaría a Moisés a través del candente desierto después de haber sido expulsado de Egipto, que proyectó una imagen de sí mismo sobre una montaña y después, simplemente, le dice a Moisés que se vaya al cuerno. Lo que Armstrong no logra captar es la naturaleza casi parecida al koan Zen de la afirmación "Yo soy Ese Yo soy". La mente racional no puede hacer nada con eso. De manera similar, si fuésemos a un retiro budista y nos pidieran ver fijamente a una pared en blanco durante diez días mientras nos preguntamos una y otra vez: "¿acaso el perro posee una naturaleza Buda?", nuestra inteligencia humana ordinaria no sería capaz de ofrecer una respuesta. Pero lejos de esforzarse por atrapar lo intelectualmente inapresable, podría suceder un trastorno de la mente lógica ordinaria que podría causar un estado alterado de conciencia, una directa percepción de la verdad más allá de la "racionalidad".

El poder la transformación en mito y leyenda

Ya sea que veamos al Antiguo Testamento como una revelación divina o como una colección de historias fantásticas judías, el encuentro de Moisés con el arbusto en llamas es idóneo para suscitar la interpretación metafísica. La popular serie de televisión de Joseph Campbell, *The Power of Myth* le dio a mucha gente la noción de que la verdad no se encuentra en el hecho literal sino en las dimensiones místicas contenidas en leyendas, cuentos e historias fantásticas. Observemos desde esta perspectiva el encuentro cercano con Dios en el Monte Sinaí.

Moisés observa una luz en lo alto de una montaña sagrada que, según decían, era la casa de Dios y dice: "Me haré a un lado y veré esta maravilla". *Hacerse a un lado significa alejarse de los asuntos de actividad ordinaria y externa que se llevan a cabo en el interior y tener internalizada a la propia conciencia, como en la meditación.* Entonces sube al Sinaí, la montaña sagrada.

Esta "subida" representa la ascensión en la conciencia. Al estar cerca de la cima, Moisés observa que la luz proviene de un arbusto, ardiendo en llamas que no lo consumen. Con su conciencia ahora interiorizada, la personalidad de Moisés y su ordinario sentido de sí mismo (su ego) voltean para enfrentar la luz interior de su propio ser divino. ¡Está experimentando la "iluminación", estar ardiendo internamente con un fuego de sabiduría que no consume lo que quema a su alrededor sino que produce el "esclarecimiento"!

Sexo en el cerebro: la energía creativa y la conciencia superior

Metafísicamente hablando, el arbusto en llamas representa al Árbol de la Vida en el centro del cuerpo físico, el *verdadero* y místico Jardín del Edén. La raza humana ha salido de la conciencia de su verdadera naturaleza divina y ha entrado en la colectiva autohipnósis de la dualidad —el conocimiento del "bien" y del "mal", el continuo juego de poder de las fuerzas opuestas. El tronco del Árbol de la Vida es la columna vertebral y las ramas y las hojas, el cerebro humano con sus muchas funciones de inteligencia. Las raíces del árbol se encuentran en la base del cuerpo, encajadas en el poder creativo tremendamente latente de la sexualidad humana: la serpiente en el Jardín del Edén.

Este poder, el cual es mencionado a veces en los sistemas esotéricos como el Kundalini, es ampliamente responsable del estado de autohipnosis en el cual nos encontramos. Al estar conscientes de la materia como la única realidad, el Kundalini entra en nuestra imaginación y nos hace soñar despiertos en quien creemos ser y en lo que *imaginamos* que es el mundo. La serpiente se encuentra enroscada alrededor de la base del árbol y en su raíz se encuentra nuestra energía sexual. Aunque ésta puede mantenernos dormidos en la imaginación, podemos también utilizar su poder para despertar del trance de Maya.

Para crear un estado de conciencia ilustrada, la energía sexual debe ascender a la cabeza, iluminando con fuego y luz los átomos de la espina dorsal y del cerebro.

No se requiere de la actividad sexual para que esto suceda, aunque algunas prácticas tántricas puedan inducir el despertar de esta manera. Sin embargo, hasta un místico celibato gira en torno al innato poder creativo de la energía sexual al estar experimentando el éxtasis divino. Es el combustible necesario para la transformación de la conciencia.

La energía sexual ha sido representada en muchas culturas como el poder de una víbora o de una serpiente capaz de dar discernimiento. Las imágenes del Buda a veces lo muestran con una víbora enroscada en su cabeza. Algunos dioses egipcios son representados con la cabeza de una víbora saliendo de sus cabezas en el punto medio de las cejas. De Moisés, supuestamente un ex príncipe de Egipto, se ha escrito que "levantó la serpiente de la maleza", el desierto de la conciencia ordinaria. Llevó el poder de la serpiente de la energía sexual hasta el cerebro y tuvo un instante de iluminación. Quizás aprendió algo de esto de los egipcios, quienes probablemente lo aprendieron del Oriente, en donde la comprensión del poder de la transformación de la energía sexual ha sido conocida durante miles de años.

Tan sólo podemos especular, pero supongamos que como su fuerza vital fue llevada por completo al interior, Moisés contempló la divina realidad de su propio verdadero ser, su personalidad habiendo sido puesta a un lado con sus zapatos. Su Árbol de la Vida interior estaba "ardiendo" con "la luz" de Dios que arde en el centro de cada átomo. Moisés está viendo a Dios dentro de sí mismo y su yo personal comienza a tener un diálogo con el Yo Soy. Una voz surge de entre la luz y le dice a Moisés que se encuentra en comunión con el Dios de sus padres, el Dios de Abraham, de Isaac, etc. Esto tiene sentido a nivel espiritual porque la espina dorsal y el cerebro de todo ser humano es una manifestación de esta misma Luz Única de Inteligencia Divina. Abraham, Isaac, tú y yo. Entra por debajo de la piel y todos estamos hechos de la misma eterna sustancia: Yo soy Ese Yo soy.

¿Hay alguien atrapado aquí?

La voz le dice a Moisés que "Ésta" ha escuchado los gritos de Sus hijos "quienes se encuentran atrapados a causa de sus capataces". Recordarás que Moisés llegó al Sinaí después de haber sido exiliado de Egipto, en donde su gente (los judíos) eran esclavos de trabajos forzados.

Para nuestro propósito no importa que no exista registro histórico de Egipto que señale que los judíos estuvieron alguna vez en Egipto. Estamos persiguiendo la verdad enclavada en el mito. Aquí, el valor simbólico es que todas las personas que están esclavizadas por las ilusiones colectivas que surgen del trance consensual se encuentran *atrapadas en Egipto*. Hacen ladrillos con lodo y paja.

Qué poderosa metáfora es esta. Atrapados en la percepción de la materia como materia, ellos ven al mundo que los rodea no como diferentes patrones de energía sino como sólidos que serán manipulados por la egoísta voluntad humana. Guiados por "capataces" de frustradas expectativas y por el dolor de la separación de su propia naturaleza espiritual, sus almas se encuentran inquietas. Su personalidad esencial pide la remembranza y la libertad de la prisión de la limitada autoconciencia, ya sea que su personalidad humana lo sepan o no. Hasta el alma de un ateo anhela la libertad.

La voz de la luz interior ordena a Moisés regresar a la conciencia ordinaria y a la vida material (Egipto), se presente ante Pharaoh (a la conciencia del ego) y exigirle que "¡Deje ir a mi gente!" Desde nuestro inusual punto de vista exploratorio, la interpretación de "gente" sería las miles de sùbpersonalidades, los pequeños "Yo" que nos hacen ser quienes somos hasta que seamos gobernados por el verdadero Yo del Yo Soy. Conforme el impulso de despertar del trance masivo se hace cada vez más fuerte, un "Moisés interior" surge del interior de todos nosotros.

Una poderosa parte de nosotros que es guiada por Dios se pone de pie y demanda de nuestro ego llamado Pharaoh que libere a los "hijos de Israel" —la multitud de hábitos no dirigidos, patrones de pensamiento e impulsos que residen en nuestra conciencia— las muchas "personas" que integran a la persona que somos. El alma exige al ego "¡Deja ir a mi gente!"

El poder del Yo Soy para reordenar el mundo

Recordarás que en la leyenda, cuando Pharaoh finalmente libera a las personas y Moisés los guía en el desierto hacia la "tierra prometida", el rey celestial lamenta su decisión y persigue con sus carrozas a la gran horda de gente migratoria.

Atrapados con la espalda hacia el Mar Rojo, Moisés y sus discípulos parecen impotentes mientras Pharaoh y sus hombres se apresuran a atraparlos. Pero Dios envía una columna de fuego para obstaculizar su camino. Entonces Moisés envía a su gente a las aguas del Mar Rojo y parten, permitiendo a los Hijos de Israel que crucen a salvo. Una vez que han cruzado a salvo, la columna de fuego que retiene a los egipcios, se desvanece. Ya sin obstáculos, los carroceros de Pharaoh se sumergen en la milagrosa vereda que aparece entre las aguas. Son ahogados cuando las dos paredes de agua se colapsan y el Mar Rojo regresa a la normalidad.

Uno sería perdonado por decir: Excelente para Hollywood y Cecil B. De Mille, pero una fantástica tontería. Sin embargo, los investigadores británicos han determinado que si la historia de Moisés es real y no un mito, hubiese hecho que su épica peregrinación saliese de Egipto casi en el momento en que un volcán hacía erupción en la isla mediterránea conocida actualmente como Santorini.

Semanas antes de la erupción del volcán, nubes de asfixiante gas habrían sido dispersadas en la atmósfera junto con lodo de color rojo. Los vientos podrían haber enviado nocivas nubes hacia Egipto, donde caía una lluvia de color rojo como la tierra, liberando un "plaga de sapos". Después de que el volcán explotó, el "quemante granizo" que cayó del cielo sobre Egipto era posiblemente piedra pómez al rojo vivo, de igual manera, lanzado hacia Egipto desde Santorini.

Cuando los grandes pedazos de isla finalmente se hundieron en el mar, esto creó un efecto parecido a un tsunami. El agua se precipitó para llenar el hueco en el Mediterráneo creado por el volcán haciendo erupción y parte de la isla hundiéndose. Esto separó las aguas del Mar Rojo, creando un pasaje seguro para liberar a Moisés y a sus seguidores. Cuando llegaron a salvo del otro lado, una inmensa ola regresó a tierra y destruyó a los perseguidores egipcios.

El equipo de investigación británico que presentó esta propuesta declaró que esta teoría no disminuyó la naturaleza extrafantástica de estos sucesos. El milagro, decían, era que Moisés haya sido guiado por Dios para estar en el lugar preciso en el momento preciso. Armonizarnos con nuestro destino —estando en el lugar preciso en el momento preciso— puede suceder sobre una base continua como resultado de subir nuestra propia "montaña sagrada" para entrar a una conciencia superior y sentir el poder y la presencia del Yo Soy que irradia desde nuestro interior. Uno no necesita escuchar voces y ver con toda la luz el cerebro y la espina dorsal. La prueba más grande de la presencia de Dios es un sentido de paz, seguridad y fortaleza que todo lo penetra y que es mayor que cualquier dificultad que la vida externa pueda presentarnos.

Fuego por dentro. Verdad por fuera

Todos los buscadores de la verdad deben llegar a un punto en el cual *harán* su propia entrega. No podemos crecer a menos que abandonemos el vínculo con los antiguos patrones y con las maneras de relacionarnos con la vida basándonos en el sueño social particular de esos tiempos. El lenguaje y las imágenes pueden cambiar pero el mensaje esencial ha sido el mismo de siempre. Despierta a la vida o duerme para morir en la ignorancia de quienes y lo que realmente somos sin haber vivido del todo en realidad.

Para despertar, debemos cultivar una experiencia viviente del Yo Soy a través del recuerdo de uno mismo. Después, apoyados por el fuego y por la luz en nuestra espina dorsal y en nuestro cerebro, debemos salir y experimentar cada día con la verdad, probándonos a nosotros mismos en el ebullente caldero de la actividad humana. La pregunta es esta: ¿Podemos aferrarnos de nuestra divina conexión con nosotros mismos de cara a la locura? ¿Somos capaces de no sólo mantenernos firmes en medio del choque de los mundos que se derrumban sino llevar la paz a aquéllos con quienes nos encontramos mientras nos mantenemos conectados con la realidad que va más allá de la ilusión? Ahora posees las herramientas y el conocimiento para hacerlo. Todo lo que queda es tu consentimiento para llevar a cabo esta tarea.

Nuestro Árbol de la Vida —la espina dorsal y la cavidad de las costillas— parece una bobina electromagnética. La energía corre de arriba abajo en el cuerpo humano constantemente a través de esta bobina e inunda de vida el resto del cuerpo (nuestro Jardín del Edén). Los individuos que se encuentran bajo el dominio de Maya, la gran ilusión, no le encuentran un sentido a todo esto. Su fuerza vital simplemente entra y sale del cerebro, confirmando que lo que es visto, saboreado, tocado, escuchado y olido, es real. Esta es, como dije, la causa principal de la colectiva autohipnosis sociológica. Nuestra energía vital por lo general fluye fuera de los sentidos con tal fuerza, que los objetos que percibimos consumen nuestra atención en alto grado. Al estar bajo este hechizo, un insuficiente poder permanece en el interior para sentir nuestra propia energía en la base de la espina y del cerebro. Se debe generar en nuestro interior un poderoso núcleo magnético para revirar el constante flujo de energía a través de los sentidos.

Queremos estar enfocados energéticamente dentro de un grado *igual a la cantidad de energía que sale*. Para reiterar, estamos hablando de atención dividida.

Divide tu atención y vencerás

A través de una *conciencia dual* de la vida constantemente mantenida dentro de nosotros mismos y en el mundo que nos rodea, podemos habilitarnos a *sentir* realmente el poder del universo en nuestra espalda. (Para más detalles acerca del ejercicio de la atención dividida y otras técnicas relacionadas, consulta el Capítulo Ocho.) Esta práctica ayuda naturalmente a magnetizar la espina dorsal y el cerebro y permite que el Yo Soy se manifieste como una inherente fuerza de electricidad en nuestra vida diaria. Nos brinda el soberano poder dentro de un mundo de egoísmo y el choque entre las personalidades hambrientas de dominio. ¿Por qué? Porque la presencia del Yo Soy puede sentirse como una sensación vibratoria, la cual emana de la espina dorsal y se irradia a todo el cuerpo y más allá.

¿Recuerdas mi anterior definición de un egoísta? Este individuo posee una *atención no dividida*, ¡y se encuentra en todo su cuerpo! En tal caso, no puede haber un sentido real del Yo. Existen sólo los siempre cambiantes estados de ánimo, deseos e inseguridades personales. No existe una individualidad verdadera. No existe un verdadero Yo.

A diferencia de un individuo así, cuando entramos a un estado de atención dividida mientras tratamos con una situación dual externa, *experimentamos un sentido de unidad personal*. Al ver hacia adentro y hacia fuera al mismo tiempo, con igual atención, cancela la percepción usual del dualismo de la vida —bien o mal, negro o blanco. El dualismo es el reino del dilema en donde las diferencias irreconciliables se encuentran presentes. Pensar de manera contraria es el pan de cada día de la mente engañada, la cual se ha vuelto adicta a la percepción dual. No puede bajarse del columpio porque no puede ver una posibilidad mejor: *La reconciliación de los opuestos*.

Un nuevo orden en el mundo a través de la conciencia del Yo Soy

Lo opuesto a la paz es la guerra. Ninguna puede eliminar a la otra. Desde los inicios de la historia, las personas razonables han tratado de librarse de la guerra suplicando por la paz. Obviamente, esto no funciona. Lo que se requiere es de un tercer elemento. Para crear un nuevo mundo de interacción personal, *debe estar presente la energía de la reconciliación*. Cualquier persona que pueda sentir, en cierto grado, algún aspecto de la presencia y de la energía del Yo Soy, particularmente en una situación conflictiva, estará introduciendo en el mundo la fuerza conciliadora. Tú y yo no podemos detener directamente los diversos conflictos internacionales que están surgiendo. Pero cuando el Yo Soy se manifiesta en tu conciencia, tus células corporales (formadas por átomos, con sus electrones, protones y neutrones) están vibrando con la energía que equilibra a los opuestos. Al convertirse en una estructura física estable en un mundo que se encuentra atómica y anatómicamente fuera de servicio, estarás manifestando a manera de demostración la energía del nuevo mundo de interacción personal, justo donde estás. Y tú *estás* cambiando al mundo porque el mundo está formado de átomos y tú eres parte del mundo.

La inteligencia detrás de las escenas del planeta Tierra —ya sea Dios, los ángeles, los seres extraterrestres o la naturaleza (tu elección), cualquier cosa que haya causado que apareciésemos en este mundo, seguramente se regocijará cuando los seres humanos se acoplen con la verdad de su existencia. Sé por experiencia propia que mientras más me alineo con esa verdad a través del recuerdo de mí mismo en una conciencia superior (Yo Soy), más ayuda obtengo *para hacer más de lo mismo*. La vida sólo se abre para mostrarme más y más verdad (Yo Soy) en todos lados.

Nacimos para acordarnos de nosotros mismos... pero lo olvidamos

La psicología moderna pasa por alto el factor número uno que podría abrir muchas puertas hacia la comprensión de la mente humana: Que nosotros, los seres humanos, vivimos en un estado de *constante olvido de uno mismo*. Observa a las personas cuando comienzan una conversación y rápidamente notarás cómo consume a los participantes el intercambio de palabras y de sentimientos. Las reacciones emocionales, las opiniones políticas, lo agradable y lo desagradable, los prejuicios y las predilecciones —todo ello se ve reflejado en el movimiento de los ojos, el rostro, la postura, el lenguaje corporal y en el tono de la voz. Cualquier sentido de un cuerpo que dirige, una individualidad única, existiendo independientemente de lo que se está expresando, desaparece pronto.

Los momentos en la vida que podemos evocar vívidamente en la memoria, los momentos cuando el significado se encontraba realmente presente, por lo general son proporcionales al grado de recuerdo de uno mismo en el que nos encontrábamos cuando los eventos tuvieron lugar por primera vez. En tales casos, no sólo estábamos físicamente presentes en ese momento y lugar en particular sino que *estábamos presentes para nosotros mismos en ese momento.*

Todos hemos experimentado el recuerdo de uno mismo de vez en cuando. Es una habilidad natural que de algún modo hemos extraviado en nuestro deambular evolutivo. Pero algunas veces las situaciones intensas y altamente significativas nos pueden llevar nuevamente a eso. Unos cuantos ejemplos de eso en mi propia vida incluyen:

Decir mis votos de matrimonio
La primera vez que sostuve a mis hijos al nacer
El día que me divorcié
Experimentando a Dios como una realidad directa
Entrando a diversos estados místicos de conciencia
Viendo a los ojos de mi verdadero amor
La primera vez que volé en un avión
Cuando un lunático trató de matarme
Escuchando la Sinfonía núm. 2 (Resurrección) de Gustav
  Mahler desde la primera fila, a tan sólo unos pasos de la
  Filarmónica de los Angeles

En este breve ejemplo notarás que no todas las experiencias accionadotas fueron lo que podríamos considerar positivas. El recuerdo de uno mismo puede verse precipitado por la tensión y el choque e incluso por el conflicto así como por una circunstancia positiva. Siempre se caracteriza por cierta *viveza* de la experiencia que puede ser recordada con absoluta claridad incluso años después.

La siguiente historia relata cómo pude acordarme de mí mismo bajo condiciones de estrés, aplicando muchas de las técnicas que tú has aprendido aquí. También muestra cómo me enfrenté al elemento de las sombras e incluso cómo utilicé mi propio "lado oscuro" para entrar en un elevadísimo estado de conciencia mientras trataba de crear una interacción personal ilustrada con alguien durante una situación tensa.

Danza de la Sombra en un retiro del yoga

Cuando me encontraba representando *Forever Jung* en Florida durante el año de 1997, fui invitado a quedarme en un cercano retiro de yoga. Sonia, la directora, me dijo después de ver la obra, que le encantaba mi trabajo y que se sentiría honrada si aceptaba ser su huésped en el retiro durante tres días. Añadió que había invitado a algunos amigos a cenar el viernes y sugirió que quizás podía ofrecer una pequeña charla después de la cena. Accedí y llegué al retiro el miércoles por la tarde. El edificio se encontraba en un bosque y los árboles circundantes murmuraban dulces mensajes que eran llevados por el viento al azul del cielo y a las blancas nubes de Florida, mientras ellas nos enviaban sus bendiciones hacia el paraíso de la paz.

Pero pronto descubrí que no todo iba bien en la Tierra del Yoga. Los miembros del personal iban ataviados con la pureza simbólica de la ropa blanca. Sin embargo, la oscuridad de sus sombras acechaba por detrás de la fachada de miradas santas y de emotiva espiritualidad. Para el jueves ya había notado lo irritados que podían sentirse entre sí los miembros del personal por cosas triviales. Cuando una de ellas no logró encontrar un libro que estaba buscando, de manera acusadora le preguntó a una colega si ella lo había tomado. Surgió un choque de negación y de mutuas acusaciones y sus sombras, habitualmente atestadas, llenaron la habitación con una crepitante tensión. Cuando Sonia entró a la habitación, las enojadas expresiones faciales se convirtieron en pegajosas sonrisas mientras los dos antagonistas volvieron a guardar sus sombras nuevamente en sus mundos internos.

Durante la mañana del viernes, recibí una llamada telefónica pidiéndome cambiar mis planes de viaje del fin de semana o me arriesgaba a perder varios cientos de dólares. Llamé a un agente de viajes de inmediato para reajustar mi itinerario, y fui puesto en espera. Mientras me encontraba ahí sosteniendo el teléfono, vi que Sonia me observaba, agitando sus manos alocadamente como para cortar mi conversación telefónica. Colocando mi mano sobre la bocina, le pregunté qué era lo que le molestaba.

—John —recitó sin aliento, con los ojos alocados por algo cercano al pánico—. No puedes obstruir las líneas telefónicas así. ¡La gente puede estar tratando de llamar para obtener la dirección!

—¿Cuál gente? —pregunté con inocencia.

—Las que vendrán a escucharte hablar hoy por la noche.

—Pero tengo una emergencia. Debo cambiar de inmediato mi boleto de avión.

Fue como si nunca hubiese hablado. Se repitió a sí misma, revoloteando ahora sobre mí como una virtuosa arpía.

—No puedes obstruir las líneas telefónicas así. ¡La gente llamará para pedir la dirección!

Una de las cosas que aprieta *mis* botones es cuando las personas me repiten lo que dijeron, como si fuese demasiado estúpido para haberlo podido entender la primera vez.

—¿Qué gente? —repetí ahora, siguiendo su ejemplo.

—Tenemos a treinta y cinco personas que vendrán a escucharte hablar y necesitarán la dirección. Debes desocupar el teléfono.

¿*Treinta y cinco personas?* ¿Qué sucedió con "algunos amigos" y un poco de charla después de la cena? Sonaba como si fuese a ofrecer un seminario. Como yo estaba sentado y Sonia estaba de pie, definitivamente tenía una ventaja psicológica sobre mí. Podía sentir que mis piernas comenzaban a temblar un poco mientras trataba de controlar una elevada sensación de que me darían gato por liebre. (Más tarde descubrí que los treinta y cinco invitados "aflojarían" 35 dólares por cubierto y mi charla.) Sonia pudo sentir que estaba un poco aturdido y colocó en su rostro una expresión de sagrada compasión mientras me asaltaba con un virtuoso bálsamo curativo.

—John, estás tenso. Necesitas relajarte —ronroneó, ahogándome en la autorrealización mientras ella recuperaba su personalidad gurú—. ¿Por qué no te tomas un tiempo libre y practicas algo de yoga?

Esta invitación a guardar la sombra debajo de un tapete de yoga fue el gatillo que necesité para voltear esta situación. El comentario de Sonia era tan decepcionante que me hizo *acordarme de acordarme de mí mismo*. Mi mente bajó hacia mis pies y me conectó con el campo de energía de la tierra, y llevé una hormigueante sensación de confort desde mis pies hasta los muslos. Entonces me puse de pie. Sonia y yo nos veríamos ahora ojo a ojo. ¿O no? Observé su ojo de la esencia (el izquierdo) y no hice contacto con él. Parecía inescrutablemente lánguido, casi blanco. Intenté con el ojo derecho, pero la conexión ahí estaba físicamente bloqueada —un rizo de cabello estratégicamente colocado colgaba justo delante de su ojo de la personalidad de modo que no podía observar la pupila. Aparentemente, Sonia tenía sólo un ojo en funcionamiento —su ojo de la esencia, el cual parecía cerrado aun y cuando se encontraba abierto.

¿Qué hacer? Por alguna razón, no podía tomar energía de tierra para pasar de mis piernas a mi cuerpo. Sonia y yo nos encontrábamos cara a cara, aproximadamente seis pulgadas aparte. ¿Quizás era que la cercana proximidad de su campo de energía estaba afectando el mío, de modo que no podía acordarme de mí mismo? Necesitaba crear algo de espacio entre nosotros.

Comenzó a hablar nuevamente de la necesidad de las personas para llamar y preguntar por la dirección y, mientras lo hacía, me alejé de ella en una trayectoria semicircular que terminó conmigo frente a ella a unos ocho pies de distancia. Una vez que me encontraba lejos del campo de energía de Sonia, pude percibir y sentir, de manera simultánea, cada parte de mí mismo. Una grandiosa ola energética de vibrante certidumbre se apoderó de mí. Me sentí increíblemente tranquilo y, sin embargo, atentamente equilibrado para actuar en esta interesante dinámica que había surgido.

Mientras Sonia seguía disparando, vi claramente que se encontraba completamente dormida, autohipnotizada por su agenda particular. Se encontraba en el mismo trance en que se habían encontrado mi madre y mi hermana después de que Mataji me hubiese despertado. Aunque Sonia estaba siendo negativa, la natural energía del aire estaba siendo electrificada por su reactividad. Pronto se volvería negativa a menos que pudiera "comérmela" yo primero. De repente, mientras me acordaba de mí mismo, toda esta energía positiva voló por la habitación hacia mí. Chocó contra mi ya cargado campo de energía con un impacto de megawatts, triplicando aparentemente la intensidad de mi conciencia, la cual comenzó a expandirse, llenando toda la habitación. Todo esto sucedió en un abrir y cerrar de ojos pero como la energía que se creó llegó a su culminación, Sonia percibió que algo fuera de lo normal estaba sucediendo.

—¡Dime qué estas haciendo!

Su demanda tenía un tono de incertidumbre. Por primera vez desde que ella la emprendió conmigo, su truculenta actitud fue sacudida ya que simplemente le sostuve la mirada y sentí la dinámica. Ella misma se había metido a un escenario en el que la acción recíproca entre la energía positiva y negativa era capaz de producir el alimento de elevada conciencia para ambos. Sin embargo, Sonia había salido a almorzar mientras el almuerzo estaba siendo servido. Finalmente, contesté a su pregunta con un tono de voz bajo y firme.

—¡Estoy armando mi sentido de poder personal y presencia a costa tuya!

Su quijada se abrió y su único ojo visible se dilató dramáticamente.

—¡Eres un hombre muy malo! —declaró, pataleando.

—Tienes razón —asentí, mientras comenzaba a avanzar a su lado y atravesaba la habitación—. Soy un hombre muy malo.

Y Sonia dio media vuelta y huyó.

Devorando la fuerza del lado oscuro

Ahora me rodeaba un enorme campo de energía. Penetró mi carne, mi mente, todo mi ser mientras que, al mismo tiempo, me afianzaba en el piso. Me sentía absolutamente invencible. ¿De dónde había surgido tan repentinamente? ¿Qué había generado un campo de poder tan enorme dentro, a través y alrededor de mí?

Las técnicas que utilicé para conectarme a tierra y recordarme a mí mismo me habían ayudado a poner el proceso en marcha. Sin embargo, no me había comportado con Sonia de una manera que pudiese decirse "buena". No me hice "agradable" ante ella sino que bailé con su sombra de una manera directa y poderosa. ¿No se supone que la gracia y la presencia desciendan sobre nosotros como un premio por ser "buenos" y comportarnos como unos santos? Había bailado con la dinámica fundamental de la situación de una manera más bien subversiva. ¿Por qué estaba siendo premiado con un surgimiento de conciencia superior por haber sido "malo"?

Obviamente, mi anfitriona y sus invitados se adhirieron a mi punto de vista de que la "bondad" y la "santidad" producen la gracia salvadora del Ser Supremo. Esto se aplicaba para las blancas vestimentas de pureza, las sonrisas ensayadas de rectitud y el ambiente general de relajación forzada que prevalecían en el retiro. Pero por debajo de la bien pulida superficie de imitación de la santidad, la sombra acechaba y se ocultaba en cuevas de rechazado descontento. Cuando Sonia me vio "bloqueando las líneas telefónicas", su sombra enloqueció. No hay nada como arrojar dinero en la olla de un inestable paradigma para hacerlo hervir. (Recuerda, treinta y cinco personas a 35 dólares por cabeza. No necesitas una calculadora para adivinar que alguien iba a sacar una jugosa ganancia por mi visita y no sería yo. Sonia en realidad me deslizó un billete de veinte dólares mientras me estaba yendo al día siguiente, "para gastos".)

Plenitud versus Bondad

Observa que yo no dije algo que pudiera remotamente ser considerado como una humillación personal hacia Sonia. No me enfadé ni la insulté. Por el contrario, fue ella quien me insultó al llamarme un "hombre muy malo". ¿Y qué hice cuando ella me atacó verbalmente? Concordé con ella, diciendo "sí, soy un hombre muy malo". Esto es exactamente lo opuesto a lo que normalmente sucede. Si alguien nos insulta, atacamos y regresamos el golpe. Carl Jung afirmó una vez que "prefería ser pleno que bueno". Plenitud significa tomar en cuenta la sombra; la nuestra y la de otra persona.

Conocer nuestro propio potencial para tener un comportamiento cruel nos permite controlar su expresión. A las personas que deben tener una imagen de sí mismos como una "buena persona" quizás se les dificulte aceptar que tienen un lado malo. Sin embargo, una irreconocible e ingobernable sombra aún encontrará los caminos para actuar. En el caso de la "persona buena", ésta a veces se manifiesta a través de un comportamiento pasivo-agresivo.

Sonia normalmente controlaba la soledad de una manera

pasivo-agresiva y a los miembros del personal les asombraba su "santidad". Intentando ocultar su propia sombra y aparecer como "santos", le rendían homenaje a ella. La sensación de un ego inflamado que esto producía reforzaba su tendencia natural a negar su propia sombra. A fin de hacer que ella se diera cuenta de esto y aceptara su responsabilidad por su oculto lado oscuro, se creó la dinámica que ella encontró conmigo. Así, ella tuvo la oportunidad de enfrentar su propia sombra proyectándola hacia mí. Cuando yo no la cargué por ella, en su mente ella me convirtió en un "hombre muy malo". Y cuando estuve de acuerdo con ella y dije que en verdad era un hombre muy malo, no tenía lugar a dónde ir y se cerró.

Sin embargo, el elemento realmente controversial en esta historia es la afirmación: "Estoy armando mi sentido de poder y de presencia a costa tuya". Esto no era 100% verdad. Yo era capaz de armar mi poder y mi presencia *porque* su comportamiento me instaba a avanzar profundamente hacia el interior de la experiencia percibida y sentida de mí mismo. Si realmente hubiera sido a "sus expensas", hubiese estado robando algo que le pertenecía a ella. Todo lo que hice fue magnetizar mi ser de tal manera, que la energía positiva que ella era incapaz de absorber del ambiente en ese momento, voló hacia mí y creó mi campo de energía.

¿No crees que esto sea posible? Si lo que acabo de decir te ha hecho entrar en tu cabeza, entonces para ti ninguna prueba es posible. Pero si lo intentas por ti mismo y lo sacas, sabrás, por *experiencia directa* que no es posible pero es la manera en que el mundo trabaja a un nivel molecular. Cuando interactuamos con las mentes de otros seres humanos, nos encontramos en el maravilloso mundo de la subjetividad humana. Cuando dices "azul", otras personas se asocian libremente con cada sombra de azul que han experimentado. Si te sientes sacudido porque percibes que no han comprendido lo que quieres decir, los átomos de tu cuerpo se salen de armonía. El electrón, el protón y el neutrón luchan por mantenerse en equilibrio y tú te sientes estresado. Pero cuando te acuerdas de ti mismo, estos principales elementos se realinean rápidamente y tú te sientes nuevamente en armonía y con poder. Te habrás "comido" la energía nuclear y el resultado es la presencia y el poder.

Si Sonia hubiese estado con un ánimo estable, quizás hubiese podido absorber una carga positiva a partir de la fricción del momento. Pero su comportamiento descontrolado hizo que su vehículo corporal, mental y emocional no fuese capaz de funcionar como un instrumento útil. Al alejarme de ella, atravesar el salón y volverme a verla, habiendo alcanzado cierto nivel de coherencia atómica en mi cuerpo a través del recuerdo de mí mismo, toda la energía positiva no utilizada en la dinámica, voló hacia mí. Ella no la quería... entonces yo la tomé.

Expansión en el Yo

Después de que Sonia se alejó en su autogenerada confusión, salí a caminar. Podía sentir cómo mi conciencia se dispersó por toda el área. Mi espíritu parecía penetrar los árboles del bosque, los cuales rodeaban el retiro. Incluso los edificios mismos eran simplemente aspectos de mi propio vasto cuerpo de conciencia, al igual que lo eran las nubes y la inmensidad azul que observaba desde el cielo.

Este es el nivel más profundo del recuerdo de uno mismo. Una percepción del Yo es atrapado a través de la experiencia directa como algo eterno y que todo lo penetra. El núcleo de esta conciencia, que surge de ella en todas direcciones, lleva suavemente al alma a los lejanos horizontes de la conciencia. Milagrosamente, en este ejemplo, este estado había sido precipitado por mí a través de la ruptura social, un ataque por parte de la desintegrada sombra de alguien más. Me di cuenta de que es por esto que supuestamente debemos amar a nuestros enemigos y bendecir a aquellos que maldicen. Al hacerlo, podemos beneficiarnos de las vastas fuerzas de la inteligencia de transformación. Podemos ser sanados de inmediato, aun antes de que el desagradable golpe haya aterrizado. Esto requiere que coloquemos al recuerdo de uno mismo antes de la reacción humillante y negativa. Pero bien vale la pena tomarse el tiempo y el esfuerzo para enseñarnos a ir a niveles más elevados de autodominio sobre las emociones negativas. El objetivo no es solamente evitar que las personas inflijan sus mal orientadas percepciones y actitudes hacia nosotros. El tipo adecuado de atención en los momentos de tensión nos permitirá entrar a los estados elevados de conciencia en los cuales surge nuestro verdadero Yo como el substrato no sólo de nuestra inteligencia y de nuestro ser sino de la vida en sí misma.

Demonios en botellas y una víbora que siseaba

Tener la sabiduría y la perspicacia para reorientar sabiamente los elementos de la sombra de uno mismo y la de otros es primordial en todo esto. Los Sufis dicen que los ángeles sólo saben una cosa: cómo ser ángeles. Los demonios, por otro lado, lo saben todo. La sombra sabe todo acerca de todos y de la vida en general. Si podemos hacer que esto trabaje para nosotros de una manera positiva, no destructiva y pacífica, tendremos un ayudante mágico.

El rey Salomón emitió una ley que decía que todos los genios serían capturados y colocados dentro de botellas. De esa manera, podían ser liberados sólo cuando surgiera una situación que requiriese de sus particulares talentos. Si podemos atrapar nuestra sombra, *lo cual hacemos al aceptar que nosotros mismos somos capaces de cualquier cosa*, entonces podemos conservarla en nuestro interior dentro de una botella psicológica y dejarla salir de manera consciente para servir a nuestros intereses en una situación difícil.

Muchas personas cuentan con elementos de sombra inútiles y no integrados. Estos aspectos inconscientes de la personalidad a veces actúan como agentes libres irresponsables que se cruzan en su vida. Sonia es un buen ejemplo. Mi genio embotellado, al ser liberado con mi permiso, se divirtió manejando a la sombra que se encontraba divagando. Sin hacerle ningún daño personal, me ayudó a ver lo que se proponía y después regresó a la botella. Yo mismo me permití sisear, pero no morder. El santo anciano en la historia de la víbora que no siseaba sin duda lo hubiese aprobado.

Si me hubiese resbalado una vez y hubiese buscado inyectarle veneno a Sonia, el veneno de la mala voluntad para dañarla personalmente, entonces mi genio se hubiese vuelto contra mí y yo hubiese sufrido. *El motivo lo es todo.* Tú puedes y, en ocasiones, *debes* hablar y actuar de una manera que confronte el comportamiento decepcionante de otra persona. Esto se puede hacer de manera directa o indirecta. O como lo pude hacer en este caso, por medio de la combinación de ambas maneras. Pero, en cualquier caso, cuando te enfrentes con la sombra de otra persona, necesitarás la ayuda de tu propio lado oscuro. Sólo la sombra conoce la sombra. Obtén la tuya para que te ayude y puedas ser un buen ángel y un buen demonio, no la imitación de un ángel ni un demonio malo.

Un cálido abrazo con Sonia

Me complace decir que hubo un final feliz en mi visita al retiro. La pequeña charla con los invitados del viernes por la noche salió de maravilla. Mientras hablaba, pude ver la personalidad superior de Sonia observándome con profundo interés. Su ego había recibido un golpe de alerta durante nuestro encuentro y su personalidad se había reacomodado ella misma. Parecía menos atada a su papel como la líder sin tacha y con mayor autenticidad.

Observé esto más claramente durante la mañana siguiente, mientras nos encontrábamos en la puerta del retiro para despedirnos. Había desaparecido el cabello que cubría su ojo de la personalidad. Había una suavidad alrededor de ella que había sido obcurecida previamente por su necesidad de controlar. Aunque no sería capaz de racionalizar lo que le había sucedido a un nivel profundo y sin palabras, el cambio había ocurrido y nuestras almas sabían que la verdad había pasado por nosotros. Ahora el Yo Soy estaba presente, observándome a través de ella yo a ella. Ambos estábamos percibiendo una presencia que fluía entre nosotros. Cuando nos dimos la mano, su ego luchó por hacer un último intento por terminar de una manera superior y "más santa que tú". Pero ya no podía hacerlo. Esa que estaba despertando en ella rechazó el impulso de separarse. Es extraño que, a veces, una dinámica negativa sea el catalizador que se requiere para crear un cambio en la conciencia y un cambio en los patrones de conducta.

Por un breve instante, aquello que es igual en ambos se conectó al reconocimiento y restableció la interacción personal ilustrada a través del Yo Soy.

—Volverás, ¿no es así? —preguntó Sonia con absoluta autenticidad. En ese momento se veía extremadamente hermosa.

—Sí, por supuesto —dije, tomando sus manos entre las mías—. Cuando quieras.

Nos sonreímos mutuamente, radiantes de presencia.

El don curativo del recuerdo de sí mismo

Si logramos conservar el ámbito del recuerdo de sí mismo dentro y alrededor de nosotros, crearemos un espacio para que otros vivan una experiencia similar. Aunque los demás se encuentren autohipnotizados o dormidos y sean olvidadizos, si nosotros nos acordamos de ellos en su lugar, entonces también ellos se acordarán de sí mismos por un momento. Qué gran regalo puede ser éste para otras personas y es una elección que tenemos en cualquier circunstancia. ¿Debemos validar la alucinación de Maya, el cósmico sortilegio que divide a la primordial Unicidad en fragmentos y limitaciones de identidad temporal? ¿O debemos permanecer en la energética presencia de nuestras almas a través del recuerdo de sí mismo y "conservar el ámbito de la unidad" mientras nos enfrentamos a las fuerzas de disociación en los acontecimientos sociales de todos los días? Los individuos espiritualmente maduros saben cómo hacerlo. Ellos están dispuestos a salir de la falsa personalidad para entrar a una conciencia del alma actual y percibida, momento a momento a lo largo del día, como una presencia divina.

Al principio, estaremos entrando y saliendo de estas fases. En un minuto estaremos alucinando, al siguiente estaremos despiertos y, de nuevo, nos dormiremos. Pero si con el tiempo nosotros mismos nos educamos, podremos disminuir cada vez más los periodos de sueño. Al final, a través del recuerdo de sí mismos, podremos ser los verdaderos creadores de nuestro propio destino. ¡La vida del recuerdo de sí mismo *es* la vida! La elección es nuestra: "Dormir acaso para soñar"...¡o despertar y vivir!

13. El ilustrativo poder mundial del Yo Soy

Desarrollando una voluntad consciente

Requiere de una poderosa aunque relajada voluntad para practicar las técnicas que llevan al recuerdo de uno mismo. El pensamiento ordinario no es más que la rápida corriente de una serie de conexiones sinápticas automáticas que corren de manera aleatoria a través del cerebro. Esta autoperpetuable actividad cerebral la confundimos nosotros mismos. Sin embargo, el cerebro es simplemente un órgano a través del cual el alma se expresa a sí misma en forma de conciencia. Ser capaces de observar los pensamientos que corren a través del cerebro como una inexacta charla cibernética cerebral nos coloca en una posición de gran poder. La mayoría de las personas *se convierten* en lo que están pensando, instantáneamente y sin darse cuenta. Un milisegundo de pensamiento se adueña del cerebro y la personalidad emite la descarga mental en forma de impulsos emocionales, atracción o aversión, amor o renuncia, etc. Para ir en contra de esta gran corriente de inconsciencia, debemos *querer* salir de ella y ver lo que se requiere para ser nosotros mismos desde un modo *de observación de uno mismo*.

Sólo separándonos de y *no identificándonos* con nuestra programación podemos efectuar un *renacimiento* en el autodominio autónomo. Nacimos para tener el control sobre el equipo que la naturaleza ha provisto para que nuestras almas operen a través de ellas. Sin embargo, confundimos el efecto con la causa y, en vez de proclamar autonomía, nos volvemos autómatas. Estas no son buenas noticias. A la gente no le gusta que le digan que está dormida y que tienen muy poca o ninguna voluntad propia. Sin embargo, existe una gran libertad que debemos reponer, una vez que nos demos cuenta y aceptemos que el pago por el sueño es la autolimitación. Tú *no* eres tu cuerpo, ni tu mente ni tus emociones. Éstos son sólo los instrumentos de la expresión de tu alma. Al crear el dominio de la *voluntad consciente* sobre y por debajo de nuestro cuerpo, nuestra mente y nuestra personalidad emocional, se pone la casa en orden. La *verdadera* voluntad es un atributo del Yo Soy y se desarrolla al hacer el trabajo de reclamarnos a nosotros mismos.

Los ocho pasos hacia el autorreclamo

Esta es una recapitulación de algunos de los principios fundamentales que hemos cubierto hasta aquí. Éstos se siguen unos a otros como piedras de camino en un camino lógico para reclamar nuestras propias personalidades.

1. Disponibilidad para hacer el trabajo (voluntad consciente)

A fin de avanzar hacia cualquier meta, uno debe estar dispuesto a practicar de manera repetida y aplicar los principios que se requieren para adquirir el conocimiento que uno desea adquirir. Podemos conducir nuestros autos en la autopista porque aprendimos a operarlos y estudiamos las leyes necesarias para obtener una licencia. El mismo principio se lleva a cabo aquí. Si deseas conducir tu vehículo corporal de manera exitosa a través de las complicaciones del tráfico, las desviaciones y el caos del mundo moderno, debes estudiar cómo trabaja y aprender a conducirlo adecuadamente. Recuerda que éste tiene tres aspectos operativos: el físico, el emocional y el mental. Cuando logras linear los tres y hacerlos que se ajusten a tu voluntad para proceder como deseabas y como era tu intención hacerlo, tú y tu alma pueden conducir en el camino de la alberca de automóviles. Mientras otros luchan por salvar las montañas kármicas de la no cooperación global con la armonía de la ley natural, tú estarás en sincronía con los grandes propósitos de la evolución. Así que haz el trabajo. En vez de sólo leer este libro como una serie de ideas interesantes, aplica aquello a lo que te has expuesto en tu vida diaria. Los resultados surgirán por sí mismos.

2. Autoobservación

Tú no eres tu nombre ni tu identidad social. Ser capaces de hacerte a un lado y ver a John o Alice, Fred o Anita como si estuvieses viendo a alguien más, es algo liberador. Al recoger de la mesa un cuchillo o un tenedor, cepillar tus dientes o entrar en una habitación, obsérvate desde afuera como si estuvieses viendo a otra persona. Algunas personas que han pasado por la experiencia del fallecimiento de un familiar cercano, dicen que se han visto fuera de su propio cuerpo, viéndolo hacia abajo desde el techo mientras éste yace en la mesa de operaciones de un hospital. Obviamente, no queremos estar flotando por ahí mientras conducimos nuestros asuntos cotidianos. Queremos estar totalmente presentes, como lo señala el siguiente paso. Pero al mismo tiempo, necesitamos estar ligeramente ajenos y como observadores.

3. Adquiriendo un enfoque en el cuerpo

Si le has dado un buen vistazo al mundo que te rodea, habiendo llegado tan lejos en nuestras exploraciones, estoy seguro de que has visto por ti mismo cómo se ha visto atrapada en la cabeza la raza humana. Habrás notado el gesto fruncido de las personas que tratan de exprimir información de sus cerebros mientras hablan. Al escuchar las voces delgadas, agudas, tensas que surgen no de las profundidades del estómago sino de la cabeza, con una desagradable resonancia de la cavidad nasal, de igual manera te incluirás. El mundo de las cabezas que hablan se encuentra a nuestro alrededor. Al salir de tu cabeza y entrar en tu cuerpo posees una suprema ventaja sobre aquellos que están sobrecargados de pensamientos. El poder de un ser humano se encuentra en el cuerpo y no en la cabeza. La cabeza contiene al cerebro, que es el órgano principal de la percepción. Pero la cabeza necesita que el cuerpo ejecute sus planes y haga sus sueños realidad. Mantente centrado en el cuerpo, aun cuando muevas al siguiente paso, la percepción y el sentimiento.

4. Percibiendo y sintiendo

Mientras escribía este capítulo, sentado frente a mi computadora, mis manos volando sobre el teclado, practiqué la observación de sí mismo. También escaneé mi cuerpo con mi mente y mantuve una atenta conciencia de la presencia en mis manos, pies, brazos, piernas, cabeza y torso de manera simultánea. Estaba practicando la percepción y el sentimiento. Una atmósfera de presencia pareció penetrar cada parte de mi cuerpo. Fijar parte de mi atención en él no impedía el acto de escribir. De hecho, las palabras pasaban del cerebro a la mano sin que interviniera un pensamiento analítico. El libro parecía escribirse por sí mismo a través de mí.

Al jugar tenis o golf, o al realizar cualquier otra actividad o sosteniendo cualquier conversación, el principio debe ser el mismo. La percepción y el sentimiento nos hacen estar disponibles para nosotros mismos y a la acción del momento. Participamos tanto como la parte que testifica a uno mismo y el instrumento de la acción. La vida se está llevando a cabo dentro y a través de nosotros en un alto grado de conciencia. Intenta mantener el campo de la presencia percibida y sentida en toda actividad, tanto privada como pública. Pronto se convertirá en la segunda naturaleza y hacer que el ser se centre en la cabeza parece casi anormal.

5. No identificación y no reacción

Esto se encuentra íntimamente relacionado con la autoobservación. Cuando escuchamos voces en nuestra cabeza contándonos historias autolimitantes acerca de nosotros mismos y las creemos, nos estaremos identificando con las desilusiones internas. Cuando alguien nos ataca verbalmente y nos enfadamos y contestamos de igual manera, ambos estaremos siendo identificados *y* reactivos. Estaremos siendo dirigidos internamente por las ilusiones externas. Cuando podemos separarnos de estos tipos de impulso reactivo conforme surgen en nuestro interior, estamos *no identificados*. Como nos hemos metido en el modo de observación, podemos ver claramente los cambios de los engranajes en la mente por los automatizados procesos que son en realidad. Desde ese espacio de no reactividad, ninguna persona razonable diría: "Ahora me comportaré como un imbécil reactivo". Al permitir que el enfado o cualquier otra emoción negativa se posesionen de nosotros, estaremos entregando nuestra autonomía a la reactividad. En esos momentos dejamos de existir como individuos autodeterminantes.

Esto no significa que no debemos reconocer en nosotros mismos los sentimientos negativos —ira, celos, deseo de herir, etc. La negación y la supresión nunca son saludables, pero la transmutación sí lo es. Podemos aprender a aceptar que las emociones negativas se encuentran dentro de nosotros, sin embargo, no nos sentimos inclinados a entregarles nuestra autonomía personal. Siempre que el enojo surge dentro de mí, como en ocasiones lo hace, me hago hacia un lado de manera interna y me digo: "¡Mira lo que *éste* está pensando ahora!" Después me siento y observo los cuentos contados por mi versión del "Idiota" de Shakespeare: Pensamientos "llenos de sonido y furia que no significan nada" hasta que se queda sin vapor. Este principio puede ser aplicado a la preocupación, al temor o a cualquier otro desorden del propio equilibrio psicológico. ¡Cuando podemos *verlo*, no somos eso! ¡Nosotros somos aquel que está observando! Y una gran paz puede descender sobre nosotros. Cuando nos identificamos con nuestra tontería, nos convertimos en ella y seremos arrojados a la reactividad. Aléjate de la reacción y entra en la no identificación y ahorra masas de energía percibiendo y sintiendo, acordándote de ti mismo y logrando una profunda paz.

6. Viendo ojo a ojo

La importancia de saber cuál ojo observar durante las interacciones con otros, no puede ser sobreenfatizada. Ver y conectarse realmente con la esencia de alguien más es una gran bendición, para ellos y para ti mismo. Ser capaces de ver el balón egocéntrico de alguien viniendo hacia ti desde el ojo de la personalidad y no dejarse atrapar por él, también es un don. Las personas que se encuentran en las garras de su programación mecánica no tienen poder. Pero cuando resistimos en silencio su mal funcionamiento temporal, a través de una mirada que señala a *su* alma que *nuestra* alma sabe que se están comportando de una manera decepcionante, les ofrecemos la oportunidad de salir de la locura, aunque sea por sólo un momento.

Ciertamente se necesita valor para quedarse impávido ante la desagradable energía que puede salir de una persona que está enfadada y desahogándose. También se requiere de temple para enfrentar el sarcasmo o la malicia al mirar rápidamente al ojo de la personalidad. Pero con algunos triunfos en el campo bajo tu cinturón, comenzarás a disfrutar de esos momentos inevitables en la vida cuando las personas descargan sus problemas frente a ti. Por dos razones: Sentirás un instantáneo incremento de poder mientras eres respaldado por la inteligencia superior que se encuentra justo detrás de las apariencias de la vida y, segundo, estarás ayudando a otros al sostener un espejo frente a su conciencia.

Te sugiero que repases los capítulos que tratan con los ojos y que comiences a implementar de inmediato la información que ahí se encuentra. Aquellos que han acudido a mis seminarios y han aprendido acerca de los ojos, a menudo me llaman o me envían correos con sus historias de éxito. Quizás haya sido un jefe intimidante en el trabajo o un molesto miembro de la familia. O un extraño rudo que fue enfrentado desde una nueva perspectiva. Una vez que uno experimenta los importantes cambios en la acción, la reacción y la interacción interpersonal, como resultado de una *observación* conscientemente implementada, se habrá establecido un nuevo curso en la vida. Regresar a la manera inconsciente de equivocarse en cada situación social, por casualidad, parece algo ridículo.

Así que no tengamos miedo de ver al mundo *en* ambos ojos y reta a todos los que conozcas a que despierten manteniéndonos despiertos nosotros mismos con toda nuestra capacidad en todo momento. Y mientras vemos a través de los ojos de la creación, recuerda también conservar una cantidad igual de conciencia sobre ti mismo como alguien que está observando. Esto, por supuesto, se logra practicando la atención dividida.

7. Atención dividida

El objetivo aquí es conservar la mayor cantidad de energía fluyendo internamente hacia el núcleo de nuestro ser físico —la espina dorsal y el cerebro— y fluyendo externamente a través de los sentidos. De lo contrario, debemos fijarnos en la cortina de hierro de las impresiones externas que bombardean nuestros sentidos y ser capturados por el mundo fuera de nosotros. Nuestra atención es fácilmente sostenible en el exterior cuando nos sentimos fascinados por algo o por alguien. Esto puede a veces ser una ventaja como cuando, por ejemplo, un concertista de piano se desliza completamente a través de un Rachmaninoff, volviéndose uno con el piano, con el director y con la orquesta. ¿Pero qué tal si el músico olvida estar presente para él o ella en el momento? ¿Y qué tal si se pierde el necesario sentido de la atención en uno mismo requerido para permanecer no sólo presente sino unos cuantos milisegundos mentales delante de la meta? Obviamente, el desastre podría sobrevenir.

El mantener la atención dividida también nos permite leer el subtexto codificado que se encuentra detrás del comportamiento humano en respuesta hacia nosotros. Si estamos fuera de **tono** con nosotros mismos podemos volvernos paranoicos cada vez que las personas comiencen a hacer bizcos en nuestra dirección. Sin embargo, cuando nos encontremos en sintonía podremos descifrar los mensajes inconscientes que están siendo enviados a nosotros a través de aquéllos con quienes debemos interactuar. Podremos entonces ajustar nuestro lenguaje, nuestras maneras y nuestro comportamiento para alinearnos con el mejor resultado para nosotros mismos en cualquier situación. Aquellos que son capaces de captar las señales sutiles del inconsciente, instantánea e intuitivamente sentirán que hemos vuelto al camino y responderán de manera positiva. Se apartarán de su propia predisposición para alinearse con nosotros. Sabrán de manera subliminal, a menos que deseen permanecer estancados, que les conviene armonizar con nuestra intención porque hemos entrado en la conciencia. En realidad los estaremos *guiando* a que salgan del trance de Maya guiado por el ego. No a través de la argumentación verbal o del dominio forzado de sus personalidades sino saliendo nosotros mismos de la ilusión. Les enseñaremos a través del ejemplo consciente convirtiéndonos y demostrando la energía de la conciencia.

Los egoístas empedernidos y los voluntariosos abusadores del comportamiento social se desligarán de la energía benéfica que sale de un individuo que conserva un estado de atención dividida. Si comienzan a enfadarse, a ser agresivos o a insultar a alguien en el estado dividido, la energía que se oculta detrás de la hostilidad del atacante puede servir para empujar a su supuesta víctima hacia la conciencia superior. El que se encuentra por debajo se siente inclinado a alimentar al que está por arriba, si éste se mantiene consciente a través de las prácticas en este libro. Acordarse de uno mismo es convertirse en un aristócrata espiritual y proclama el poder de uno como el Príncipe o la Princesa del Universo. Todos somos esclavos de la vida, queramos o no. Pero cuando despertamos y nos acordamos de nosotros mismos en la ilusión, la vida entonces nos servirá a nosotros aun mientras le estemos sirviendo a ella.

8. Recuerdo de uno mismo

Sólo aquel que se ha acordado de sí mismo puede decir que está verdaderamente vivo, porque si nosotros no podemos acordarnos de nosotros mismos ¿quién o qué hay en nosotros para que sepamos que en realidad estamos vivos? Es una temible propuesta contemplar que ese que creemos ser ya no es una ficción. Sin embargo, también puede ser altamente liberador. Necesitamos fuertes incentivos para iniciar largos y duraderos cambios conductuales. Como animales sociales, nosotros los humanos poseemos una astucia innata cuando se trata del autoengaño. ¿De qué otro modo podemos explicar el hecho de que la muerte es sólo la interrupción de los latidos del corazón mientras nos lanzamos por la autopista a setenta millas por hora? Quizás sea necesaria cierta cantidad de autoengaño tan sólo para irla pasando. ¿Pero qué excusa puede haber para no querer estar plenamente conscientes de nuestra propia existencia? Si realmente nos diésemos cuenta de lo valiosa que es la vida y que este planeta es una escuela a la cual hemos venido a reclamar conciencia de nuestro divino origen bajo condiciones difíciles, no debemos desperdiciar ni un segundo.

El verdadero Tú y la grandeza personal

¿Cuántos años ya se han escapado mientras nos encontrábamos ausentes de nuestras vidas? ¿Dónde ha estado nuestra conexión percibida de la presencia dentro de nuestros cuerpos? ¿En qué se han enfocado nuestras mentes minuto a minuto, día tras día? Generalmente a nada y a todo pero estando en conexión con la realidad fundamental de nuestro ser esencial. Hemos sustituido esto por el constante narcisismo y la inseguridad de la individualidad imaginaria la cual nosotros mismos hemos asumido que tenemos. La identificación con las inseguridades de la *falsa personalidad* ha usurpado nuestra *verdadera personalidad* como una expresión y una extensión del alma. Perdida en el desorden se encuentra la habilidad para ser no sólo un ser espiritual o un autómata sonámbulo sino ¡cómo ser *personalmente grandioso!* ¿A quién no le gustaría tener y expresar al mundo la verdadera personalidad para la cual nacimos? Semejante expresión tan sólo puede surgir cuando lo humano y lo divino en nosotros se encuentran equilibrados en igual medida.

Todos hemos conocido momentos en que sabemos qué se siente ser nuestro mejor yo. Sin esas desperdigadas joyas de estar con la verdad de nosotros mismos en el nivel más personal, la vida sería insoportable. Quizás fue cuando nos enamoramos por primera vez y nos llenamos de esperanza y de nobles sueños, ya que aspirábamos a tener una mejor vida para nosotros mismos y para nuestra pareja. O cuando sostuvimos por primera vez a nuestro hijo recién nacido y nos sonreímos interiormente con un orgullo que estaba libre de toda vanidad porque era instigado por el amor incondicional de una preciada vida por otro.

En esos momentos, cuando la remembranza de la bondad esencial de la vida y *de nosotros* se encuentra presente, aun los elementos más subversivos que se encuentran ocultos en nuestros lados más oscuros parecen manejables. El recuerdo de uno mismo no es sólo la reidentificación con la conciencia superior y transpersonal y el alma. Es inclusivo de los mejores aspectos de nuestras más preciadas individualidades humanas, viviendo en concordante armonía con lo peor.

Para reiterar, nos enfrentamos con una paradoja. ¿Cómo puede lo mejor de nosotros coexistir con lo peor? ¿No son mutuamente incompatibles? Por el contrario, mientras vivamos en este mundo de dualidad, ¡son mutuamente inescapables! Aquello que más nos disgusta y a lo que más le tememos de nosotros mismos, nuestra naturaleza de sombra, es un ingrediente esencial para el crecimiento. El lado oscuro y oculto de la creación hace que generemos suficiente autopropulsión para elevarnos por sobre su influencia y buscar la libertad. Así como el creciente disparo lucha desde la oscuridad de la tierra que rodea su estado genérico hasta salir finalmente a la luz, así también debemos empujar contra la tierra de nuestra propia ignorancia y alcanzar el cielo.

Si odiamos aquello que se encuentra dentro y fuera de nosotros y que consideramos oscuro e incluso maligno, estaremos divididos contra nosotros mismos. Al aceptar y abrazar a la oscuridad como un componente necesario de la vida, incluso como un aspecto de la voluntad de Dios, podemos liberarnos de su poder de limitación. El alma que se acuerda de sí misma sabe que sólo la conciencia conscientemente conectada con aquello que es absolutamente real dentro de nosotros, nos puede ayudar a soportar el caos de la dualidad. Al fusionar nuestra identidad humana con el "Yo soy Ese Yo soy", el núcleo divino de la vida individual, nos movemos hacia un punto de equilibrio en movimiento entre la luz y los lados oscuros de la naturaleza humana. Cuando nos acordemos de nosotros mismos, nos habremos vuelto conscientes de sí mismos; estaremos completamente conscientes de nuestra propia existencia. ¡Estaremos realmente vivos!

Creando la conciencia del Yo Soy

Hace mucho tiempo, los grandes yogis de la antigua India desarrollaron particulares estrategias para cultivar e invocar la conciencia del Yo Soy. Aunque muy poco conocidas y comprendidas hoy en día, incluso en el Oriente, estas prácticas son aún vitales y utilizadas por nosotros en Occidente. Su poder trabaja de maravilla al combinarse con las técnicas que has estado aprendiendo en este libro.

A través de la constante repetición de ciertos patrones rítmicos de palabras que hacen eco al "Yo soy Ese Yo soy", podemos colocarnos en un estado de unicidad con el Yo Soy, el cual es denotado por las palabras. Para que sean verdaderamente efectivos, estos mantras y afirmaciones deben ser ejecutados con el cuerpo, la mente y las emociones completamente vinculadas al mismo tiempo. Al ejecutarlos simplemente desde la cabeza, como comúnmente es el caso con la repetición de palabras, no son más que palabras. Al ejecutarlos mientras se practica la percepción y el sentimiento, la atención dividida y el recuerdo de uno mismo, pueden cambiar tanto el mundo *interior* como el *exterior*.

La técnica del "Yo soy Yo"

Para inducir la conciencia del Yo Soy, simplemente fijamos una corriente constante de patrones repetidos, rítmicos, *mentales*, verbales basados en frases como "¡Yo soy Yo, Yo soy Yo, Yo soy Yo, Yo soy Yo, Yo, Yo!", o simplemente: "¡Yo, Yo, Yo, Yo, Yo" o "Yo soy, Yo soy", una y otra vez. Esto no se hace en voz alta *sino mentalmente con la percepción total del cuerpo y conciencia*. Repetimos estos patrones de palabras una y otra vez, no con nuestra atención enfocada en la cabeza sino como si las palabras estuviesen formándose y vibrando en cada parte del cuerpo de manera simultánea. Esto presupone que ya hemos practicado nosotros mismos el arte de salirnos de nuestra cabeza y que podemos centrarnos dentro del cuerpo a voluntad.

Estas repeticiones rítmicas pueden llevarse a cabo con distinta velocidad, rápida a lenta o media. Al principio podrás seguir la pauta por algunos minutos y después perderlo, conforme te veas atrapado por alguna otra actividad mental o física. Al final, puedes practicar tú mismo para hacer las repeticiones más o menos constantes. Uno podría preguntarse cómo es posible realizar las funciones normales como conducir un auto, escribir una carta o conversar con otras personas mientras se ejecuta esta técnica.

Cuando nos enamoramos no podemos dejar de pensar en el objeto de nuestro afecto. Noche y día, él o ella se encuentran en nuestra mente. El primer pensamiento del día es, generalmente, para esa persona, así como el último por la noche. De manera extraña, mientras nos encontramos influidos de manera romántica, a menudo funcionamos *mejor* que en cualquier otro momento. Bajo la intensidad de nuestros afectos y atracciones, nuestras facultades se resaltan porque, primero, estamos siendo energizados por el amor y, segundo, estamos haciendo girar nuestra conciencia alrededor *de aquella persona que consideramos es la fuente de nuestro amor*.

En la actualidad, la persona amada *no* es la fuente sino el *disparador externo* que activa nuestra propia capacidad para sentir y experimentar el amor. La fuente fundamental de esa experiencia es el Yo Soy que se encuentra en nuestro interior y en la otra persona. Dos Yo Soy vibran juntos y producen un estado de unicidad. Esto dispara una resonancia simpática en el medio ambiente. El Yo Soy de los diversos objetos de la creación (el corazón de cada átomo) comienza a resonar simpatéticamente y en sincronía con lo que ahora se encuentra vivo y vibrando en nosotros y en nuestro ser amado. Así, aun cuando estemos separados de nuestro ser amado por la distancia, el mundo que nos rodea parece cantar en armonía. Has escuchado la expresión: "Cuando estás enamorado, todo el mundo es judío" —o musulmán o inglés o hindú—. Cuando el Yo Soy se encuentra activo a modo de presencia en nosotros, lo buscamos y los encontramos en todas partes.

Entonces, si podemos colocarnos nosotros mismos en un estado altamente empático con la creación, *a voluntad*, entonces podemos encontrar a la creación reordenándose alrededor de nuestra intención y reflejando nuestra divinidad internamente percibida a dondequiera que vayamos.

La práctica diaria ofrece resultados

Cultivar el hábito diario de sentarnos durante cinco o diez minutos y hacer repeticiones del Yo Soy después de practicar el ejercicio de percibir y sentir, es una excelente manera de comenzar a reprogramar el cuerpo y la mente. Yo nunca comienzo mi día, contesto el teléfono, hablo o interactúo con otra persona sino hasta después de haberme sumergido por completo en la conciencia superior. Al principio, debía hacer un esfuerzo relajado para mantener a mi mente totalmente enfocada en, digamos, mi pie izquierdo durante sesenta segundos, antes de pasar al pie derecho o dirigir mi atención de la presencia desde mi pierna hasta mi rodilla. A veces en realidad tenía que repetir mentalmente: "pie izquierdo, pie izquierdo", como si las palabras no se estuviesen formando en mi cabeza sino realmente en mi pie. Entonces me abría paso por cada parte de mi cuerpo haciendo lo mismo: "mano derecha, mano derecha", y así sucesivamente. Pero ahora, tan pronto como dirijo mi atención hacia cualquier parte del cuerpo, surge una hormigueante sensación de energía electromagnética ahí; una densa presencia que penetra la carne se acumula ahí.

Después de quedar sensacionalmente conectados, entonces nos enfocamos en cualquier parte del cuerpo y le decimos a esa parte: "Yo". Por ejemplo, con la mente en el pie izquierdo, mentalmente decimos: "pie izquierdo" unas cuantas veces. Después cambiamos a colocar la conciencia del Yo en el pie izquierdo, y decimos: "Yo, Yo, Yo" y así sucesivamente mientras nos enfocamos totalmente en ese punto. Después nos movemos a las pantorrillas, los muslos, las manos, los brazos y más allá, en secuencia, haciendo lo mismo. Una vez que se ha establecido una sensación del Yo en los brazos y en las piernas, podremos sentirlo entonces en la cabeza percibiendo y sintiendo primero la cara y después toda la cabeza, repitiendo: "Yo, Yo, Yo..." mentalmente dentro y alrededor de la cabeza con una percepción consciente.

Asegúrate de no perder lo que has reunido en los brazos y en las piernas cuando hagas esto, de modo que no te estanques nuevamente en la cabeza. Cuando puedas sentir los brazos, las piernas y la cabeza de igual modo, entra en tu garganta, pecho, plexo solar, estómago y abdomen en secuencia, repitiendo el procedimiento de percibir y sentir, cantando: "Yo, Yo..." o "Yo soy, Yo soy..." en cada área. Termina por disolver todas estas áreas del cuerpo percibidas, sentidas y cantadas en una sola conciencia corporal. Canta una y otra vez: "Yo, Yo, Yo..." o "Yo soy, Yo soy..." como si te sentaras en una enorme esfera de energía que encierra a tu cuerpo de cabeza a pies. Después levántate y prosigue con tu día tratando de aferrarte a esta conciencia global del Yo Soy y de la presencia. Si lo pierdes durante la actividad, acuérdate de acordarte de ti mismo y regresará a ti. Al final, serás capaz de mantenerte en un estado de recuerdo de sí mismo aun en medio de la más agotadora actividad, tal como lo aprendí en Florida una tarde de 1998.

Alta conciencia = grandes habilidades del desempeño

Mientras esperaba para representar *Forever Jung* en el Maitland Civic Center en Orlando, Florida, me encontraba sentado junto al lago afuera del edificio, cuarenta y cinco minutos antes de la presentación. El sol se estaba poniendo y su bajo ángulo causó miles de chispas de luz bailando sobre la superficie del agua. Parada sobre la barda a la orilla del lago, cerca de donde estaba sentado en el pasto, se encontraba una garza. Estaba tan quieta, que habían pasado diez minutos antes de que la viera. De repente, su cuello se arqueó y su cabeza se incrustó en el lago, atrapó un pescado, salió del agua, se tragó el pescado y regresó a su posición original de perfecta inmovilidad. Todo el escenario, el ocaso sobre el agua y la perfecta sintonía con la naturaleza exhibida por la garza, me colocaron en un estado alterado. El aire de la noche se llenó de gozo y yo entré en el modo del *Yo* observador. Entonces "observé" cómo mi cuerpo se puso de pie y comenzó a caminar alrededor del lago.

Ninguno de los transeúntes vio algo fuera de lo ordinario. Pero de nuevo, los pude ver como sonámbulos en un sueño, moviéndose a través de la vida ajenos al gozo que los rodeaba. Con la obra a punto de empezar en quince minutos, Yo observé a John Maxwell regresar al teatro, entrar en los camerinos, ajustarse el micrófono remoto, conversar con lo gente del escenario y salir mientras la cortina subía para comenzar la obra.

Durante las siguientes dos horas este *Yo* observador vio a los veinte personajes y escenas de la vida de Jung desdoblarse en el escenario en una de las representaciones más vívidas y reales. Después, saludé a las personas que se habían quedado atrás para ofrecerles palabras de aprecio. Una pareja hindú, de aproximadamente cincuenta años, se acercó a mí. La mujer tomó mis manos en las suyas y miró al interior de mis ojos con mirada llorosa.

—Oh, doctor Jung —dijo emocionada—, fue tan hermoso, tan inspirador.

Lo que me sorprendió de este incidente inusual es que las mujeres hindúes por lo general evitan el contacto físico con los extraños y aquí estaba ella, sosteniendo mis dos manos. Asimismo, la obra había sido representada mientras yo me encontraba en el modo de "observador". Pero aparentemente, los personajes presentados sobre el escenario habían sido tan reales que ella pensó que yo *era* "el Doctor Jung"

De esto podemos concluir que el estar en un modo de "testigo" observándose a sí mismo, no sólo no incapacita, en realidad puede ayudarnos a adquirir niveles óptimos de desempeño. También es claro que la observación de sí mismo en la manera descrita y el recuerdo de sí mismo se encuentran íntimamente relacionados y la primera puede precipitar a la segunda. Nótese también que en el incidente del lago, en realidad no hice algo que disparará la experiencia. Simplemente sucedió sin un acto de voluntad consciente de mi parte. Pero el ambiente laboral había sido colocado por mi práctica regular de las técnicas de transformación de la vida que prepararon a mi cuerpo y a mi cerebro a recibir semejante experiencia.

Aparentemente, estamos atrapados en una trampa en donde tenemos que desarrollar una voluntad consciente para llegar a esos momentos en el tiempo en donde ninguna voluntad se ve implicada para estar donde queremos llegar. Es como si debiéramos trepar la torre del saber por propio esfuerzo pero sólo podemos arrojarnos al espacio desde ella dejándonos ir.

Todos somos actores en el cinema holográfico de la vida

Sir Laurence Olivier decía que aparecer frente al público es como domar a un león. Un movimiento en falso, una falta de atención de tu parte, y te arrancarán una pierna. Desean aplaudirte por ser lo suficientemente profesional para evadir esto. Pero al mismo tiempo, quieren verte caer. Nuestras vidas sociales son, en gran parte, un teatro de improvisación. Nunca sabemos cuál será la siguiente escena o con quién se nos pedirá actuar (interactuar.) Si ejecutamos bien nuestro papel, podemos pasar a salvo a través de los diversos dramas que surgen en nuestro camino y hasta tener éxito. El truco es evitar ser arruinados por malos actores, egoístas que arrebatan escenas y que se robarán nuestras líneas y nuestras vidas y tratarán de hacernos tropezar y vernos ridículos delante de nuestros iguales.

No se los permitas. ¡Sé fuerte! ¡Sé valiente! Mira a esos vagabundos que se devoran el escenario en el ojo de tu preferencia y repite interiormente: "No admitiré eso", y después habla tu verdad. No necesitas herir ni dañar a nadie. Pero no debes ser como la víbora que tenía miedo de sisear. Cuando las circunstancias lo requieran, ¡por todos los medios, dáselos! A veces incluso puedes rugir como un león. Sólo acuérdate de acordarte de ti mismo y sé un *actor consciente* mientras lo haces. Entonces no habrá malicia detrás de tus acciones. Simplemente estarás aclarando un espacio en el cual la verdad se puede reordenar y manifestar más claramente en tu vida y en las vidas de aquellos que te rodean.

Una inteligencia superior se encuentra activa en el mundo en todo momento. Las experiencias como la que yo tuve en

Florida, se dan para demostrar cómo funcionan de modo que podamos alinearnos con su beneficencia. Yo me había tomado el tiempo para describir mi experiencia en esa particular instancia porque se me pidió realizar un trabajo regular mientras conservaba de manera simultánea un estado elevado de conciencia. Lejos de incapacitar, esos estados pueden y deben dar lugar a nuestra habilidad para ejecutar con excelencia nuestras tareas en el mundo.

Al mostrar el poder del alma en acción, confundimos a aquellos que nos ridiculizarían y que buscan devaluar nuestra espiritualidad. Incluso un acérrimo materialista no podrá discutir con éxito contra una vida que es bien vivida. Si las aspiraciones de nuestra alma hacen que ante la gente parezcamos desconectados, escamosos, irresponsables o tan sólo totalmente sobrenatural, la Utopía para el Planeta Tierra seguirá siendo un sueño.

Necesitamos tener nuestros pies firmemente plantados en la tierra mientras nuestra trascendental conciencia examina las estrellas en busca de la energía y de la visión que nos hagan sentir como en casa dentro del universo. La vastedad del espacio *no* es un vacío. Está ocupado en todas direcciones por una sustancia que nosotros, en la tierra, conocemos y reconocemos como amor. Este poder magnético nos lleva de vuelta a la Cabeza de Dios de donde todo lo demás ha salido. Al mismo tiempo se está vertiendo en el mundo a través de nosotros para sanarlo con una visionaria y energética transmisión de la posibilidad humana. Para alinearnos con este amor se requiere de mucho valor porque estamos viviendo en un mundo lleno de personas que no han podido conectarse con la vida *aun dentro de sí mismas*. Por lo tanto, el amor y sus valores espirituales asociativos han sido pisoteados durante siglos mientras que el cinismo y la crueldad interpersonal han prevalecido.

Tú y yo no sólo tenemos un derecho sino también un *deber*: Protegernos a nosotros mismos de la tiranía de las mentes que honran al error ilusorio de la separación. Sólo viviendo en la energía que surge a partir de vidas llenas de espíritu podemos demostrar el poder del amor sobre el orgullo de las mentes guiadas por el ego que tratan de vivir separadas del Bien Eterno.

G.I. Gurdjieff describía al amor como "conocer y comprender lo suficiente para ser capaz de ayudar a alguien más a hacer algo necesario por sí mismo, aun cuando esa persona no esté consciente de la necesidad y trabaje contra ti. Sólo en este sentido el amor es real y merece ser nombrado".

Después de leer este libro, ahora tienes los medios a tu disposición para ayudar a otras personas en la manera descrita anteriormente —aun cuando "no estén conscientes de la necesidad y trabajen contra ti". A través de la aplicación de lo que ahora ya conoces al leer este libro, estás y estarás creando un nuevo mundo de interacción personal ilustrada. Cada vez que mires en los ojos de otra persona mientras te acuerdas de ti mismo, verás en esas personas lo Divino, aun cuando estén "trabajando contra" ellos mismos. Y por un momento, quizás también se acuerden de sí mismos. El Yo Soy estará presente y el hechizo del sueño hipnótico de Maya se habrá roto por el toque de alerta de *aquel que en verdad se está viendo a sí mismo* en otro ser humano.

Que crezcas en valor, fortaleza y sabiduría mientras te aventuras a representar tu papel en la batalla evolutiva de nuestros tiempos. Shakespeare no lo entendió muy bien. "Todo el mundo" no es un escenario... ¡es un teatro holográfico! Todos estamos abriéndonos camino lo mejor que podemos a través del juego que llamamos vida, improvisando durante la marcha. Cuando tengas que aparecer en una escena dramática en la cual tengas que hacer que otros se hagan conscientes de tu valor personal y de tu poder espiritual, hazlo con alegría y paz en tu alma. Nunca estaremos solos. Siempre habrá un respaldo por parte del Yo Soy, al cual hemos sido enviados a representar. Y la presencia del Yo Soy podrá ser invocado en todos nuestros asuntos a través del recuerdo de uno mismo. Entonces, las aguas de la dualidad de la vida se separarán ante nosotros y cruzaremos ilesos a través de todas las dificultades que aparezcan en nuestro camino.

Y mientras te encuentras ahí afuera en la locura, tratando de acordarte de ti mismo, recuerda también que todo lo que vemos es simplemente una ilusión, un juego de átomos disfrazados, como la pantalla de materia sólida que llamamos realidad. En esa pantalla, Dios está colocando en escena a Hollywood con un reparto de billones. ¡Haz bien tu papel... y te veré en las películas!

Índice

Prólogo — 11

1. Mantenerse fuerte en un mundo estresante — 15
2. Ser realista en un mundo irreal — 39
3. La espiritualidad centrada en el cuerpo — 58
4. Explorar el diferencial ojo-a-ojo — 82
5. Mantenerse consciente en el mundo del sueño — 103
6. Dinámica en el trabajo: ilustrando el 9-a-5 — 123
7. Tratar con los vampiros de energía — 142
8. Cambiar la dinámica cerebro-cuerpo — 162
9. Ilustrando la dinámica de la relación — 182
10. Transformar las emociones negativas con el Tao — 198
11. Despertar la identidad en el mundo del sueño — 225
12. El Yo Soy y el recuerdo de sí mismo — 249
13. El ilustrativo poder mundial del Yo Soy — 272

El poder del Yo Soy, de John Maxwell
Taylor, fue impreso en enero
de 2008, en Q Graphics, Oriente
249-C, núm. 126, C.P. 08500,
México, D.F. y terminado en
Encuadernaciones Maguntis,
Iztapalapa. Teléfono: 56 40 90 62.